KB000949

북한 농업의 개혁

전망과 과제

김경량·이광석·홍성규 지음

국립중앙도서관 출판시도서목록(CIP)

북한 농업의 개혁 : 전망과 과제 / 김경량 ; 이광석 ; 홍
성규 [공]지음. -- 파주 : 한울, 2005
p. : 삽도 ; cm. -- (한울아카데미 ; 726)

참고문헌수록
ISBN 89-460-3360-6 93910

520.911-KDC4
630.95193-DDC21 CIP2005000324

머리말

21세기에 들어서면서 동북아 지역은 경제적 교류가 정치적 화해를 선도하면서 새로운 형태의 지역협력 구조와 분위기를 조성하고 있다. 한·중·일 3국의 복합적 경제구조가 만들어내고 있는 협력과 협업은 동북아 지역이 전 세계 어느 지역보다 역동적임을 보여주고 있다. 하지만 정치·안보적으로 이 지역은 여전히 냉전의 잔재에서 벗어나지 못하고 복합적 경제교류가 정치에 의해 발목을 잡히고 있다. 동북아국가들이 냉전의 상징인 한반도에서 새로운 형태의 평화구조를 만들어내지 못하는 한 동북아의 공동체적 협력과 평화의 미래는 제한당할 수밖에 없다. 더욱이 북한의 개방과 국제사회로의 동참을 이끌어내는 데는 동북아의 협력 분위기가 한층 더 성숙되어야 할 시기이다.

이러한 주변 여건의 변화와 맞물리면서 한반도의 통일은 다양한 의미를 갖는다. 통일은 그 자체에 목적이 있는 것이 아니라 통일을 통하여 전체 한민족의 삶의 질을 한 단계 격상시키는 데 의의가 있다. 따라서 통일에 이르는 중간과정 역시 통일을 이룩하는 것 못지않게 중요한 과제이다. 각 분야에서 교류·협력을 심화시켜 나감으로써 남북한의 동질성을 회복할 수 있을 때 통일과정에서의 부작용 최소화는 물론 통일한국의 잠재적 역량을 최대화할 수 있을 것이다.

남북한 농업분야의 교류·협력도 단기적인 경제적 이익추구보다는 중·장기적 남북한 경제공동체의 실현을 위한 노력으로 확대되어야 할 것이다. 이와 같은 접근은 농업부문의 교류·협력을 통해 남북 상호간의 이익을 추구할 수 있을 뿐만 아니라 인적·물적 교류의 활성화를 통해 같은 민족간의 이해를 촉진시키는 데 크게 기여할 수 있을 것이다.

지난 수년간 북한 당국은 기존의 통제적 경제체제에 비추어볼 때 거의 혁명적이라 할 수 있는 급진적 개혁조치들을 잇달아 내놓았다. 2002년 「7·1경제관리개선조치」를 통한 내부적인 개혁시도와 함께 9월에는 신의주특별행정구, 11월에는 개성공업지구와 금강산관광지구를 경제특구로 지정하여 외국의 자본과 기술을 받아들이려는 대외개방정책을 추진하였다. 사회주의 경제에서 시장의 존재와 역할이 공식적으로 인정되었고, 계획의 권한과 기능이 분권화되었으며, 기업의 자율성 제고와 이윤동기에 따른 경영활동이 강조되었고, 화폐의 역할증대를 통한 노동 인센티브의 도입 또한 추진되었다.

「7·1경제관리개선조치」의 후속 조치로 2003년 봄에는 농민시장을 종합시장으로 개편하는 유통개혁도 단행되었다. 과거에도 이러한 노력이 없었던 것은 아니지만 이번에는 좀더 구체적인 방안이 제시되고 있어 북한의 개혁과 개방에 대한 의지가 더욱 분명하게 전달되고 있다. 북한의 이러한 경제개혁조치와 정치·외교적 노력들은 과거 중국이나 베트남이 추진한 개혁·개방의 초기 정책과 매우 흡사하다는 평을 받고 있다. 그동안 북한은 경제개혁을 시도하면서도 농업부문만은 제도의 변화에 인색했던 것이 사실이다. 이는 농업부문이 사회주의체제의 최후의 보루라는 인식이 깔려 있기 때문이라고 판단된다. 그러나 최근 농업부문도 서서히 변화의 움직임을 가시화하고 있다. 비록 실험적인 수준이기는 하지만 텃밭 규모의 확대와 가족영농제의 시험적 실시, 협동농장 내 초과 생산물에 대한 시장판매 허용 검토, 농민시장의 개편 등이 변화의 단초라고 할 수 있다. 이러한 변화들이 사실이라면, 북한의 경제개혁은 새로운 단계로 접어들었다고 평가할 수 있을 것이다. 과거 중국의 사회주의 경제를 오늘날과 같은 시장경제체제로 전환시킨 출발점이 개인농을 대상으로 한 국가의 토지임대 및 청부생산제의 도입이었기 때문이다.

마르크스 정치경제학의 중요 이론 중 하나는 사회주의체제는 자본주의체제에 비하여 노동생산성이 높다는 것이었다. 구사회주의 국가들은 사회경제적인 측면에서 사회주의적인 질서의 우위성을 믿었기 때문에 체제변혁을 위하여 높은 전환비용을 지불하였다. 그러나 사회주의체제가 붕괴되면서 그들의 목표가 유토피아적인 것임이 드러났으며, 그들은 시장경제적인 질서를 만들기 위하여 다시금 많은 전환비용을 지불해야 하는 체제전환의 과제에 직면하고 있다. 농업부문에서의 이러한 과제는 국영 및 협동농장을 시장경쟁력 있는 경영체로 변환시키는 것을 의미한다.

구사회주의 국가들이 지금까지 경험하여온 개혁 노력과 그 결과는 앞으로 북한과 우리가 풀어야 할 개혁과제에 대해 매우 중요한 교훈과 시사점을 던져주고 있다. 이들 국가의 농업개혁은 서로 상이한 전략하에서 진행되어 결과적으로 상이한 농업경영구조가 생성되었다. 정치, 사회, 역사, 경제적인 요인들 그리고 이 요인들이 서로 결합하여 개혁과정의 진행뿐만 아니라 결과에도 결정적인 영향을 미쳤기 때문이다.

우리 집필자들은 지난 10여 년 동안 이미 개혁·개방을 추진하여 많은 성과를 보이고 있는 중동부유럽 국가들과 중국, 베트남, 그리고 우리와 같은 처지에 있다가 이미 통일을 이룩한 독일의 경험에 대해 집중적으로 관찰해왔고, 수차에 걸쳐 공동연구를 수행하였다. 이 책은 최근 북한의 변화와 관련하여 그동안의 연구결과를 새로운 체제로 종합·정리한 것이다. 이미 체제전환을 통하여 많은 성과를 거둔 사회주의 선행국가들의 경험을 통해 앞으로 북한이 경제와 농업부문의 개혁·개방을 효과적으로 추진하는 데 하나의 가이드북이 될 수 있을 것으로 기대하며 이 책을 발간하게 되었다.

이를 위해 먼저 구사회주의 국가의 농업부문 개혁과정을 분석하여 유형을 만들고, 유형별로 추구한 전략, 진행과정과 결과 및 문제점 등을 분석하였다. 이어서 현재 북한 농업의 위기는 사회주의 계획경제의 체제모

순이 근본 원인이라는 가정하에 이미 개혁을 시도하고 있는 구사회주의 국가들의 이행기 농업의 경험을 기초로 이들 국가와 북한과의 공통점과 차이점을 도출해보는 비교론적 접근방식을 통하여 북한 농업의 성공적인 개혁조건과 가능성을 전망하였다.

이 책의 내용 중 김경량 교수는 농업구조와 농촌사회의 개편에 대한 내용을 담당하였고, 이광석 교수는 가격기구 및 시장자유화 분야를, 홍성규 교수는 사유화 및 제도적 분야를 맡아서 집필하였다. 아직도 너무나 많은 분야가 불투명하고, 특히 북한의 실체를 분석하기에 부족한 점이 많지만 전문가들과 북한 농업에 관심이 있는 분들에게 연구자료로, 그리고 담론의 장으로 활용되기를 바라며, 북한 농업과 농촌의 새로운 미래를 꿈꾸는 모든 이들에게 조금이나마 도움이 되기를 기대한다.

2004년 12월

저자를 대표하여

춘천호반 연구실에서 김경량

차 례

표차례

그림차례

제1장
서 론

1. 체제전환과 농업

2004년 3월 이후 북한 당국이 협동농장의 토지 일부를 개인에게 임대하기 시작하였으며 최근 들어 개인경작제가 확대되었다는 보도가 나오고 있다. 이러한 보도내용이 사실이라면, 북한의 경제개혁이 새로운 단계로 접어들었다고 평가할 수 있을 것이다. 과거 중국의 사회주의 경제가 오늘날과 같은 시장경제체제로 전환된 출발점이 개별농을 대상으로 한 토지임대 및 청부생산제의 도입이었기 때문이다.

지난 수년간 북한 당국은 기존의 통제적 경제체제에 비추어볼 때 거의 혁명적이라 할 수 있는 급진적 개혁조치들을 잇달아 내놓았다. 시장의 존재와 역할이 공식적으로 인정되었으며, 계획의 권한과 기능이 분권화되었고, 기업의 자율성 제고와 이윤동기에 따른 경영활동이 강조되었으며, 화폐의 역할증대를 통한 노동 인센티브의 도입 또한 추진되었다.

이러한 북한의 개혁조치들을 상당수의 북한학자들은 시장지향형 개혁으로 평가하나 그 자체를 시장개혁이라고 주장하지는 않는다. 그럼에도 불구하고 북한은 이미 호랑이 등에 올라탄 격이 되어 경제의 정상화를 위해서는 조금씩 시장경제적 요소들을 도입할 수밖에 없는데, 이러한 정책이 누적되면 결국은 경제 전체가 시장경제로 이행할 것이라는 견해를 갖고 있다.

과거 많은 사회주의국가에서는 광범위한 화폐의 기능이 인정되었을 뿐만 아니라, 시장과 계획이 양립하였고, 경우에 따라서는 계획의 분권화와 이윤동기의 강조, 개인의 기업활동 허용, 주요 자산의 개인적 점유가 인정되는 등 현재 북한이 실시하고 있는 개혁조치들보다 훨씬 더 시장지향적인 요소들이 계획경제의 일부분을 구성하고 있었다. 따라서 북한이 과거와 같은 통제적 경제로 회귀할 수 없다고 해서 이것이 곧 시장경제로의 이행을 의미하는 것인지, 아니면 보다 정상적인 사회주의로의 전환을 의미하는 것인지, 그도 아니면 북한식의 또 다른 어떤 체제로의 변화를 의미하는 것인지 아직 확실히 단정할 수는 없지만 어떤 형태로든 체제전환이 진행될 것이라는 점은 쉽게 짐작할 수 있다.

이런 관점에서 북한의 성공적인 체제전환을 위해서는 이미 체제전환을 시행 중이거나 완료한 국가들의 사례를 본보기로 삼아 이들의 장·단점 및 과정을 분석하는 것이 필수적이다. 많은 국가들이 체제전환을 위해 다양한 노력을 기울였지만 이러한 노력에 대한 성과는 나라별로 상이하게 나타나고 있기 때문이다.

이들 구사회주의 국가들이 지금까지 경험하여온 개혁 노력과 그 결과는 앞으로 북한이 풀어야 할 개혁과제에 대해 많은 교훈과 시사점을 던져주고 있다. 이들 국가의 농업개혁은 서로 상이한 전략하에서 진행되어 결과적으로 상이한 농업구조와 경제성과가 생성되었다. 정치, 사회, 역사, 경제적인 요인들 그리고 이 요인들이 서로 결합하여 개혁과정의 진행뿐만 아니라 결과에도 결정적인 영향을 미쳤기 때문이다.

이 책에서는 먼저 구사회주의 국가 농업부문의 상기 요인들을 분석하여 유형을 만들고, 유형별로 추구한 전략, 진행과정과 결과 및 문제점 등을 면밀히 분석하고자 한다. 이어서 이미 개혁을 시도하고 있는 구사회주의 국가들의 이행기 농업의 경험을 기초로 이들 국가와 북한과의 공통점과 차이점을 도출해보는 비교론적 접근방식을 통하여 북한 농업의 성공적 개혁조건과 가능성을 살펴봄으로써 북한농업의 미래를 전망해보고자 한다.

2. 체제전환과 농업개혁

이 책의 집필 목적은 북한 농업의 개혁에 적합한 전략을 제시하는 것이다. 이를 위해서는 체제전환과정에 있는 구사회주의 국가들이 경험한 체제전환 기간 중의 농업재편과정을 둘러싼 변수들을 종합적이고 체계적인 틀에서 정리해보는 것이 의미가 있을 것이다.

중동부유럽, 러시아, 더 나아가 중국 등 이행기 경제에서 다양하게 전개되고 있는 농업부문의 경제성과에 영향을 미치는 요인을 정리해보면 <그림 1-1>에서 보는 바와 같이 하나의 모델로 요약될 수 있다. 농업부문의 경제성과는 체제전환 초기의 정치 및 경제적 환경(초기조건), 체제전환의 방향 및 목표의 설정(개혁정책), 그리고 변화의 주체에 따라 좌우된다. 개혁정책은 외부적으로 주어진 초기조건에 영향을 받으며, 정책결과는 재산권, 생산조직, 그리고 교역조건의 변화를 수반하는 개혁정책과 초기조건에 의해 결정되고, 정책결과와 초기조건은 생산 또는 노동생산성의 변화와 같은 경제성과에 영향을 미친다는 것이 이 모델의 기본내용이다.

<그림 1-1> 농업부문의 경제성과에 대한 결정요인

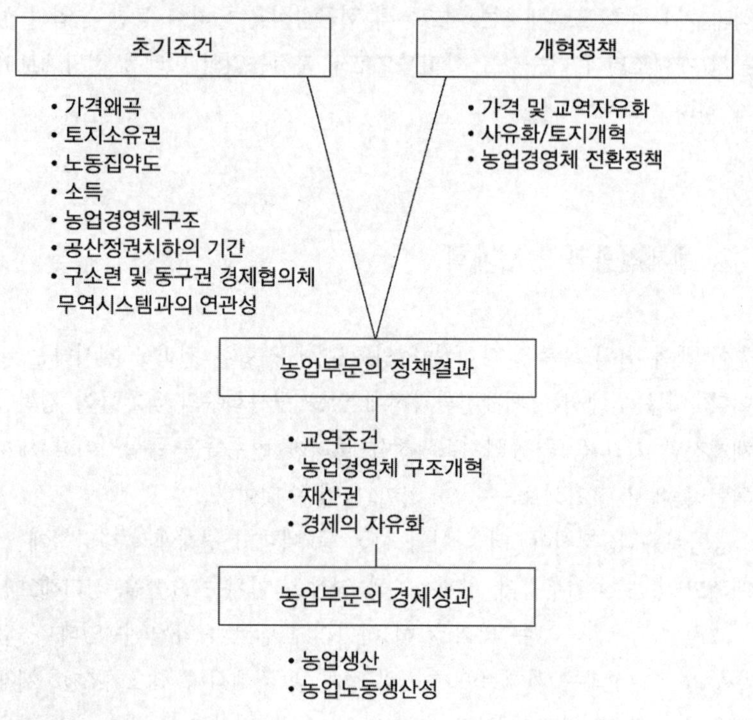

1) 초기조건

초기조건은 크게 경제적 조건과 비경제적 조건으로 나눌 수 있다. 경제적 조건은 과거로부터 물려받은 경제체제, 경제발전단계, 경제규모 등으로 나눌 수 있으며, 비경제적 조건으로는 정치체제, 역사 및 문화적 특성 등을 들 수 있고, 구체적으로는 다음과 같은 항목이 포함된다.

- 국민소득
- 전체 경제에서 농업의 비중
- 농업부문의 노동집약도
- 농업경영체구조
- 토지소유권

- 개혁 이전의 농업정책
- 개별영농에 대한 경험

2) 농산물시장의 자유화

농산물시장의 자유화는 시장경제로의 이행과정에서 농업을 효율적인 생산체계로 이끌어가는 중요한 요인이라 할 수 있다. 농산물시장 자유화는 국내 가격통제를 완화하고 나아가서 국제무역의 장애요인을 제거하는 것을 포함하고 있다. 자유화된 시장에서 형성된 가격신호는 농업부문으로 하여금 요소투입과 농산물공급에 관한 효율적인 의사결정을 유도할 수 있다.

그러나 실제로 시장자유화를 어떻게 진행시켜야 하며 그 구체적인 실천방안은 무엇인지에 관해서는 누구도 최선의 전략을 제시하지 못하고 있다. 따라서 자유화정책은 국가마다 다른 양상을 띠고 있다. 일부 국가에서는 가격과 무역에 관해 급진적이고 광범위한 자유화정책을 펼치고 있는 한편 다른 국가에서는 가격통제와 보조금 지급 정책을 고수하기도 한다. 더욱이 가격의 자유화가 체제전환과정과 농업생산구조 및 효율성에 어떤 영향을 미쳤는지는 아직까지 분명히 밝혀지지 않고 있다. 따라서 구사회주의 국가의 농산물시장 자유화정책을 단계별로 분석하고 농산물시장의 자유화와 농업생산의 관계를 규명할 필요가 있다. 그럼으로써 북한이 체제전환을 시도할 경우 시장경제로의 진입을 원활히 할 수 있는 방향을 제시할 수 있을 것이다.

3) 농지사유화 및 토지개혁

국영 또는 집단농장이 관리하던 농지를 어떤 방법으로 누구에게 어떻게 분배해야 하는지가 향후 농업의 구조를 결정짓는 가장 핵심적인 내용이다. 이는 토지시장의 형성과도 직결된 것이다. 체제전환과정에 있는 국가에서 농지의 사유화 및 토지개혁에 대한 당위성과 목표는 분명히 하고 있지만 실제로 사유화 및 토지개혁의 방법과 시기 등에 관해서는 논란의 여지가 많은 실정이다. 이미 수립된 기존의 전략도 정치적 세력의 변화에 따라 수정될 수밖에 없는 사례도 나타나고 있는 만큼 농지의 사유화 및 토지개혁 유형은 나라별로 크게 다른 양상을 보이고 있다. 나라별로 양상이 서로 다르게 나타나는 원인 규명과 함께 농지의 사유화 및 토지개혁이 궁극적으로 농업생산성, 농업구조 및 효율성에 미치는 효과에 관해서도 다각적인 검토가 있어야 한다.

체제전환과정에서 나타나는 정치·경제적인 역학관계는 특정 계층의 지대추구 행위에서 비롯된 것이고 나아가서는 농지의 분배, 농업구조 및 농업의 효율성을 결정짓는 요인이 된다. 따라서 구사회주의 국가들의 농지사유화 및 토지개혁과정에서 나타나는 정치적인 요인을 내생화하여 분석함으로써 북한 농지사유화 및 토지개혁의 내용과 방향에 관한 시사점을 제시할 수 있을 것이다.

4) 농업구조의 재편

농업 및 농업관련 산업의 구조개편은 일반적으로 농산물시장 자유화와 농지사유화를 기반으로 이루어진다. 그러나 시장의 자유화와 농지사유화의 방향이 유사하더라도 체제전환의 초기조건이 다르면 그 결과도 다르게 나타나게 된다. 체제전환의 초기조건에는 소유권, 기업 형태, 생산조건, 분배구조 등의 실물적인 조건과 아울러 의사결정 행위 및 조직과 같은 비실물적인 조건도 포함된다. 동일한 시장여건하에서 동일한 규모의 농지를 경작한다고 해서 반드시 동일한 성과를 거둘 수는 없다는 것과 같은 이치이다.

이것은 구조변화가 경로종속적(path-dependence)인 성격을 지니고 있음을 뜻하는 것이므로 체제이행과정에서 경제주체들이 어떠한 의사결정 메커니즘을 가지고 있으며, 그 결정요인은 무엇인가를 규명할 필요가 있다. 의사결정 메커니즘은 경제적인 요인 외에도 가치체계(value notion)에 의해서도 결정되는 것이므로 체제운용의 원리, 법적 체계, 경제통합의 형태 등과 밀접한 관계를 가진다. 따라서 구사회주의 국가들의 농업부문의 재편과정에서 경제적인 요인 외에도 다른 어떤 요인들이 의사결정과 관련된 초기조건을 이루고 있으며, 이들 요인들이 농업구조 변화의 방향을 결정짓는 데 동태적으로 어떠한 영향을 미쳤는지를 규명할 필요가 있다. 이를 통해 북한 농업구조개편에 대한 방향을 제시할 수 있을 것이다.

5) 농업부문의 교류협력

중국과 베트남 등 동아시아 사회주의국가들의 경제체제전환에서 농업의 개혁이 경제개혁의 출발점이 되었듯이, 북한 농업의 개혁은 식량위기를 극복하기 위해서도 필요하지만 경제개혁의 성패를 좌우하는 핵심변수로서도 중요하다. 최근의 흐름을 분석할 때 북한 농업의 개혁은 농산물시장의 자유화 정도와 북한 농업의 중심체인 협동농장의 개편과 밀접한 관계를 갖게 될 것이다. 또한 북한 농업의 개혁은 북한의 농업과 경제에만 영향을 미치는 것이 아니라 남북한간의 교류·협력을 급속하게 확대시켜 향후 남북한 경제 전체에 커다란 영향을 미칠 것이다.

이러한 상황하에서 현재 체제전환이 진행 중에 있는 10여 개 중동부유럽 국가들[1]의 2004년도 유럽연합(European Union: EU) 통합과정시 농업부문의 경험을 분석하는 것은 이들 국가들의 발전전략을 남북한 농업부문의 교류 및 협력과 북한 농업의 개혁에 활용할 가능성을 타진해보는 데 중요한 참고가 될 것이다.

---

1) 폴란드, 체코, 슬로바키아, 헝가리, 라트비아, 불가리아, 루마니아, 몰타, 리투아니아, 에스토니아.

제2장

북한의 경제와 농업

1. 북한의 경제[1)]

1) 1970년대 이후의 북한 경제 현황

북한은 한국전쟁 후 1970년대 초까지는 일인당 GNP에서 한국을 상회하고 연평균 경제성장률 10.4%(1971~1975년)를 달성하는 등 경제성장을 계속해왔다. 이 같은 괄목할 만한 성과는 제1차 7개년계획(1961~1967년) 기간 동안 중공업을 위주로 하는 사회주의 공업화가 적극 추진됨과 함께 소련, 중국 등 사회주의국가로부터의 원조나 상호 바터무역에 크게 기인한다.

그러나 1970년대 후반부터 북한은 생산기술 개발의 부진 등으로 생산성이 떨어지기 시작하여 외형적 성장의 한계를 드러내기 시작했다. 특히 북한은 '자립적 민족경제'의 건설을 경제개발전략으로 채택하고, 중공업 위주의 공업화, 국방·경제의 동시건설을 목표로 하였으나 기술도입의 부

1) 이현훈(2004), 김경량 외(1996), 김영훈(1998), 조동호 외(2002) 등을 종합하여 재작성하였다.

진과 산업구조의 불균형에 직면하게 되었다. 한편 1971~1976년 사이의 6개년계획 기간 동안 사회주의권으로부터의 원조가 감소하면서 처음으로 자본주의국가로부터 약 12억 달러에 달하는 차관을 도입했는데, 이후 오일쇼크에 따른 세계경제의 불황에 따라 비철금속 등의 주요 수출상품의 수출가격이 떨어져 외채상환에 큰 부담을 안게 되었다.

그 결과 제2차 7개년계획(1978~1984년)은 사회주의 경제체제의 완성을 목표로 했지만 실제 경제성장률은 목표치인 9.6%의 절반 수준인 4.6%에 머물렀다. 북한은 이러한 경제침체를 타개하기 위하여 1984년에 합영법을 제정하고 외국자본을 유치하기 시작하는 한편, 기업의 독립채산제 도입과 경공업의 발전 추진 등 경제운용에서의 부분적 개혁을 시도했지만 그 성과는 매우 미미했다.

제3차 7개년계획(1987~1993년)에서는 기술개발, 무역·경제협력의 강화, 전력·석탄·금속공업의 강화, 경공업육성 등을 주창했지만, 1990년대에 들어오면서 구소련 등 사회주의권의 붕괴로 인하여 에너지, 원자재, 자본재의 공급이 급속히 감소하였다. 그 결과 1990년 마이너스 3.7%의 경제성장 이후 1998년까지 9년 연속 마이너스성장을 기록하였다.

북한 경제의 침체원인은 크게 두 가지로 구분된다. 첫째는 외부적 요인으로서 1990년대 초 소련 등 구사회주의권이 붕괴됨에 따라 이들과의 경제적 특수관계가 단절되었기 때문이다. 즉, 정치·경제적 측면에서 북한의 최대우방인 구소련 및 중국 등이 대북한무역에서 경화 결제를 요구함에 따라 에너지 및 원자재 수입이 급감하고 이는 생산감소로 이어졌다. 두 번째 원인은 보다 근본적인 내부요인으로서 '자립적 민족경제'의 건설을 목표로 하는 북한 특유의 폐쇄적 사회주의 계획경제체제 자체의 구조적 한계가 드러난 때문이다. 즉, 토지, 노동력, 자본 등 생산요소의 중앙집권적인 통제·배분은 한계생산성의 체감과 생산기술개발 부진 등의 비효율성을 초래할 수밖에 없었고, 대내지향적 공업화, 국방 및 중공업 부문 우선 정책의 결과 기술도입의 부진과 산업구조의 불균형을 야기하게 되었다.

1999년부터는 플러스성장으로 돌아섰지만 그 성과는 미미하다. 이에 따라 1970년대 초까지만 해도 남한보다 높다고 평가되었던 북한의 일인당 국민소득 규모는 2002년 현재 남한의 1/13, 국민총소득(GNI)은 한국의 1/28 수준에 머무르고 있다(<표 2-1> 참조).

한편 1990년대 들어서 북한 경제가 침체되면서 대외무역 규모도 동반 침체를 보이다가 1998년부터 다시 완만한 증가세를 보이고 있다. 2002년의 경우 수출은 7.3억 달러인 반면에 수입은 15.3억 달러로 8억 달러의 적자를 기록하였으며, 총 교역규모(22.6억 달러)는 같은 해 남한의 3,146억 달러의 1/139 수준에 미치고 있다(<표 2-1> 참조). 북한의 주요 교역국으로는 2002년 총 교역규모를 기준으로 중국, 일본, 태국, 인도, 독일의 순이다. 대중국무역은 7.4억 달러, 대일본 무역은 3.7억 달러를 기록하였는데 같은 해 남북한 교역규모는 6.4억 달러이므로 실제로 남한이 북한의 제2위 무역상대국이다(<표 2-2> 참조).

<표 2-1> 북한의 주요 경제지표

연도	GNI (억 달러)	성장률 (%)	일인당 국민소득 (달러)	수출 (억 달러)	수입 (억 달러)	순 수출 (억 달러)	총 무역 (억 달러)	무역 의존도 (%)	외채 (억 달러)	GNI 대비 외채비중 (%)
1990	231	−3.7	1,142	19.6	27.6	−8.0	47.2	20.4	79	34.0
1991	229	−3.5	1,115	10.1	17.1	−7.0	27.2	11.9	93	40.5
1992	211	−6.0	1,013	10.3	16.4	−6.1	26.7	12.6	97	46.0
1993	205	−4.2	969	10.2	16.2	−6.0	26.6	12.9	103	50.3
1994	212	−2.1	992	8.4	12.7	−4.3	21.1	10.0	107	53.3
1995	223	−4.1	1,034	7.4	13.1	−5.7	20.5	9.2	118	53.0
1996	214	−3.6	989	7.3	12.5	−5.2	19.8	9.3	120	56.1
1997	177	−6.3	811	9.1	12.7	−3.6	21.8	12.3	119	67.2
1998	126	−1.1	573	5.6	8.8	−3.2	14.4	11.4	121	96.8
1999	158	6.2	714	5.1	9.6	−4.5	14.8	9.4	123	77.8
2000	168	1.3	757	5.6	14.1	−8.5	19.7	11.7	125	74.2
2001	157	3.7	706	6.5	16.2	−9.7	22.7	14.5	N/A	N/A
2002	170	1.2	762	7.3	15.3	−8.0	22.6	13.3	N/A	N/A
남한 2002	4,770 (28배)	6.3	10,013 (13배)	1,625 (223배)	1,521 (99배)	104.0	3,146 (139배)	66.0	1,310	27.5

자료: 한국은행 인터넷홈페이지→자료실→북한경제자료→남북한의 주요경제지표 비교.

<표 2-2> 북한의 10대 무역대상국

(단위: 1,000달러)

순위	국가	북한의 수출		북한의 수입		수출입 계		점유율	
		2001년	2002년	2001년	2002년	2001년	2002년	2001년	2002년
1	중국	166,797	270,638	570,660	467,309	737,457	738,172	32.6	32.7
2	일본	225,618	234,404	249,077	135,137	474,695	369,541	21.0	16.3
3	태국	24,098	44,618	105,964	171,966	130,062	216,582	5.8	9.6
4	인도	3,060	4,768	154,793	186,573	157,853	191,341	7.0	8.5
5	독일	22,756	27,799	82,077	140,418	104,833	168,217	4.6	7.4
6	싱가포르	3,050	796	112,298	83,026	115,348	83,822	5.1	3.7
7	러시아	4,541	3,642	63,794	77,048	68,335	80,690	3.0	3.6
8	홍콩	37,974	21,948	42,555	29,169	80,529	51,109	3.6	2.3
9	네덜란드	10,424	6,377	9,067	27,620	19,491	33,997	0.9	1.5
10	방글라데시	37,701	32,267	1,275	490	38,976	32,757	1.7	1.4
10개국 합계		536,019	647,472	1,391,560	1,318,756	1,927,579	1,966,228	85.3	87.0
총계		650,208	734,992	1,620,291	1,525,396	2,270,499	2,260,388	100.0	100.0
한국		176,170	271,575	226,787	370,155	402,957	641,730		

주: 1. 10대 무역대상국은 2002년 기준임.
2. 북한의 전체 무역액에는 남북한간의 교역액은 포함되지 않았음.
자료: 대한무역진흥공사.

2) 북한 경제체제의 변화

지난 10여 년간의 북한 경제체제 변화에 관해서는 뚜렷이 두 개의 견해가 대립하고 있다. 하나는 "연착륙이 가능할 것"이라는 견해이고 다른 하나는 "북한체제는 현재 붕괴 중"이라는 견해이다. 이것은 모두 북한이 위기상황에 처해 있음을 전제로 하고 있다. 이러한 논의의 배경은 1980년대 말 구소련과 동구제국의 체제전환으로 사회주의 경제권이 일시에 해체된 것과 밀접한 관련이 있다. 사회주의 경제권과의 정치·경제적 연대 속에서 경제문제를 해결해오던 북한은 사회주의 경제 블록의 해체로 극도로 어려운 국면에 처하게 되었다. 북한 경제가 안고 있는 문제를 단적으로 표출하고 있는 것으로서 최근의 식량부족과 관련해 나타나고 있는 여러 정황을 들 수 있다.

위기상황에 봉착해 있는 북한의 연착륙을 주장하는 입장에서는, 북한이 현 집권엘리트의 주도로 개혁·개방을 추진할 경우 기존 사회주의체제를 유지하면서 시장경제의 장점을 수용하는 중국의 개혁프로그램을 모방할 것으로 보고 있다. 중국식의 경제개혁을 추진할 경우에도 궁극적으로는 점진적인 체제전환에 진입하는 것은 필연적인 과정으로 볼 수 있다.

한편 붕괴론자들은 현재의 집권엘리트가 개혁을 거부할 경우 기존 체제가 당분간 유지되다가 어느 시점에 정치 및 경제 체제가 급속히 붕괴하고 새로운 체제로 전환될 것이라고 전망하고 있다. 이러한 급진적인 체제전환은 남한의 존재와 맞물려 급속한 남북한 정치통합으로 귀결될 가능성이 높은데, 이는 동독의 체제전환과 서독과의 재통합과정에서 이미 경험한 바와 같은 상황으로 미루어 짐작할 수 있다.

그러나 전자의 경로에 대해서는 많은 의문이 제기되고 있다. 왜냐하면 그렇게 되기 위한 전제를 필요로 하고 있기 때문이다. 즉, 북한이 점진적인 경제개혁과 개방정책에 착수해야 하며, 이 과정이 성공적으로 진행될 수 있는 내외적 여건의 조성을 전제로 하고 있는 것이다.[2] 우선 체제개혁은 의사결정에서 민주적 절차가 도입된다는 것을 의미하는 것이다. 오랜 기간 동안 상명하달에 익숙해 있던 상태에서 비판적 의사표시가 자연스럽게 받아들여질 수 있게 되기까지에는 많은 부작용이 따를 것이며, 이 부작용은 심각한 국면을 초래할 수도 있다.[3] 또한 북한이 일단 개방

2) 한국의 대북한정책은 북한을 변화로 이끄는 개입정책(engagement policy)과 고립시켜 붕괴를 유도하는 봉쇄정책(containment) 사이에서 표류하고 있다는 견해가 있다. 그러나 북한에 대한 남한의 개입정책에 북한을 변화시키려는 의도가 있는 한 북한은 가능한 한 이를 받아들이려 하지 않을 것이라는 점을 인식하는 것이 중요하다.

3) 이는 '천안문사태'에서 극명하게 드러난 바 있다. 중국은 정치·군사적으로 국제사회에서 차지하고 있는 비중이 매우 높다. 그렇기 때문에 외부의 간섭을 무시한

의 길로 나서게 된다면 한국의 적극적인 지원과 개입은 필수적이며, 이는 북한의 개혁과정에서 체제 및 정권의 유지에 중대한 변수가 된다.

어떤 견해를 가지고 있던 북한 체제의 미래는 남북한 관계와 깊은 관련이 있다고 볼 수 있다. 북한의 집권엘리트는 스스로 제시하고 지도해 나가야 할 체제의 진로와 관련하여 현재 심각한 딜레마에 빠져 있는 것으로 보인다. 그들이 염두에 두고 있는 개혁·개방 모델은 중국의 점진적 체제전환과정과 큰 차이가 없는 것은 분명하나, 북한이 직면해 있는 주변국과의 역학관계는 중국과 큰 차이를 보이고 있으므로 진로를 쉽게 선택할 수 있는 입장에 놓여 있다고 볼 수 없다. 북한의 입장에서 볼 때 남한의 지원과 개입이 체제에 대한 위협요소로 간주되는 한 주변국들의 입장에 관계없이 남한의 존재는 북한의 진로선택에 커다란 부담으로 작용하고 있고, 이러한 연유로 북한의 개방·개혁은 지연되고 있으며, 시간이 지남에 따라 여건은 더욱 악화되고 있다.

3) 북한 경제체제의 제도적 특성

사회주의 건설을 지향하면서 경제복구를 시작한 북한은 자립적 민족경제건설 노선을 표방해왔다. 이 노선은 시기마다 그 강조점이 달라지긴 했지만 지금까지 북한의 기본적인 경제노선으로 자리 잡고 있다.[4)]

북한은 자본주의적 경제질서를 전면적으로 부정하고 개인의 창의성과 결정에 대한 신뢰를 주지 않고 있다. 따라서 북한은 경제적 착취의 원인

채 천안문사태가 폭력적으로 진압될 수 있었으며, 집권엘리트가 의도한 점진적 개혁프로그램이 지속될 수 있었다고 판단된다. 이러한 상황이 소국인 북한에서 발생한다면 외부의 간섭이 무시되기는 어려울 것이다.

4) 북한의 주장에 의하면 자립적 민족경제는 남에게 예속되지 않고 제 발로 걸어나가는 경제이며, 자기 인민을 위하여 복무하여 자기 나라의 지원과 자기 인민의 힘에 의거하여 발전하는 경제이다. 이러한 자립적 민족경제의 기본내용은 ① 자주적이며 다면적인 경제구조를 확립하는 것, ② 인민경제의 기술적 토대를 튼튼히 하는 것, ③ 튼튼한 원료, 연료, 동력 기지를 꾸리는 것, ④ 민족기술 간부대열을 튼튼히 꾸리고 자체의 기술에 기초하여 나라의 경제를 발전시키는 것 등으로 요약될 수 있다.

으로 간주되는 사유재산제를 배제하고 개인의 근로소득과 그 소득으로 구입한 소비용품, 텃밭 정도를 제외하고는 생산수단의 사적 소유를 철저히 배제하여 생산수단과 생산물의 집단적인 소유를 유지하고 있다. 구소련 및 여타 사회주의국가들이 국가의 계획능력이 시장의 질서능력을 능가한다고 믿었던 것과 마찬가지로 북한도 계획의 세분화를 통하여 크고 작은 경영활동을 모두 계획·통제하고자 하였다.

북한은 사회주의적 소유를 "사회주의적 생산관계의 기초가 되는 생산수단과 생산물의 전 사회적 또는 집단적 소유"라고 개념화하고 있으며, 이는 전 인민적 소유와 협동적 소유로 대별된다. 전 인민적 소유는 국가소유의 형태로 나타나며 여기에는 주요 공장과 기업소, 항만, 은행, 교통수단 및 체신기관, 상업수매기관의 기본부분, 그리고 기본적인 주택기금이나 공공시설이 속하며 국가기업소의 생산물 등도 포함된다. 협동적 소유는 소비품생산을 기초로 하는 사적 소유로부터 전 인민적 소유로 발전하는 과정에서 나타나는 불완전한 소유형태로서 과도기에 발생하는 사회주의적 소유의 한 형태라고 북한은 주장한다. 북한에서 협동적 소유가 지배적으로 남아 있는 분야는 농업부문이다. 또한 전 인민적 소유와 협동적 소유는 "사회화 수준에서 차이를 가질 뿐 사적 소유의 폐단에 기초하여 발생한 사회적 소유로서 동일한 유형의 소유에 속한다"고 보고 있다.

이 밖에 북한에서는 매우 부분적이나마 개인소유를 인정하고 있다. 북한의 개인소유는 생산수단에 대한 사회적 소유의 토대에서 발생한다고 하여 '사회주의에서의 개인소유'라고 강조한다. 개인소유의 대상은 근로자들이 노동의 질과 양에 따라 받는 분배 몫과 그것으로 구입한 소비품이다. 구체적으로 근로소득과 저축, 가정용품, 일용소비품 등이 개인소유의 대상에 포함되며 협동농장원들의 '부업경리' 생산물과 그 생산을 위한 약간의 소농기구들도 개인소유를 허용하고 있다. 이와 같은 개인소유물은 소유자가 자유롭게 처분할 수 있으며 상속권도 인정되고 있다.

북한은 1946년에 생산수단에 대한 사회주의적 개선을 착수하여 12년 만인 1958년에 완수하였다고 주장하고 있다. 즉, 1946년 2월에 조직된

<표 2-3> 국·공유 및 사유화 비율

(단위: %)

<table>
<tr><th colspan="2">연도
구분</th><th>1949</th><th>1953</th><th>1956</th><th>1957</th><th>1958.6</th><th>1958.10</th></tr>
<tr><td rowspan="2">공업</td><td>국·공유</td><td>90.7</td><td>96.1</td><td>98.3</td><td>98.7</td><td>100.0</td><td rowspan="6">리 단위로 통합</td></tr>
<tr><td>사유</td><td>9.3</td><td>3.9</td><td>1.7</td><td>1.3</td><td></td></tr>
<tr><td rowspan="2">농업</td><td>국·공유</td><td>3.2</td><td>32.0</td><td>80.9</td><td>95.6</td><td>98.6</td></tr>
<tr><td>사유</td><td>96.8</td><td>68.0</td><td>19.1</td><td>4.4</td><td>1.4</td></tr>
<tr><td rowspan="2">상업</td><td>국·공유</td><td>56.5</td><td>67.5</td><td>84.6</td><td>87.9</td><td>100.0</td></tr>
<tr><td>사유</td><td>43.5</td><td>32.5</td><td>15.4</td><td>12.1</td><td></td></tr>
</table>

자료: 『조선민주주의 인민공화국 국민경제발전통계집』, 1961.

북조선 임시인민위원회는 동년 3월 5일 「토지개혁에 관한 법령」을 발표하여 무상몰수 무상분배의 원칙에 따라 '민주개혁'이라는 이름의 토지개혁을 실시하였고, 동년 8월 10일에는 주요산업의 국유화 법령을 발표, 공장·광산·철도·체신·은행 등의 주요산업을 국유화하였다.

1947년부터는 산업에서의 국유화 부문을 계속 확대시키는 한편, 농업부문에서는 국영농·목장을 설치하는 등 '사회주의적 개조'를 점진적으로 실시해나갔다. 그러다가 1953년 휴전 이후부터 사회주의 건설이 본격화됨에 따라 농업의 집단화와 개인 상공업의 사회주의화를 더욱 강화하여 1958년에는 사회주의적 개조를 완성하게 되었다는 것이다. 이러한 북한의 국유화 속도는 사회주의국가 중에서도 가장 빨랐던 것으로 평가된다.

4) 북한의 경제계획 및 정책기조

(1) 경제계획

경제계획의 작성과 집행 및 감독은 국가계획위원회가 중심이 되어 도·시·군 및 공장기업소에 이르기까지 일원화된 체계로 이루어져 있다. 국가계획위원회의 임무는 국가경제 전 분야에 걸쳐 노동당의 정책을 계획하고 그 집행을 감독하는 것이다. 1965년 계획의 일원화와 세부화 원칙이 강조된 이래 지구계획위원회와 중앙공장·기업소 계획부서를 국가계획위원회의 직속으로 개편함으로써 계획체제의 중앙화는 더욱 강화되었다.

정무원의 각 부 및 위원회들도 각기 계획부서를 가지고 있는데, 모든 계획수치들은 일원적으로 국가계획위원회에 집결되어 통제와 조정을 받게 되어 있다. 또한 생산부문간, 단위기업소간의 계획을 서로 조화시키기 위한 계획의 세부화로 인해 북한은 중요한 것만을 계획하는 것이 아니라 크고 작은 모든 경제활동을 빈틈없이 맞물리게 함으로써 사소한 자연발생적 요소도 허용하지 않게 된다고 주장하고 있다. 그러나 이러한 중앙 집중적인 경직된 계획은 특정 기업이나 산업에서 계획의 차질이 발생할 경우 그 효과가 연쇄적으로 파급되는 결과를 가져올 뿐만 아니라 생산목표량 중심의 경제운영과 경제적 유인의 결여는 생산성과 생산물의 질적 저하를 초래하였다.

(2) 경제정책기조

북한은 경제체제를 사회주의적으로 개조하면서부터 자력갱생의 원칙을 앞세워 자립경제를 구축한다는 정책기조를 견지해오고 있다. 자력갱생은 경제적인 면에서 생산수단에 대한 내적 수요를 기본적으로 자체에서 충족시키고 기술혁명과 확대재생산의 물질적 조건을 자체 내에서 해결한다는 것으로 요약된다. 이와 같은 원칙의 고수는 결과적으로 폐쇄적 경제체제로 구체화됨으로써 자원이 부족한 조건하에서 국가간의 자원과 상품의 교류에서 오는 국제분업의 이익을 얻지 못함은 물론이거니와 선진기술과 해외자본의 도입을 원천적으로 봉쇄해 기술의 낙후와 성장의 둔화를 가져오는 결과를 초래하였다.

북한 경제정책 기조의 두 번째는 중공업우선정책이다. 북한은 중공업을 생산수단을 주로 생산하는 공업부문의 총체로 정의하고 있다. 따라서 북한은 개발 초기부터 중공업을 우선으로 하여 경제정책을 추진하여왔다. 중공업을 기초로 하여 인민경제의 기술개선을 실현함으로써 사회주의의 물질적·기술적 토대를 구축하고자 하였다. 그러나 중공업우선정책을 무리하게 추진함으로써 농업과 경공업 등 여타 산업부문과의 불균형 문제가 심각하게 대두되었다. 이에 대해 북한은 최근에 와서 중공업과 경공업 간의 균형을 올바로 설정하여 경공업 발전을 효과적으로 뒷받침할 수 있는 중공업의 발전에 주력해야 한다고 강조하고 있다.

마지막으로 국방과 경제의 병진책으로 1962년 12월 노동당 제4기 5차 전원회의에서 4대 군사노선이 채택되면서 북한의 경제건설과 국방건설의 병진정책이 공식화되었다. 이러한 조치는 국제환경 변화에서도 그 배경을 찾아볼 수 있다. 중·소 이념분쟁의 격화와 쿠바사태 등에 영향을 받은 김일성은 1966년 10월 노동당 대표자 회의에서 경제발전을 다소 지연시키더라도 군사력을 한층 강화시키지 않을 수 없다고 선언하였다. 국방·경제 병진책은 북한 경제정책의 기본방향으로 견지되고 있으며, 산업배치, 생산조직 등 모든 경제활동이 완전히 전시동원체제하에서 전개되고 있다. 북한이 대남무력적화통일이라는 목표를 포기하지 않는 한 군사력증강은 중단될 수 없는 경제정책의 기본이 되고 있다.

5) 최근 북한 경제의 변화

(1) 「7·1경제관리개선조치」[5]

① 「7·1경제관리개선조치」의 배경과 성격

「7·1경제관리개선조치」는 기본적으로 생산성 제고와 생산물의 암시장 유출 억제, 국가경제부문의 정상화, 개별 경쟁체제 확립과 기업의 자율성 강화 및 국가의 재정적 부담을 축소하려는 데 그 배경이 있다. 사

5) 북한의 「7·1경제관리개선조치」는 2002년 5월 11일 "가격 및 생활비를 개정할 데 대하여"라는 내각지시에 의하여 시행되었다. 그러나 북한의 「7·1조치」에 대한 기본방향과 대략적인 내용은 알려졌으나 구체적 내용에 대해 공개적으로 확인할 수 있는 문서는 아직까지 없다(강일천, 2002; 박정동, 2004에서 재인용).

회주의 헌법개정(1998.10) 이후 북한은 주요 경제정책 방향을 산업의 현대적 재건, 경제관리체제의 분권화 및 채산성 강조 등 경제 전반의 현대화와 효율화에 두고 있었으나, 중앙관리경제를 유지하는 데 필요한 재정과 자원의 부족, 농민시장부문의 병존에 따른 국정가격의 의미 퇴색 등이 진행되었다. 이로 인한 국가기강의 해이로 자원분배가 경제계획적 기능을 따르지 못하고, 생산 및 관리 단계에서 임의적 처분 현상이 심화되었으며, 공장, 기업소, 협동농장 등에서 생산물의 절취행위가 만연하였다.[6] 이와 함께 기초 물자가 부족한 상태에서 낮은 국정가격이 유지됨에 따른 희소물자의 낭비와 저효율적 생산체제가 유지됨으로써 부정과 부패, 국가부문에서의 노동의욕 저하현상이 심화되었다.

따라서 생산물가격을 암시장 수준으로 인상시킴으로써 기업과 농장 생산물의 암시장 유출을 억제하고, 국가경제부문의 정상화를 도모하는 동시에 생산물의 국가납부 의욕을 증대시키고, 비합리적으로 낮은 수준에서 고정된 국가공급 기초생필품과 용역의 가격을 현실화시킴으로써 물자의 낭비를 억제하고자 하였다. 또한 국가의 재정부담을 축소하고, 임금을 실질 생계비에 부합되는 수준으로 인상시킴으로써 국가복무규율을 준수하도록 하였다.

② 「7·1경제관리개선조치」의 내용

(가) 가격 및 임금정책의 변화

「7·1경제관리개선조치」 중 가격체계의 개혁은 새로운 가격기준의 설정과 가격제정원칙의 변경에 따른 가격과 요금의 인상으로 구분된다(조영기, 2004; 박정동, 2004에서 재인용).

첫째, 가격기준을 석탄과 전력가격과 같은 기초원료 가격에서 식량(쌀) 가격으로 변경하여 다른 상품가격을 정하도록 하였다.

둘째, 가격제정원칙은 사회적 필요노동지출에 따라 결정되는 원칙과 같

6) 김영윤, "북한 경제의 현황과 전망," 북한연구소 세미나 발제논문, 2003.

지만 가격제정에서 국가의 개입이 축소되고 국제시장가격이 고려되었다는 데 차이가 있다. 특히 수급상황에 따라 가격이 변하는 것을 매우 당연한 경제법칙으로 받아들이고 있는 입장을 취하고 있다. 이를 반영한 북한의 주요 상품가격 및 요금수준의 변화와 인상률은 <표 2-4>와 같다.

<표 2-4>에서 보는 바와 같이 쌀 가격의 대폭적 상향조정과 함께 임금도 20~40배 정도 인상하였다. 기존의 200~300원 하던 생산자의 월 단위 임금을 4,000~6,000원으로 인상하고 각종 생활비를 현실화했는데, 임금의 조정폭은 노동의 강도와 비례해서 채취, 전력, 금속, 철도, 운수 등 기간산업 노동자들의 임금상승폭이 가장 크게 나타났다.

한편 이전의 사회주의시장이 존재했던 시절에는 원유가 1톤당 20루블에 충분히 공급되었으나 이제는 그 수십 배의 가격으로 들어옴에도 불구

<표 2-4> 주요 상품가격 및 요금 수준의 변화와 인상률

항 목		이전 가격(원)	개정된 가격(원)	인상률(배)
쌀(kg)	수매가격	0.82	40	48.78
	판매가격	0.08	44	550.0
옥수수(kg)	수매가격	0.49	20	40.82
	판매가격		24	
콩(kg)	수매가격		40	
	판매가격			
세숫비누(개)		3.00*	20	6.67
남자운동화(켤레)		18.00*	180	10.0
석탄(톤)		34.00*	1,500	44.0
력(천kw)		35.0*	2,100	60.0
휘발유/옥탄가95(톤)		922.86*	64,600	70.0
(공업제품가격 평균인상률)				25.0
월간잡지(조선문학)		1.20	35	29.17
지하철요금(전 구간)		0.1	2	20.0
탁아소 간식비(월액)			300	16.67
송도원해수욕장 입장료		3.0	50	

주: *는 인상률(배수)로부터 역산한 값임.
자료: 강일천(2002)에서 재인용.

하고 공산품 값은 여전히 제자리인 모순과 불균형을 해소함으로써 국가 차원의 경쟁력을 회복하고, 더불어 전체 경제구조의 균형과 형평성을 맞추어야 하는 필요성에서 제반 물품가격의 대폭적인 인상조치가 이루어진 것이다.

(나) 중앙계획체제의 변화

「7·1경제관리개선조치」에서는 경제관리 전반에서 사실상 계획체제의 분권화가 강조되고 있다. 무엇보다 계획작성에서 전략적 중요성을 가진 지표는 국가계획위원회에서 계획하지만, 나머지는 해당기관 기업소에서 하도록 하였다.

계획체제의 분권화와 자율성을 신장시키기 위해 북한은 독립채산제의 실질적 강화를 목적으로 기존의 기업, 공장들이 국가에 지고 있었던 모든 부채를 전면 탕감해주었다. 이와 더불어 기업이 자신의 실정에 맞게 지정된 품목의 생산량과 질을 자체적으로 보장할 수 있도록 하였다.

2001년 초반까지도 '계획의 일원화, 세부화 원칙'이 거론되었다. 그러나 2001년 10월 김정일의 문건으로 "국가계획의 범위 내에서 자체로 결심하고 집행할 수 있는 공간이 충분히 있다"가 표명된 이후 사실상 이전의 '계획의 일원화, 세부화 원칙'이 폐기된 것이다.

결국 이러한 변화는 1990년대 북한이 경제난을 겪어온 이래 계속되어온 하부단위들의 자력갱생을 강조해온 것과 맥락을 같이 하게 된다. 이처럼 경제 전반에서 제도적으로 분권화를 시도하는 것은 중앙에 과도하게 정책결정이 집중됨에 따른 '위험부담'을 분산시키려는 의도로 설명된다.

<표 2-5> 「7·1경제관리개선조치」의 내용

구 분		조치 전	조치 후
시장기능강화	가격	▪ 국정가격과 시장가격의 엄청난 격차	▪ 국정가격을 농민시장가격에 근접하게 인상
	임금	▪ 110원/월	▪ 2,000원/월(18배 인상) (노동력을 계획부문 내로 흡수하기 위한 조치)
	가격설정	▪ 생산원가를 고려하여 가격설정 ▪ 설정기관: 중앙 및 지방행정기관	▪ 생산원가, 국제시장가격, 국내수요·공급을 고려 ▪ 설정기관: 중앙 및 지방행정기관 외에 지방공장에 대해 가격설정 재량권을 제한적으로 부여
	원부자재 시장	▪ 원부자재 거래는 시장이 아닌 공장, 기업소간 계약에 의해서만 가능	▪ 원부자재 시장 개설(시장범위의 확대, 공장가동률 높이는 수단) ▪ 교역물자의 종류와 범위는 국가가 지정
	환율	▪ 1달러=2.16원	▪ 150~190원(암시장 환율 200원에 근접) ▪ 외화가치 산정에 시장기능 활용
분권화	계획수립	▪ 계획의 일원화, 세부화 원칙에 의거, 계획수립 권한이 '국가계획위원회'에 집중	▪ 주요 사업은 '국가계획위원회' 결정 ▪ 세부사업은 해당 기관, 기업소, 지방행정기관이 수립
	공장·기업소 경영	▪ 독립채산제의 느슨한 운영(원자재 등을 국가에 의존하려는 경향) ▪ 원가 개념 부족 ▪ 생산전문성 부족(자력갱생의 원칙하에 각 기업소가 원자재부터 완성까지 생산하는 경향)	▪ 독립채산제 강화(부족한 원부자재는 해당 공장·기업소가 자체 해결) ▪ 원가 개념 강화(자금, 물자, 노동력 투입 대비 실리를 파악할 수 있도록 재정계획방법과 계산체계 수립) ▪ 생산전문화 유도
분배방식개선	분배방식	▪ 평균적 분배주의 팽배 ▪ 일한 것만큼 분배받는다는 '사회주의 분배원칙'의 유명무실	▪ 공장·기업소 '수익성'을 기준으로 실적 평가 ▪ 평균주의 배제(수익성 높은 공장·기업소는 많은 수입을 분배, 노동자에게 상여금 지급)
	사회보장 체계	▪ 식량, 소비재, 주택 등을 거의 무상공급	▪ 식량, 소비재, 주택 등에 대해 제값을 지불하도록 조치. 단, 무상교육, 무상치료, 사회보험 등은 유지

자료: 정세진, "이행학적 관점에서 본 최근 북한경제 변화 연구," 『국제정치논집』, 제43집 1호, 한국국제정치학회, 2003; 박정동, "북한의 대외경제관리체제에 관한 일고찰," 『수은북한경제』, 2004년 여름호에서 재인용.

(다) 화폐임금제와 인센티브제의 도입

북한은 임금인상과 더불어 생산단위의 노동의욕을 고취하여 생산성을 향상시키기 위해 각종 인센티브 제도를 도입하였다. 이로써 북한에서 분배의 차등화가 실현되었다고 할 수 있다. 이것은 생산계획량을 초과하여 생산한 부분에 대해서는 그 대부분을 생산자가 직접 가져가도록 한다는 것이다.

사실상 기존에는 계획량의 70%만 달성하면 국가는 100% 기본노임을 지급했으며, 생산계획을 턱없이 모자라게 하더라도 60%의 노임은 국가가 지급했다. 그러나 이와 같은 과정의 결론은 적극적인 생산활동을 저해하는 요인이 되었고, 이로 인해 국가적 생산력의 낭비를 초래하게 된 것이었다. 따라서 북한은 사회주의 분배원칙을 철저히 구현함으로써 놀고먹는 사람들을 없애고, 더불어 일한 만큼 벌 수 있게 한다는 인센티브의 적극적 도입을 통하여 단기적으로 상당한 생산성향상을 가져오게 하려는 조치를 취한 것이다. 아무튼 이번 조치를 통해 임금과 가격을 현실화함으로써 생산관리체계의 일정한 변화를 일으킬 수 있었으며, 이로써 이윤을 창출하지 못한 기업은 살아남을 수 없다는 것을 인지하게 되었다.

또한 임금 및 가격 현실화에 연동되는 사회보장체계의 부분적인 개편도 발생할 수 있다는 것이다. 이것은 식량 및 생활용품, 주택, 전기, 물 등 인민경제 기본생활품들에 대해 국가가 국정가격을 적용하여 거의 무상에 가깝게 공급하였으나, 이번 조치로 실제 생산비에 준하는 가격을 지불할 수밖에 없게 되었다. 이를 달리 표현하면 배급제에 의한 식량공급이 실제적으로 폐지되었음을 의미하는 것이다. 이 외에도 농민시장의 경우처럼 자재공급부문의 원활한 운영을 위하여 각종 자재를 사고팔 수 있는 물자교류시장을 조직·운영할 수 있도록 하였다.

<표 2-6> 경제관리개선조치 이후 임금인상 주요내역

구 분	품목/계층	단 위	국정가격조정		
			조정 전(A)	조정 후(B)	인상폭 (B/A, 배)
임 금	생산노동자	월	110	2,000	18
	탄부	월	300	6,000	20

자료: 김진항(2003), 박정동(2004)에서 재인용.

(2) 신의주특별행정구, 금강산 및 개성 특구 지정[7)]

북한은 체제개혁·개방의 일환으로 신의주특별행정구, 금강산관광특구, 개성공단특구 등을 지정하여 적극적인 변화를 모색 중에 있다. 북한은 2002년 9월 12일 최고인민회의 상임위원회 정령을 통해 '신의주특별행정구'를 지정하고 「신의주 특별행정구 기본법」을 채택한 바 있다.

'신의주특별행정구'를 국제적 차원의 금융·유통·첨단과학기술 및 서비스 중심지로 개발함으로써 경제관리개선조치의 성공적 수행을 뒷받침하는 거점도시로 삼고자 하였다. 이는 결국 외부물자공급의 확대와 외자유치 등이 필요한 현실적 요구로부터 출발되었다. 이로써 북한의 변화가 단순한 개선이 아니라 외국자본의 유입과 그것을 통한 시장경제의 실험이라는 전략적 차원의 적극적인 변화임을 볼 수 있게 하는 상징성을 지니고 있다.

그러나 양빈 장관의 구속으로 신의주특별행정구에 대한 비전이 불분명한 시점에서 박남기 국가계획위원회 위원장은 2003년 남한방문에서 신의주특구 개발의 계속성을 강조하였다. 이와 같은 노력의 일환으로 양빈의 후임으로 전 싱가포르 수상 리관유를 비롯한 여러 국제적 유명인사들을 물색하고 있는 것으로 알려지고 있다.

북한은 2002년 11월 13일 최고인민회의 상임위원회 명의로 「금강산관광지구법」을 발표하여 금강산을 실질적인 '국제적 관광특구'로 지정하

7) 박정동, "북한의 대외경제관리체제에 관한 일고찰," 『수은북한경제』, 2004년 여름호.

였다. 관광특구에 관한 내용들을 살펴보면, 금강산관광특구 안에서는 남측 및 해외동포, 다른 나라 법인, 개인, 경제조직이 투자하여 관광업을 할 수 있고, 소프트웨어 산업과 같은 공해가 없는 첨단과학기술 부문의 투자도 할 수 있다고 명시되어 있다. 더불어 관광업과 관련된 건설부문

<표 2-7> 북한의 경제특구 비교

		개성	신의주	금강산	나진·선봉
위치		황남(동남부)	평북(북동부)	강원(동남부)	함북(북동부)
면적		66km^2	132km^2	약100km^2	746km^2
특구지정일		2002.11	2002.9	2002.11	1991.12
특구개념		공업단지	특별행정구	관광특구	경제무역지대
특구설립목적		공업, 무역, 상업, 금융, 관광지 개발	금융, 무역, 상업, 공업, 첨단과학, 오락, 관광지구 개발	국제관광지	무역 및 중계수송, 수출가공, 금융, 서비스
자치권	범위	독자적 지도 및 관리	입법, 행정, 사법	독자적 지도 및 관리	행정
	입법	–	입법의회	–	–
	사법	–	구재판소, 지구재판소	–	–
	행정	지도 및 관리기관	행정부(장관)	지도 및 관리기관	지대 당국
토지	소유주체	국가	국가	국가	국가
	개발주체	개발업자	행정구	개발업자	지대 당국
	임차기간	50년	50년	–	–
사용화폐		외화	외화	외화	북한원
기업소득세		14% (장려분야 10%)*	미정 (혜택부여 예정)	면세	14%
비자 여부		무비자, 출입증명서 필요	비자발급	무비자, 출입증명서 필요	무비자, 초청장 필요

주: 장려분야는 인프라건설, 경공업, 첨단과학기술 분야.
자료: 박정동, 2004.

의 투자를 장려하고, 특구에서의 외화 반출입이 자유로우며 개발업자가 추천하는 성원들로서 관광특구의 관리기관을 구성하고, 이 관리기관에 의해 관광계획의 작성, 관광자원의 조사와 개발관리, 투자유치와 기업창설 승인, 등록, 영업허가, 토지이용권 건물의 등록, 관광지구 하부구조 시설물 관리 등의 임무를 부여하고 있다.

북한은 2002년 11월 6~9일 평양에서의 '남북경제협력추진위원회 제3차 회의'를 통하여 11월 중순 「개성공업지구법」을 공포하였고, 12월 하순까지 공단착공식을 갖기로 하였으나 미루어지다가 2003년 6월 30일에 착공되었다. 북한은 '개성경제특구' 지정을 통해 향후 남북경제협력 구도에서 신의주특별행정구와 이어지는 내륙의 경의선 축과 신의주-남포-해주-개성-인천을 연결하는 서해안 축의 동시 형성을 가능하게 하였다. 특히 개성특구기본법에는 토지이용권 및 시설물 소유권 보장, 인원, 물자, 자금 및 정보통신의 보장, 각종 규제간섭 배제, 각종 조세 공과금의 면제 또는 최소화하는 사항 등이 포함되어 국제적 경쟁력을 갖추기 위한 기본 틀을 마련하였다.

이와 같이 북한이 금번 조치 이후 세 개 지역을 대상으로 경제특구를 지정한 것은 「7·1경제관리개선조치」의 효과를 증대시키기 위한 것으로 분석된다. 즉, 북한은 경제관리개선을 통한 공급능력확대를 도모하면서 대외적으로는 경제특구를 확대하여 생산능력의 향상을 꾀하려는 것으로 보인다. 따라서 「7·1경제관리개선조치」는 경제특구정책과 불가분의 관계에 있으며, 이들은 동일한 경제목표인 경제강국을 달성하기 위하여 선택된 경제정책수단이라 할 수 있겠다. 이를 위해 북한은 생산설비의 현대화, 식량 및 원자재의 도입 확대가 필수적이며, 국제경제협력을 통한 대외관계개선이 불가피한 실정이다.

(3) 경제변화조치의 평가

① 경제지표상의 변화[8)]

2002년 북한 경제는 1.2% 성장(실질 GDP 기준)하여 1999년부터 4년 연속 플러스 성장세를 지속했으나 전년 2001년(3.7%)에 비해 성장률은 낮아졌다. 산업별로는 비중이 큰 농림어업이 양호한 기상 여건과 수매가 인상 등에 힘입어 4.2% 성장하였으며, 건설업이 주택건설을 중심으로 10.4% 성장하여 북한의 경제성장을 주도했다. 그러나 지난해 에너지·원자재 난으로 산업 비중이 큰 광공업, 전기가스수도업과 정부서비스 부문이 위축됨으로써 성장세가 둔화했다.

농림어업은 기상 여건의 호조와 남한으로부터의 비료지원(30만 톤), 수매가 인상(쌀 kg당 82전→40원)에 의한 농민들의 생산의욕증대 등으로 곡물수확량이 늘어나 재배업이 4.3% 신장했다. 어업도 내수면 양식을 중심으로 어획량이 늘어남에 따라 전체적으로 전년대비 4.2% 성장(전년 6.8%)했다.

곡물수확량(정곡기준)은 쌀이 173만 톤으로 전년대비 3.0% 증가하고 맥류(42.9%)를 비롯하여 옥수수 및 서류(薯類)도 늘어남에 따라 전년(395만 톤)보다 4.6% 증가한 413만 톤을 기록하였으나 곡물수요량에 비해서

<표 2-8> 남북한의 경제성장률

(단위: %)

구분	'90	'91	'92	'93	'94	'95	'96	'97	'98	'99	'00	'01	'02
북한	−3.7	−3.5	−6.0	−4.2	−2.1	−4.1	−3.6	−6.3	−1.1	6.2	1.3	3.7	1.2
남한	9.0	9.2	5.4	5.5	8.3	8.9	6.8	5.0	−6.7	10.9	9.3	3.1	6.3

자료: 한국은행.

---

8) 여기서 제시하는 북한 경제구조의 변화 동향은 2002년 7월의 「경제관리개선조치」의 결과를 그대로 반영하고 있다고 보기에는 시간적으로 너무 짧다는 제약이 있다. 따라서 2001년과 비교, 전체적인 변화를 일람하는 의미로 해석되어야 할 것이다.

는 크게 부족한 수준이다. 북한의 2003년도 곡물수요량은 22%, 감량배급기준(성인 546g/일) 542만 톤 내외, 정상배급기준(성인 700g/일) 632만 톤 내외로 추정된다. 2002년 생산량은 413만 톤으로 추정되는 바, 부족량은 219만 톤(식량자급도는 65%) 정도이며, 이 중 65.2만 톤이 외부지원으로 충당된 것으로 판단된다.

광업은 전력부족과 설비노후 등으로 석회석 등 건설자재를 제외한 비금속광물 생산이 감소하고 석탄생산도 줄어 전체적으로 3.8% 감소했다(전년 +4.8%). 제조업은 경공업생산이 늘어난 반면 중화학공업 생산이 전반적으로 부진하여 전년대비 2.0% 감소했다(전년 +3.5%).

경공업생산은 경제관리개선조치를 뒷받침하기 위한 생필품증산 노력에 힘입어 식료품, 의류, 제재 및 목제품 등을 중심으로 2.7% 늘어난 반면, 중화학공업 생산은 에너지난과 원자재부족 등으로 강재 및 공작기계류 생산이 감소하는 등 전반적으로 감소세를 보여 전년보다 4.2% 감소했다.

전기·가스·수도업은 수력발전이 전년 수준을 약간 상회하였으나 화력발전은 석탄생산의 감소와 발전설비노후로 저조하여 전기업이 4.3% 줄어들고 수도업도 0.5%의 소폭 증가에 그쳐 전체적으로 3.8% 감소했다(전년 +3.6%). 건설업은 비주거용 건물 건설이 줄어든 반면 북한 전 지역에 걸쳐 주거용 건물 건설이 큰 폭으로 늘어나 전년대비 10.4% 성장했다(전년 +7.0%). 서비스업은 경제관리개선조치 이후 상업유통 활성화로 도소매업(6.5%), 운수업(3.8%), 음식숙박업(8.9%)이 늘어난 반면 비중이 큰 정부서비스업(−1.5%)이 전년의 감소세를 지속, 전체적으로는 전년대비 0.2% 감소했다(전년 −0.3%).

2002년 북한의 대외무역규모(상품기준)는 22억 6,000만 달러로 남한의 약 1/139(0.7%) 수준을 유지했다. 같은 해 북한의 수출은 13.1% 증가한 반면 수입은 5.9% 감소하여 대외무역규모는 「7·1조치」에도 불구하고 전년에 비해 0.4% 감소했다. 이러한 수입감소는 국제관계악화로 국제사회의 무상지원이 줄어든 데 주로 기인하는 것으로 분석된다. 수출에서는

<표 2-9> 북한의 산업별 성장률

(단위: %)

	북 한			남 한	
	'00	'01	'02	'01	'02
농림어업	−1.9	6.8	4.2	1.9	−4.1
광공업	2.2	3.9	−2.5	2.1	6.3
광업	5.8	4.8	−3.8	0.6	3.9
제조업	0.9	3.5	−2.0	2.1	6.3
(경공업)	(6.2)	(2.3)	(2.7)	(−2.4)	(1.9)
(중화학공업)	(−1.5)	(4.1)	(−4.2)	(3.0)	(7.2)
전기가스수도업	3.0	3.6	−3.8	5.1	13.2
건설업	13.6	7.0	10.4	5.6	3.2
서비스업	1.2	−0.3	−0.2	3.9	7.0
(정부)	(0.5)	(−0.4)	(−1.5)	(2.2)	(5.4)
(기타)	(2.5)	(−0.1)	(2.4)	(4.8)	(7.7)
국내총생산(GDP)	1.3	3.7	1.2	3.1	6.3

자료: 한국은행, 2003.

수산물, 섬유류 등이 증가한 반면 수입에서는 곡물 등이 감소했다.

2003년 들어 상반기 동안 무역실적은 2002년 동기 대비 수출감소(9.4%), 수입증가(35.6%)로 적자폭이 크게 증가했다. 상반기 무역규모는 전년 동기 9.1억 달러에서 10.9억 달러로 증가했다(수출: 3.2억 달러 → 2.9억 달러, 수입: 5.9억 달러 → 8.0억 달러). 수출은 수산물, 철강제품, 광물성 염료, 임가공 제품이 주를 이루고 있으며, 수입은 광물성연료(70.3% 증가, 8,900만 달러), 곡물류의 수입(전년 동기 대비 49.7% 증가한 2,400만 달러)에 치중하고 있음을 알 수 있다(통일부, 2003).

② 경제생활에서의 변화[9)]

■ 실리보장 추구

북한의 생산현장에서는 증산 노력과 더불어 경제관리에서 '실리보장의 원칙'을 견지하고 있는 것으로 알려지고 있다. 실리보장이란 인적·물적 자원의 합리적 이용을 말하며, 국가는 물론 개별 공장·기업소들도 생산과 건설, 기업관리 운영에서 최소한의 지출로 최대한의 이득을 얻어내는 것을 말한다. 그러나 실리보장이 국가의 계획적인 지도 아래 하부단위의 창의성을 보장하고 수익과 비용의 평가체계를 통해 이익을 보장하는 것을 의미하나, '실리'는 개인적 차원의 이윤이 아니라 집단주의 견지에서 추구해야 할 목표를 말하는 것이다. 이는 「7·1경제관리개선조치」와 함께 경제부문의 변화 상황에서 예상되는 정치·사상적 혼란 가능성을 사전에 차단하고, 이 조치가 자본주의적 이윤추구가 아닌 사회주의적 실리추구라는 것을 확실히 하기 위한 것으로 평가된다.

■ 임금격차 확대와 추가보수

「7·1경제관리개선조치」를 통해 생활비 및 전반적인 가격조정이 실시되면서 탄광근로자들의 생활비가 크게 상승했음이 보도되었다. 쌀 44원/kg, 돼지고기 180원/kg, 무연탄의 경우 1,300원/톤으로 국정가격이 대폭 인상된 반면 임금인상폭도 직종별로 달라 일반노동자·사무원은 17배, 탄부는 23배 등으로 발표되었다.

「7·1경제관리개선조치」에 따라 임금격차도 확대되어 쌀의 농민시장 가격대비 실질임금은 28원에서 231원으로 8배 이상 상승하였다. 채취·전력·금속·철도운수 등 경제 선행부문에 종사하는 노동자들에게 누진도급제를 확대 적용하고 비생산부문 종사자들에게는 상대적으로 축소 적용함으로써 임금격차가 발생하였다.

이상에서 경제변화조치에 따른 근로자들의 임금상승이 인센티브 효과

9) 김영윤, 2003; 조동호, 2004; 박정동, 2004를 중심으로 재작성.

<그림 2-1> 「7·1경제관리개선조치」 이후의 북한 경제 변화

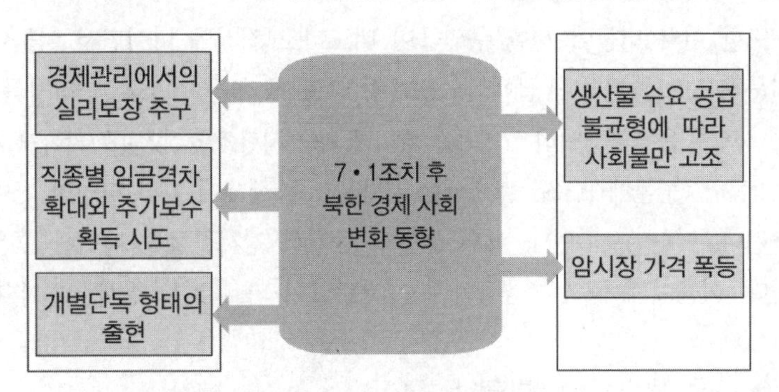

를 발생시키고 있음을 인식할 수 있으나 북한의 「7·1조치」의 궁극적인 성공은 실질임금상승이 노동생산성 향상, 그리고 재정수입과 물량공급증대 등으로 이어지면서 인플레에 대한 억제력을 충분히 확보할 때에만 가능할 것이다.

■ 새로운 판매 형태의 출현

「7·1경제관리개선조치」 이후 평양을 비롯한 주요도시의 거리에 이동매대가 재등장했다. 인민봉사총국 락연합작회사가 운영하는 새로운 컨테이너식 고정매대가 평양 통일거리에 등장, 군밤과 군고구마를 1kg당 각각 150원, 50원에 판매했다. 이동매대는 이미 1970년도부터 등장하기 시작하였다가 당국의 규제로 간헐적으로 등장하였다. 종전의 매대는 천으로 풍을 씌운 간편한 이동식 매대였으나, 새 매대는 간판까지 내건 개조된 컨테이너 매대라고 보도되고 있다. 2003년 이후 금강산에도 고정매대가 등장하여 새로운 소득원으로서의 자리를 잡아가고 있다.

매대판매업은 경제관리개선조치 이후의 변화로 "실리 도모, 변화하는 현실에 맞게 경제관리방식을 혁신한다"는 북한정책에 따른 각급 경제단위들의 실리·실적 중시 경제운영의 일면이라고 할 수 있다. 식품매대는 공식 판매망에 의한 공급자 중심의 경직된 판매방식을 탈피하여, 원재료 확보에서부터 판매까지 '창발성'을 발휘하는 등 이윤창출의 극대화를 시도하고 있는 점이 특징이라고 할 수 있다.

또한 이와 더불어 북한 주민들이 너도나도 장사에 나서면서 이들에게 전문적으로 물건을 공급하는 '도매업자'도 생겨났다. 소규모 장사를 하는 사람들은 '열차달리기(지방을 다니며 파는 사람들)', '햇빛조(앉아서 파는 사람들)', '눈물매대(쓰던 물건 파는 사람들)' 등 행태에 따라 다양한 은어로 불린다. 이는 1990년대 이후 북한에 등장한 장사꾼들을 지칭하는 은어이다. 이들에게 물건을 공급해주는 사람들이 바로 전문 장사꾼들이다.[10)]

■ 수급 불균형에 따른 불만

공급 측면의 경제상황이 개선되지 않음으로써 주민들이 생활고, 물가고에 직면하는 현상이 심화되고 있다. 경제가 정상적으로 가동되지 않음으로써 새로운 노동보수제정착의 어려움이 커지고 있으며, 일한 만큼 또한 생산한 만큼 임금을 준다고 하나 생산을 위한 투입(전력, 원자재, 수송수단 등)이 이루어지지 않을 경우 생산에 임하지 못함으로써 임금의 차별지급이 무의미해지는 사례가 발생되고 있다.

통근열차요금이 70전에서 30원으로 상승, 주민들이 한 푼이라도 더 아끼려고 먼 길을 걸어가는 현상도 나타나고 있다. "당이 결심하면 우리는 한다"는 당국의 구호는 "당만 믿으면 우리는 굶어 죽는다"라는 말로 바뀌어 본 조치에 대한 주민의 불만이 고조되고 있다. 7·1조치가 처음 발표됐을 때 많은 주민들이 이제는 열심히 일하면 잘살 수 있게 됐다고 반겼으나 그 후 물품부족으로 농민시장물가가 폭등하고 생활고가 가중되자 오히려 백성만 더 못살게 됐다고 비난하는 계층이 증가하고 있다.[11)]

■ 암시장 가격의 폭등

실제 「7·1경제관리개선조치」 이후 8개월 동안(2002년 7월~2003년 2

10) 연합뉴스, 2004.5.24.
11) 연합뉴스, 2003.3.8.

월) 북한 전역의 암시장 물가는 3배 이상 폭등한 것으로 나타났다. 평양 지역 쌀값도 50%나 상승했으며 기타 생필품의 가격은 3배로 폭등했다.[12] 평양 농민시장에서 1달러당 220원 선으로 교환됐던 북한 원화는 2003년 2월에는 3배인 670원으로 거래되었다.

신의주 장마당의 가격 동향은 쌀 95~155원/kg, 옥수수 60원/kg, 식용유 0.5리터당 150원, 돼지고기 280원/kg, 운동화 500원/켤레, 테트론 양복 한 벌 감 1,000~2,000원, 자전거 한 대 17,000~20,000원으로 나타나고 있다. 암시장에서 장사를 하는 사람들의 수도 크게 증가함으로써 사경제가 더욱 성행하는 결과를 초래했다.

이에 따라 북한은 대대적인 장마당 단속작업에 착수, 장마당의 취급품목을 원래 농민시장에서 매매 가능한 텃밭작물로 한정하고, 쌀과 공산품 등 지정된 품목 이외의 물건은 일체 거래할 수 없도록 조치[13]한 바 있다. 개인소유 쌀을 국가공급소에 국정가격으로 매각할 것을 종용하였으며, 그 외에 제품은 국영상점을 통해 판매하도록 조치했다. 생산무문에서도 원자재를 조달하지 못한 일부 기업들이 노동자들에게 인상된 임금을 지급하지 못하고 제품교환이 가능한 쿠폰을 임금 대신 주는 현상이 발생했다. 여기에 북핵 파문으로 인한 국제사회지원의 급격한 감소도 인플레를 가중시키는 요인으로 등장하고 있다.

③ 주요 경제변화조치의 성과와 과제

「7·1경제관리개선조치」를 통해 임금 현실화 및 노력 정도와 연계된 차별적 임금의 지급이 이루어질 경우, 북한 내 전반적인 생산성증대의 가능성은 있다. 특히 개별 경쟁체제가 기존 생산체제의 무사안일주의를 극복, 노력 동원의 효율화를 지향할 수 있을 것이며, 이데올로기나 사상교양, 집단생활, 인간개조사업으로는 한계가 있음을 인식한 데서 발전하

---

12) ≪워싱턴포스트≫, "New Policy Puts Economy to Test in North Korea," 2003.2.26.
13) 신지호, "7·1조치 이후의 북한경제," 『KDI 북한경제리뷰』, 한국개발연구원, 2003.

여 화폐 및 물질적 인센티브제로 전환함으로써 생산성을 제고할 수 있을 것이다.

그러나 북한의 「경제관리개선조치」가 실질적인 생산증가와 소득의 향상을 가져오기 위해서는 자율적 임금결정체계, 임금의 차등지급이 인센티브로 기능할 수 있는 임금구조, 생산품목, 생산량, 판매방법 등에 대한 기업의 자체적인 책임자율경영, 원자재의 원활한 수급을 비롯한 전력공급 등 생산환경의 질적 개선이 이루어져야 할 것이다.

이런 점에서 볼 때 경제관리개선조치를 시장경제화 조치로 연결시키는 것은 무리이다. 북한이 「7·1조치」를 통해 모든 가격을 원래 가치대로 계산하였다고는 하나 이것은 실제 가치가 반영된 계획가격일 뿐 시장가격을 의미하는 것이 아니다. 북한 스스로도 "노임과 전반적인 가격의 인상은 사회주의원칙에 기초하여 단행된 조치"로서 "경제활동이 화폐에 의한 유통의 형태를 취하게 되어도 그것은 생산수단의 전 인민적 소유에 기초한 계획경제의 테두리 속에서 진행"되며, 가격이 철저히 중앙과 지방행정단위들에서 조절되는 체계가 세워져 있기 때문에 "시장의 원리가 그대로 가격에 반영되는 일은 없다"고 언급하고 있다.

한편 북한은 이 같은 개혁정책과 함께 개방정책도 최근 적극적으로 추진하고 있다. 신의주경제특구는 독자적인 입법권, 행정권, 사법권을 가지며 자체 여권까지 발급할 수 있는 등 나진선봉은 물론 중국의 경제특구와 비교해도 획기적인 것이다. 또한 특구가 북한 내부의 이해에 관계없이 독립적으로 운영될 것임을 외부세계에 천명하였다. 신의주지역을 기존의 방식을 과감하게 탈피한 방법으로 개방, 국제적 차원의 금융·유통·첨단과학기술 및 서비스산업 중심지로 개발함으로써 부족한 물자공급 문제해결과 고용창출을 통한 임금소득의 확보, 전력 및 공업용수 제공을 통한 사용료 징수, 노동력훈련 및 기술습득을 이루려는 의도는 상당한 의미를 가지고 있다.

하지만 신의주행정특구는 북한 경제의 질적 전환을 위한 사상적 뒷받침이 결여되어 있고 중국의 비협조적 태도, 개성공단을 선호하는 남한

기업의 비적극적 태도 및 선적·하역·수송을 할 수 있는 항만과 도로, 통신 등 사회간접시설의 부족 측면에서 해외투자의 유치 가능성도 미약한 것으로 평가된다. 따라서 신의주행정특구의 개발은 중국의 입장과 북한 핵문제, 특구장관의 임명 등의 현안 문제가 해소되어야 가능할 것으로 보인다.

또한 북한은 남한의 기업을 유치하기 위해 개성공단 조성사업을 추진하고 있다. 「개성공업지구법」은 북한의 외국인투자 관련법규로는 최초로 남한 기업의 투자진출이 가능하다고 명시하고 있다. 또한 공단개발 및 운영에서 남한측 파트너의 참여가 명시되어 있다. 개발업자, 즉 현대아산·토지공사는 토지임대, 부지정리, 하부구조 건설 등 공단 개발을 전담할 뿐만 아니라 공업지구 관리기관의 성원을 추천할 수 있어 남한측 인사가 공단 운영에 참여할 수 있게 되었다. 그러나 중앙의 영향력이라는 측면에서 보면, 개성공단의 자율성은 신의주특별행정구에 비해 취약하다. 개성공단은 중앙기관의 지도를 받게 되어 자율적 성격이 약하나 신의주특구는 자체적으로 입법, 사법, 행정권을 보유하여 자율성이 높다는 차이점이 있다.

아무튼 개성공단사업은 부진한 남북경협을 획기적으로 발전시킬 수 있을 뿐만 아니라 남북간 인적·물적 교류의 활성화와 공동사업 추진경험을 통한 상호신뢰 구축으로 한반도 평화정착의 계기를 만들 수 있는 중요한 프로젝트이다.

신의주와 개성공업 지역은 경제특구로서의 지리적 조건으로 인해 상당한 발전잠재력을 보유하고 있다. 그러나 경제특구는 입지적 조건이 유리하다고 하여 성공이 보장되는 것이 아니며, 외자유치와 경제특구운영의 효율성을 높이기 위한 다양한 노력들이 동반되어야만 한다. 특히 외국기업의 대북투자에 대한 불안감을 해소하기 위한 북한 당국의 적극적인 노력이 기본적으로 요구된다. 아울러 향후 북한의 개혁·개방정책이 성공적으로 추진되기 위해서는 북한 스스로의 노력뿐 아니라 남한을 비롯한 국제사회의 협력이 절실히 요구된다.

2. 북한의 농업

1) 북한의 농업생산기반과 식량 사정

(1) 자연조건

한반도 총면적은 220,025km^{2}로 이 중 남한의 면적이 97,261km^{2}이고, 북한은 한반도 총면적의 55%에 해당하는 122,764km^2 정도이다. 한반도는 총면적의 70% 이상이 산악지대로 형성되어 있으며 북한은 80%가 산악지대인 지형으로 인해 북쪽과 동쪽에 높고 험한 산이 집중되어 있다.

북한의 평야는 대부분이 충적평야와 준평야, 준평원으로 되어 있으며 평야단위도 면적이 작은 편이다. 평야라고 할 수 있는 것은 재령평야와 평양평원 등 서북평야지대로 그 면적은 약 1,000km^2 정도이며, 동해안쪽에 해안선을 따라 해안평야가 형성되어 있다. 북한의 서해는 해안선의 굴곡과 간만의 차가 심하며, 해저의 지형이 매우 완만한 경사를 이루어 간척지개발에 좋은 조건을 가지고 있다.

북한의 지질을 구성하고 있는 모암은 주로 화강암, 편마암, 석회암 등이다. 양강도, 자강도, 함경남북도 등 북부산악지역은 백두용암지대, 개마고원, 무산고원 등의 고지대 삼림포드졸화산에서 분출된 암석들을 모체로 토양이 형성되어 있으며 평안북도, 자강도의 서쪽, 함경남도 해안지역 등 북서부와 중부 산악지대의 석회암지대에는 부식질이 적고 붉은색의 점성이 강한 테라로사가 분포되어 있다. 이 외에 함경남도 해안, 강원도, 평안남도, 황해남북도 등 서부와 남부 지역에는 활엽수림 갈색토양이 분포되어 있다.

이와 같이 분포되어 있는 북한 토양의 특성을 살펴보면 첫째, 산성화된 토양이 많다. 북한 토양은 화강암과 편마암이 풍화작용을 받지 않고 퇴적되어 강한 산성토양이 많은데, 전체 경지면적의 56%인 120만ha에 달한다. 둘째, 토심이 얕고 자갈이 많으며 경사가 급해 토양의 심도가

<표 2-10> 남북한 토지이용 비교

(단위: 만ha)

구 분	국토면적	임 야	경지면적		
			논	밭	소 계
북 한	1,205(100%)	938(77.8%)	59	128	187
남 한	993(100%)	670(67.5%)	115	73	186

자료: 농림부, 농림업 주요통계, 2003.

20cm 이상인 토양은 전 국토의 5.7%에 불과하며 토심이 15cm 이하인 곳이 50%에 이른다. 마지막으로 토양 내에 부식질 함량이 극히 적다. 따라서 이러한 특성은 북한 지역에서 농사를 짓기 위해서는 산성화된 토양의 중화가 필요할 뿐만 아니라 많은 양의 비료를 사용하여야 한다는 것을 의미한다.

북한의 기후대는 대륙의 영향을 많이 받고 있기 때문에 여름은 덥고 겨울은 몹시 추운 온대성 계절풍 기후이다. 봄에는 기온이 급상승하므로 증발량이 많아져 건조한 철이 많으며 여름에는 습기 찬 동남풍이 불어와 흐리고 더운 날씨가 계속되고 비가 자주 내린다. 그리고 가을은 비교적 따뜻하고 맑은 겨울이 오랫동안 계속된다.

⑵ 농업노동력과 경지이용

① 농업노동력

1964년 이래 북한 당국에 의해 자료공개 금지조치가 취해지면서 북한 인구자료는 공식적으로 알려지지 않고 있으며, 노동력에 대해서도 마찬가지이다.

1994년에 북한은 유엔인구활동기금(UN Population Fund)의 도움을 받아 처음으로 인구센서스를 실시하였다. 이 센서스에 의하면 1993년 말의 북한 인구는 2,121만 명(군인 제외)이었다. 또한 최근에 유엔식량농업기구(FAO)와 세계식량계획(WFP)은 공동으로 북한의 식량수요를 추정하

<표 2-11> 북한의 노동력 현황(1993년)

구 분	남 자	여 자	전 체
생산참여인구(남자: 16~59세, 여자: 16~54세)	5,925,436	6,085,929	12,011,365
잠재노동력(16세 이상)	6,577,522	7,898,854	14,476,376
경제활동 실제 참여인구	5,561,851	5,442,991	11,004,842
경제활동 참가비율(%)	84.6	68.9	76.0

주: 서비스종사자는 포함되지 않음.
자료: Central Bureau of Statistics, Tabulation on the Population Census of the Democratic People's Republic of Korea, 1995.

<표 2-12> 북한의 산업별 노동력 구성(1993년 말)

구 분	남 자	여 자	전 체	경제활동 인구대비(%)	여성인력 비중(%)
농업	1,718,021	1,663,909	3,381,930	30.7	49.2
제조업	1,921,658	2,196,674	4,118,332	37.4	53.3
건설업	352,124	112,242	464,366	4.2	24.2
운수, 통신	285,321	117,156	402,477	3.7	29.1
상업	161,097	347,533	508,630	4.6	68.3
교육, 문화, 보건	339,459	504,188	843,647	7.7	59.8
기타	784,171	501,289	1,285,460	11.7	40.0
계	5,561,185	5,442,991	11,004,842	100.0	49.5

자료: Central Bureau of Statistics, Tabulation on the Population Census of the Democratic People's Republic of Korea, 1995.

면서 2002/03양곡연도(2002년 10월~2003년 9월) 인구를 2,308만 명으로 추정하였다.[14]

1994년 센서스에 의하면 북한의 경제활동인구는 1993년 말 약 1,100만 명이었으며, 경제활동참가율은 76%로 남자(84.6%)가 여자(68.9%)보다 높았다. 이는 모두 남한보다 아주 높은 수치로 의무노동의 강조, 부족한 노동력을 여성노동력으로 보충해온 노동정책에 기인한 것으로 판단된다.

1993년 말 농업부문의 취업자는 경제활동인구의 30.7%인 약 340만 명이며, 이 중 여성인력 비중은 49.2%로 남녀간에 큰 차이는 없었다. 공

14) FAO, "FAO/WFP Crop and Food Supply Assessment Mission to the DPR Korea," Special Report 27 July 2001 and 29 July 2002.

업화 초기인 1960년대 초반에 농업취업자 비율이 57%를 상회하였던 것을 감안하면 30여 년 동안 농업취업자 비율이 상당히 빠르게 감소하였다는 것을 알 수 있다. 이는 도시를 중심으로 산업을 배치한데다 농촌출신의 전역군인과 대학졸업생을 비농업부문에 배치했기 때문인 것으로 판단된다.

② 경지이용

북한은 지형특성상 산악지대와 고지대가 넓게 분포하고 있기 때문에 식량작물생산에 필요한 경지가 상대적으로 부족한 실정이다. 통일원을 비롯한 각 기관은 북한의 경지면적을 1992년 197만ha로 추정하였으며, 그 중 논 면적은 61만ha, 밭 면적은 136만ha로 논, 밭의 비율을 3 대 7 정도로 추정하고 있다.[15)]

FAO/WFP Special Report December 2001/2002에 의하면 경작 가능 면적 중에서 곡물생산이 투입된 면적은 2001년에 138만ha, 2002년에 141만ha이고 나머지는 과수재배와 뽕재배 면적으로 추정하고 있다. 주된 재배작목은 벼와 옥수수이며, 이의 경작면적은 곡물재배면적의 3/4을 웃돌고 있다.

북한은 식량증산을 위해 주로 4화(수리화, 기계화, 화학화, 전기화)정책을 통한 기술혁명과 경지면적의 확장을 추진해왔다. 북한은 농지의 감소를 해소하기 위해서 간석지개발[16)]과 새땅찾기운동,[17)] 다락밭건설사업[18)]

---

15) 농림수산부 농수산통계관실, 통일원 정보분석실.

16) 북한의 간석지개발은 경작지가 절대적으로 부족한 상황에서 쌀의 증산을 도모할 수 있는 가장 효과적인 방법의 하나로 간주되어 적극적으로 추진되었다. 간석지개발사업은 1948년 11월 내각회의에서 처음으로 제기되었고, 1954년 간석지예비조사가 있은 후 간척사업의 본격적인 추진이 계획되었다. 1950년대 북한에서는 대중적인 중·소형의 간척사업을 추진하였고 후기에는 간척지기업을 조직하여 국가에서 개발하기 시작했다. 30만 정보 간석지개발사업은 1980년대의 10대 전망목표의 하나로 설정되어 추진되었으나 1989년 말 6만여ha(목표의 20%)를 간척하는 데 그치고 있는 실정이다(윤경섭, 1997).

17) 새땅찾기사업은 1976년 제시된 5대 자연개조사업의 하나인 다락밭 건설과 거의 동일한 사업으로서 역시 개간을 통한 경지확장사업이다. 최근의 통일원 자료에

<표 2-13> 북한의 곡물재배면적과 생산량 전망

	2000년/2001년			2001년/2002년		
	경작면적 (1,000ha)	단수 (kg/10a)	생산량 (1,000톤)	경작면적 (1,000ha)	단수 (kg/10a)	생산량 (1,000톤)
벼	535	205	1,099	572	234	1,339
옥수수	496	210	1,041	496	299	1,482
감자	188	154	290	188	303	567
맥류	93	85	79	93	208	194
기타	65	100	65	62	120	74
계	1,377	–	2,574	1,410	–	3,656

자료: FAO, "FAO/WFP Crop and Food Supply Assessment Mission to the DPR Korea," Special Report 27 July 2001 and 29 July 2002.

등을 활발히 전개하여 북한의 농경지면적은 1980년대까지는 꾸준히 증가하였으나, 1990년대에 들어와서는 오히려 감소하는 경향을 보이고 있다.

북한의 평균 일인당 경지면적[19]은 0.17ha로서 여타 구사회주의 국가(불가리아의 0.71ha, 형가리의 0.68ha, 폴란드의 0.63ha) 등과 비교해서도 월등히 적은 수준이다. 또한 북한의 호당 평균경지면적은 1.04ha(1994년)로

의하면 북한은 주로 양강도 개마고원 일대, 함경남도 북부산간지대를 중심으로 추진하였던 20만ha 새땅찾기사업을 통해 3차 7개년계획기간(1987~1993)중에 2만 6,000ha를 개간한 것으로 알려지고 있다. 최근 식량난으로 농촌 야산지역에서 비밀리에 경작지를 개발, 이른바 뙈기밭으로 불리는 미허가 경작면적에서 부족한 식량을 보충하고 있으며 실제 이들 면적이 어느 정도인지는 추정이 불가능한 상태이다.

18) 북한은 16° 이상의 경사지 20만ha에 대해서 다락밭을 건설하고 관개체계를 수립하면 수확량을 높일 수 있으며 기계화도 가능하다고 보고 다락밭 15~20만ha 건설사업을 추진하였다. 이것은 간석지개발의 경우와 같이 농경지확장사업의 일환으로 추진되었으며, 1976년 사업을 제기한 이후 현재까지 조성된 다락밭은 17만ha 정도이고 1980년 중반까지는 상당한 성과를 보인 것으로 알려져 있다. 그러나 이런 경우에 토사유출에 대한 적절한 대응책(빗물 배제를 위한 승수로, 돌등을 이용한 단구 조성, 적정한 밭두렁의 높이 등)이 필요한데, 북한에서는 이러한 대응책이 미흡하여 강우에 의한 토사유실과 그 결과로써 하상이 높아지는 부작용을 초래하였다.

19) 김운근 외, 『북한의 농업개황』, 북한농업시리즈 D90-1, 한국농촌경제연구원, 1990.

남한의 1.30ha보다 작은 편이며 지속적으로 감소하여왔다.[20]

북한의 농업인구의 증가, 호당 경지면적의 감소는 북한농업의 구조적인 특성을 반영하는 것이다. 한 사회의 농업기술 혁명과정은 토지와 노동이라는 두 가지 생산요소의 상대적 부족상태 및 자본축적의 초기상태에 의하여 규정되는데, 북한은 토지자원이 상대적으로 희소하고 자본축적이 결여되어 노동집약적인 생산방법을 추진하게 되고, 이는 구조적으로 북한의 농업과 농촌사회가 많은 농업인구를 필요로 하는 배경이 된다.

(3) 식량 사정

북한의 식량위기는 현재 북한의 농업구조를 변화시키고 있는 중요한 요소로 작용하여 협동농장 생산체제와 배급체제(유통구조)가 현저하게 변화하고 있다. 일반적으로 정책이란 정책 당국에 의해 결정되기도 하지만 변화하는 현실을 '묵인하고 소극적으로 공식화'하는 과정을 통해서도 형성되는데, 북한의 경우 1990년대 중반 식량위기 이후에는 후자의 측면이 강하다.

북한은 1985년 신년사를 통해 알곡생산 1,000만 톤 성취를 발표하면서 주체농법의 승리를 공언하였으나 실제로 북한의 식량문제는 농업생산부문의 구조적인 문제로 인해 1980년대 중반 이후부터 이미 진행되고 있었다. 1980년대에 북한은 식량생산량이 연평균 약 415만 톤 정도에 불과하여 정량배급기준으로도 평균 200여 만 톤 정도의 부족을 겪고 있었다. 그러나 당시에는 일인당 배급량을 22% 줄이고 부족 식량의 대부분을 구소련과 중국의 지원으로 충당하고 있었기 때문에 식량문제가 부각되지 않았다. 1990년대 들어와 사회주의권이 붕괴하면서 이들 나라로부터의 경제지원 단절, 농업관련 물자도입과 기술협력의 중단, 비료 등 농업원자재 생산의 감소 등으로 북한의 식량생산은 본격적인 자연재해가 없었던 1990년도에 이미 1989년 대비 쌀 생산량이 32.5%, 옥수수는

---

20) 북한은 1965년 1.82ha에서 1994년 1.04ha로 감소하였으나 남한은 0.9ha에서 1.30ha로 증가하였다(이영호 외, 1998).

27.3%나 감소하였다.[21] 따라서 북한의 식량감소현상이 이렇게 자연재해가 본격화되기 이전부터 나타나기 시작한 것에는 이른바 '주체농법'의 실패와 사회주의적 집단영농 생산방식의 모순 등이 누적된 것도 한 요인이 되었다고 할 수 있다.

FAO/WFP 공동조사단(2002년 7월)은 2002년의 기상조건 호조, 국제사회의 비료지원 및 이모작사업의 추진 등에 힘입어 북한의 곡물생산량을 366만 톤으로 추산하였다. 이 수치는 2000/2001년도의 257만 톤보다 40% 이상 증가한 것으로 북한의 식량사정이 많이 나아지고 있음을 보이고 있다. 그러나 FAO/WFP 공동조사단은 북한 주민의 최소영양필요량을 충족시키기 위해서는 147만 톤의 식량이 부족할 것으로 추산하였다. 부족량 중 상업적 도입량 10만 톤과 국제사회의 식량지원 약속물량 33만 톤을 고려해도 북한은 약 100만 톤의 식량이 절대적으로 부족

<표 2-14> 북한의 식량수급

(단위: 1,000톤)

	수급량	
	2000년/2001년	2001년/2002년
총 공급량	2,920	3,544
생산량	2,920	3,544
재고	–	–
총 소요량	4,785	5,011
식용	3,781	3,929
사료용	300	300
기타, 종자, 손실 등	614	782
수입요구량	1,865	1,467
상업적 수입량	200	100
차관지원물량	500	131
지원약속물량	600	200
부족량	565	1,036

자료: FAO, "FAO/WFP Crop and Food Supply Assessment Mission to the DPR Korea," Special Report 27 July 2001 and 29 July 2002.

21) 조명철 외, "북한의 농업부문과 연관부문간의 연계시스템 운영실태 분석," 『대외경제정책연구』, 2002.

할 것으로 보여 식량난의 해소에는 많은 어려움이 예상된다(<표 2-14> 참조).

북한은 총량적인 식량부족 못지않게 정상적으로 운영되지 못하고 있는 배급제로 인해 내부의 지역간, 계층간 식량수급 불균형이 심화되고 있다. FAO는 배급제에 완전히 의존하는 도시가 농촌보다 식량확보에 불리하고, 수송체계 붕괴로 산간오지지역이 식량확보에 더욱 어려움을 겪고 있으며, 중국에 인접한 지역은 국경무역을 통해 식량조달에 다소 유리한 상태이고, 배급제에 의존하는 노약자에게 피해가 집중되고 있는 것으로 보고하고 있다.

이러한 북한의 농업생산 침체원인에 대해 국제통화기금(IMF, 1997)은 다음과 같이 진단하였다.

- 수년간 지속된 자연재해
- 공업생산의 붕괴로 비료, 농약, 에너지, 농기계 등 영농자재공급 부족
- 집단화에 따른 생산유인의 결여, 지속적인 단작영농으로 인한 지력 감퇴, 쌀과 옥수수의 지나친 밀식에 의한 손실 등 농업생산 감소의 구조적 요인

IMF가 진단한 바와 같이 북한농업의 저생산성은 농업지도관리 및 협동농장 생산체제에 의한 구조적인 요인과 기후적인 요인의 복합적인 현상으로 이해되며, 이는 자연재해가 다시 오지 않더라도 농업생산이 즉각 과거 수준으로 복구되기 어렵다는 것을 시사하는 것이다.

2) 북한 농업정책과 협동농장 운영체계

(1) 북한의 농업정책

사회주의 건설을 성공적으로 완수하기 위한 당면 과제는 생산력의 증대와 평등사회의 구현이라고 할 수 있다. 대부분의 사회주의국가들은 산업화가 낮은 수준이었기 때문에 생산력의 증대는 사회주의 건설의 일차적인 과제로 대두되었다. 이를 위해 사회주의국가들은 거의 예외 없이 고도의 사회주의적 공업화를 추진하였으며, 농업과 공업의 결합을 강조하면서 농업을 사회주의 공업화 실현의 토대로 설정하였다.

북한의 농업정책도 같은 맥락에서 추진되어 왔으며 그 구체적인 정책은 사회주의 건설의 발전단계에서 제기되는 상이한 문제들에 대한 대응이라는 맥락에서 다양한 형태로 제시되었다. 하지만 북한 농업정책의 주요내용은 농업혁명과정으로 간주되는 토지개혁과 농업협동화과정 그리고 1964년에 발표된 김일성의 "사회주의 농촌문제에 관한 테제"로 요약할 수 있다. 북한 농업정책의 기본강령은 사회주의가 당면하고 있는 농민문제와 농업문제의 본질적 내용을 농업의 낙후성과 도시·농촌 간 격차로 규정하고, 이 문제 해결을 위한 3대 기본원칙으로 농촌에서의 기술·문화·사상 혁명 수행, 농업에 대한 공업의 지원과 농촌에 대한 도시의 지원강화, 협동적 소유 형태의 '전 인민적 소유화(국유화)' 추진 등을 내세우고 있다. 북한은 이 강령을 실천하는 방안으로 농업의 수리화, 전기화, 기계화, 화학화를 추진하였으며 이와 같은 북한의 농업정책방향은 생산 및 경영방법의 개선에 의한 생산성향상보다는 농경지확대, 관개시설확대 등 이른바 대자연 개조에 의한 식량증산을 추구해왔다.

① 토지개혁

일제하에서 한반도는 자연적 조건과 일본의 지배정책에 의해 남한지역은 농업과 소비재공업이 발달하였고, 북한지역은 상대적으로 중화학공업 위주로 발전해왔다. 이러한 상황에서 남북이 분단된 결과 북한지역의 식량 사정은 대단히 어려워졌으며 농지소유의 집중화,[22] 소작인 수탈로 인한 농가의 몰락[23] 등으로 봉건적 토지소유제도를 철폐하고, 농민의 생산의욕을 고취시키기 위한 토지소유제도의 재편성이 요구되었던 것이다.

1946년 3월 「토지개혁에 대한 법령」 및 「동개혁 실시에 대한 임시조치법」을 통하여 북한은 전면적인 토지개혁을 실시하였다. 토지개혁의 내용은 다음과 같다.

첫째, 모든 봉건적 토지소유관계를 폐지하고 농민적 토지소유제도에 의거한 새로운 농업제도를 수립하기 위해 일본제국주의와 민족반역자가 소유한 토지, 토지면적에 관계없이 계속해서 소작을 준 토지, 5ha 이상의 조선인 지주와 종교단체가 소유한 토지를 모두 무상몰수하여,[24] 고농 및 토지가 없는 농민에게 무상으로 분배한다. 둘째, 농민에게 지급된 토지와 연결되어 있었던 일체의 부담과 부채는 면제하고, 토지몰수의 대상이 된 지주에 대한 일체의 부채를 취소하고, 지주 소유의 농업용 가축, 농기구, 주택 등을 몰수해 농민에게 지급함과 동시에 몰수한 건물의 일부를 학교, 병원, 그 외 공공기관으로 이용한다. 셋째, 농민에게 지급된 토지의 매매, 저당, 임대차(소작)를 일체 금지한다. 넷째, 일본제국주의 그리고 토지몰수의 대상이 된 조선인 지주의 과수원을 몰수해 지방인민

22) 1942년 통계에 따르면 5정보 이상의 경지소유자 총수는 조선인 8만 929인, 일본인 8,220인으로 8만 9,000여 명에 불과하였다. 북한의 경우 1943년 말 198만 2,343정보 중 지주소유지는 115만 4,838정보로 전체의 58.2%에 달하는 것으로 조사되었는데, 이는 북한 총 농가호수의 4%에 불과한 4만 6,134호의 지주가 경지의 과반수를 소유한 것으로 토지소유집중의 심각성을 보여주고 있다.

23) 소작료는 현물로 대부분이 이루어지고 있으며 보통 생산량의 50~60%에서 최고 90%에 이르는 경우까지 있었다. 소작인에 대한 수탈은 비단 소작료에서만 나타나는 것이 아니라 각종 농노제적 공납과 지세, 수리조합비 등 공조 부과금과 부역 비료대, 각종 뇌물, 토지개량비 및 종자대 등 갖가지 형태로 자행되었다. 1930년 통계에 의하면 총 농가호수의 75%가 채무를 지고 있는 것으로 나타났다.

24) 북한의 토지개혁의 토대인 「북조선 토지개혁법」에 의하면 학교, 과학연구소, 병원 등의 소유지, 북한 인민위원회의 특별한 결정으로 독립운동 등에 공로가 있는 자들과 그 가족에 속하는 토지 및 민족문화발전에 특별한 공로가 있는 자들과 그 가족에 속하는 토지는 몰수에서 제외하였다(김삼현, 1995).

위원회에 유보시키는 한편, 농민 소유의 소규모 산림을 제외한 일체의 산림과 토지몰수의 대상이 된 지주의 관개시설을 몰수해 북조선 임시인민위원회의 관리하에 둔다.

몰수한 토지를 배분함에 있어서는 무상분배의 원칙, 노동력과 가족수에 따른 균등분배의 원칙,[25] 실제로 경작하는 농민에게 분배하는 원칙, 고농·빈농들이 그가 경작한 땅 중에서 가장 좋은 땅을 선택하도록 하는 원칙 등을 적용하였다. 토지개혁은 고농과 빈농을 중심으로 한 9만 6,000명의 혁명적인 농민으로 구성된 1만 5,000개의 농촌위원회가 추진주체가 되었다. 이들의 주 임무는 몰수대상자와 대상토지의 확정, 토지분배계획의 작성과 실행, 몰수대상 지주 소유의 기타 농업생산수단의 조사와 보관위탁, 분배대상농가의 실태조사를 담당하는 것 등이었다. 물론 토지개혁을 둘러싼 약간의 저항은 있었지만 북한에서의 토지개혁은 동구제국의 사례와 비교할 때 상당히 신속하게 진행되었다. 동구제국에서는 토지개혁이 수년간에 걸쳐 그것도 몇 단계에 걸쳐 실시된 것임에 반해 북한에서는 극히 단기간인 20여일 만에 토지개혁이 완수되었다.

토지개혁의 결과로서 북한 총 경지면적(195만ha)의 53%에 해당하는 100만ha를 무상몰수하여 그 가운데 98만ha를 약 72만 호의 고용농민 및 토지가 없는 농민 등에게 무상으로 분배하였다. 또한 반봉건적 토지 소유관계가 일소되고 50만 호 이상의 농가가 봉건적 착취와 억압으로부터 해방되어 지주는 농촌에서 완전히 제거되고 경지는 모두 경작농민에게로 이전되었다.

이러한 역사적인 토지개혁은 농촌사회에 엄청난 변화를 초래하였다. 먼저 계급구성에서 보면, 5ha 이상을 소유했던 약 3만 호의 지주계급이 일소되고, 부농경영은 5%에서 2.5%로 줄어들었으며, 고농과 빈농은 토지

25) 16~60세의 성인남자와 18~50세의 성인여자는 1점, 15~17세의 청년은 0.7점, 10~14세의 소년은 0.4점, 9세 이하의 아동은 0.1점, 61세 이상의 남자와 51세 이상의 여자는 0.3점을 기준으로 "가족 수와 가족 가운데 노동능력을 가진 자의 수를 기준으로" 분배하였다.

를 무상으로 분배받아 중농으로 전환되었다. 토지개혁 후 경지면적 1~3ha의 농가가 대다수를 점하였고, 농가호당 경지면적은 1.8ha가 되었다. 그리고 농민들 사이의 토지소유 격차는 동일지역 내에서 1 대 3을 넘지 않았다. 그리고 세금으로는 일제하의 공출부담 대신 수확물의 25%(밭에서는 수확의 10~13%, 논에서는 27%)에 해당하는 현물만 부담시켰

<표 2-15> 토지개혁에 의한 토지몰수

	면 적		경 지		과수원		농가호수	
	(ha)	(%)	(ha)	(%)	(ha)	(%)	(호)	(%)
몰수토지	1,000,325	100.0	965,069	100.0	2,692	100.0	422,646	100.0
일본인, 일본국가 토지	112,623	11.3	111,561	11.3	900	34.3	12,919	3.1
민족반역자, 도망자의 토지	13,272	1.3	12,518	1.3	127	4.7	1,366	10.3
5ha 이상 소유주의 토지	237,746	23.8	231,716	23.6	984	36.6	29,683	7.0
전부 소작시킨 자의 토지	263,436	26.3	259,150	26.3	292	10.8	145,688	34.5
계속 소작시킨 자의 토지	358,053	35.8	354,093	36.0	381	14.2	288,866	54.1
종교단체의 토지	15,195	1.5	14,916	1.5	8	0.3	4,128	1.0

자료: 『조선민주주의 인민공화국 국민경제발전 통계집』, 1946~1963, 재인용.

<표 2-16> 토지개혁에 의한 토지분배

	면 적		경 지		과수원		농가호수	
	(ha)	(%)	(ha)	(%)	(ha)	(%)	(호)	(%)
분배토지	1,000,325	100.0	965,069	100.0	2,692		742,522	100.0
고용농민	22,387	22.0	21,960	2.2	−		17,137	2.4
무소유농민	603,407	60.3	589,377	5.9	−		442,973	61.1
소소유농민	345,974	34.6	344,134	35.0	−		260,501	36.0
이주한 지주	9,622	1.0	9,598	1.0	−		3,911	0.5
인민위원회 보유지	18,935	1.9	18,885	1.9	2,692	100.0	−	−

자료: 『조선민주주의 인민공화국 국민경제발전 통계집』, 1946~1963, 재인용.

다. 이로 인해 농민들의 근로의욕은 증대되었고, 곡물생산은 해방 전 최고수준보다 10.4% 상승, 1946~1949년간 농업생산고는 15.1% 상승하였다. 그리고 토지의 매매, 저당, 임대차는 금지되었으나 그 대신 토지를 스스로 경작할 수 없는 경우 토지를 지방인민위원회 관리하에 두고 다른 농민에게 경작권을 주는 '경작권지'제도가 실시되었다.

② 농업협동화

토지개혁에 의해서 확립된 근로농민적 토지소유는 토지의 사회주의적 소유로 나아가기 위한 과도기적 형태라고 할 수 있다. 따라서 북한의 토지개혁은 근로농민적 토지소유로 전환함으로써 농업협동화에 유리한 요인이 되었다. 더욱이 한국전쟁 이후 피폐한 농촌을 급속히 복구하고 농업생산력을 더욱 발전시킬 필요가 있었고,[26] 한국군에 협력하거나 월남하는 등 이른바 '공산혁명에 가담하지 않는 자'들에 대처하기 위해 북한은 농촌지역을 정치적인 '혁명적 민주기지'로 만들고 강화하기 위하여 농업협동화를 추진하게 되었다.

북한의 농업협동화는 1953년에 시범적으로 추진된 이후 불과 6년 만

<표 2-17> 농업협동조합의 규모별 구성

(단위: %)

형태-연도	1954년	1955년	1956년	1957년	1958년
30호 이하	57.0	38.9	23.0	15.3	8.5
31~50호	27.7	34.6	33.0	28.6	20.4
51~100호	13.1	23.4	35.4	42.2	44.5
101~200호	2.3	2.9	7.9	12.9	24.1
201~300호	–	0.2	0.7	0.8	2.1
301호 이상	–	–	–	0.2	0.4

자료: 림기범, 『우리식 농촌문제해결의 빛나는 경험』, 농업출판사, 1992, 26쪽.

26) 한국전쟁 중 북한은 37만 정보의 경지감소와 25만 두 축우, 38만 두의 돼지, 9만 본의 과수 등의 피해를 입은 것으로 발표되었다. 또한 곡물생산은 1946년 189만 톤에서 1949년 264만 톤으로 늘었다가 1953년 232만 톤으로 감소하고 말았다. 이렇게 파괴된 생산력을 회복시키는 데는 개별 농민 경영의 힘으로는 어렵고 노동력을 집단적, 효율적으로 동원할 필요가 있었다.

에 완료되었다. 1년 만인 1954년에 이미 협동화 비율은 30%를 상회하였고, 1956년에는 농가의 80.9%, 경지의 77.9%가 협동조합화되었으며, 그리고 1958년에는 100%의 협동화가 진전되었다. 이와 같은 급진적인 협동화 추진은 세계에서도 유례를 찾아볼 수 없는 것으로, 사회주의 종주국인 소련까지도 "농기계의 공급이 보장되지 않은 조건에서 집단화를 강행하는 것은 모순"이라고 지적할 정도였다.

협동조합의 규모는 추진 초기에는 대체로 15~20호의 소규모 조합을 조직한 후 관리경험이 축적되고 관리운영 수준이 향상됨에 따라 그 규모를 40~100호 정도로 확대하였다.[27] 또한 지대적 특성에 맞춰 평야지대에서는 보다 크게, 산간지대에서는 보다 작게 조직하였다. 특히 협동조합간의 경제적 수준이 서로 상이함으로 인해 생활수준의 차이가 발생하거나 관리범위의 확대로 인해 운영의 통제가 곤란해질 것을 우려하여 소규모 조직방침을 견지하면서 이미 조직된 협동조합의 규모도 더 크게 확대하지 못하도록 하고 협동조합간의 통합도 엄격하게 통제하였다.

그러나 북한에서 농업집단화는 완료되었으나 농업협동조합은 내용적으로 사유개념이 잔존하는 소규모 경영체제가 중심을 이루고 있었다. 이는 발전된 생산방법을 도입하고 토질개선, 관개배수, 개간 등 대형 프로젝트를 수행하는 데 있어 적지 않은 걸림돌이 되었다. 따라서 농업협동조합을 기초행정구역인 리 단위로 통합함으로써 조합규모의 확대와 함께 신용협동조합 및 농촌소비협동조합을 모두 통합하여 중국의 인민공사와 같이 지역의 정치·경제·문화 등을 총괄하는 기구로의 통합을 꾀하고자 하였다.

이렇게 집단화가 완성된 북한에서는 결과적으로 농민은 철저하게 사회주의적 노동자가 되었으며, 농업생산 측면에서는 적어도 초기에는 빠른 속도로 발전할 수 있는 계기로 작용했던 것 같다. 즉, 농민을 조직적으로 관리하여 노동력을 보다 많이 동원할 수 있었으며 규모의 경제성을

27) 고승효, 『현대북한경제입문』(이태섭 역), 대동, 1993.

<표 2-18> 협동농장 수의 변화

연 도	협동농장 수	연 도	협동농장 수
1953	806	1960	3,736
1954	10,096	1961	3,702
1955	12,132	1964	3,778
1956	15,825	1965	3,700
1957	16,032	1970	3,667
1958	3,843	1990	3,300
1959	3,739	2000	3,000

자료: 『조선중앙연감』, 각 연도; 2000년 통계는 Roy Phrang, 2000.

살린 기계화로 인해 일시적으로나마 생산성이 향상되었던 것으로 보여진다.[28] 그러나 한편으로는 개인의 자유가 통제되고 말살되는 계기가 되었음은 물론, 장기적으로는 노동에 대한 동기부여와 창의성이 말살됨으로써 오히려 농업생산력 향상을 저해하는 요인이 되었음은 의심할 여지가 없을 것이다.

북한 농업협동화의 특징을 정리하면 다음과 같다.

1. 농업협동화가 튼튼한 생산력의 기초 위에 추진된 것이 아니었다. 북한은 공업화를 선행하여 기계화한 후 협동화를 시킨 것이 아니라 협동화를 진행하면서 기계화의 유리한 조건을 창출하는 생산관계 우선 중심의 구조적 형태를 취했다.
2. 처음부터 사회주의적 형태가 많았는데, 이는 토지개혁의 결과 지주계급이 청산되었고 토지의 매매금지로 인해 소유개념이 채 정립되지 않았기 때문에 가능하였다고도 볼 수 있다.
3. 북한의 농업협동화는 매우 빠른 속도로 진행되었다. 대체로 사회주의국가에서 농업집단화를 추진할 경우 생산력을 중시하는 계층인 중농은 생산수단의 공유과정에서 마찰을 일으키고, 소농계층은 토

28) 북한의 자료에 의하면, 농업협동화의 완성 전에 비해 완성 후의 농업생산량은 알곡생산량 1.8배(1956년 대비), 고기생산량 3.2배(1953년 대비)로 증가했다고 한다(림기범, 1992).

지에 대한 집착, 즉 자율적 가족경영의 포기라는 관점에서 반발을 일으키게 되는데, 이러한 반발에도 불구하고 농업집단화는 4년이란 짧은 기간 내에 급속히 진행되었다.

4. 생산수단의 통합에 있어 무상몰수의 형태를 취하지 않고 평가위원회를 설치하여 일정한 대가를 조합원에게 지불하여 조합이 자기의 재산으로 소유하도록 함으로써 출자제도를 인정한 점은 기타 사회주의국가와는 다른 형태라고 할 수 있었다.[29)]
5. 집단화가 완성되는 단계에서 농장당 평균규모가 증가했으나 농가호당 평균면적은 그대로 유지한 점을 감안하면 농장대형화가 기계화, 인구감소 등 경제논리에 의한 경영합리화 차원에서 추진된 것이 아니라 정치논리에 의한 행정적 필요성 때문에 추진된 것임을 알 수 있다.

1960년을 전후하여 협동화가 완료되었을 때 북한 전역에는 리 단위로 합병·재조직된 3,700여 개의 협동농장(1962년에 농업협동조합이 협동농장으로 개칭됨)이 구성되었으며 농업생산, 유통, 신용, 주민의 생활복지 증진, 나아가서 행정업무까지 수행하는 조직이 되었다. 그 후 40여 년간 농기계의 활용도 제고와 협동농장의 행정비용절감을 위해서 협동화 사업을 계속 추진해온 결과 협동농장의 수는 20% 줄어든 리(里) 수준의 자연단위부락 수와 일치하는 약 3,000개소에 달하는 것으로 추정된다.[30)]

조총련 영문 격월간지 *People's Korea*(1999년)는 1998년 북한의 협동농장은 전체 경지(200만ha)의 90%인 180만ha를 경작하고 있으며 소유 농경지는 1개 협동농장당 평균 550~750ha 정도인 것으로 보도하고 있다.

---

29) 김영윤, 『북한의 관광실태와 남북한관광분야 교류·협력방안』, 민족통일연구원, 1997.

30) Roy Phrang, "The Experience of IFAD with the Co-operatives of DPR Korea," 『남북화해협력시대 협동조합의 역할에 관한 국제포럼 자료집』, 농협중앙회, 2000.11, 91~104쪽.

또한 총 148만 농가에 600여 만 명이 집단농장에 소속되어 북한 곡물생산량의 90.5%를 생산하고 있다. 각 협동농장은 평균 350~400농가로 구성되어 있으며 조합원수는 평균 700명에서 900명 정도이고 부양가족의 수는 평균 1,900명에서 2,000명 선이다.[31] 협동농장에 소속된 시·도별 농가수는 <표 2-19>와 같다.

북한에서 협동농장은 토지 등의 생산수단이 협동농장 구성원에 의해 공유되는 협동적 소유제에 기초하고 있다. 북한 사회주의 헌법 22조 농업협동조합 기준규약(1958.11.24)은 "협동농장의 재산은 집단 속에서 일하는 사람들의 공동소유이다"라고 규정하고 있다. 또한 개별 농가당 30~50평에 대해서는 텃밭과 뙈기밭 형태로 소규모 개인경작을 제한적으로 허용하고 있다. 헌법 24조는 텃밭 경리를 비롯한 개인부업경리에서 나오는 생산물과 그 밖에 합법적인 경리활동을 통하여 얻은 수입 그리고 가축, 가금류의 사양관리에 따른 약간의 시설 및 소농기구에 대해

<표 2-19> 북한 시·도별 협동농장 가구수

시·도	가구수	시·도	가구수
평양시	60,000	평안남도	188,000
평안북도	212,000	자강도	78,000
황해남도	252,000	황해북도	159,000
강원도	107,000	함경남도	212,000
함경북도	112,000	양강도	36,000
개성시	32,000	남포시	33,000

자료: 조총련 기관지 *People's Korea*, 1999년 3월호, "농업회복과 환경보호."

31) 1998년 1월 북한의 나진·선봉 지역을 방문한 남한 농업전문가단(류태영·김경량·정혁·김영훈)의 현지조사에 의하면 나진·선봉지구 내에 있는 '후창협동농장'의 경우 총인구는 1,300여 명으로 이 중에서 여자가 60%를 차지하고 있으며 농업노동인구는 700여 명이었다. '선봉종합농장'은 단위농장이 14개가 있으며 7개 농장에는 논이 있으나 나머지 7개 농장에는 논이 없는 것으로 나타났다. 개별 농장의 경지면적은 평균 300~500ha, 개별 농장의 가구는 평균 200~300세대, 세대별 인구는 3~4명인 것으로 조사되었다. '후창협동농장' 내 비농가는 100여 세대가 있으며 경지면적은 360ha, 작업반 5개와 축산반 1개가 있었다. 협동농장 내에는 탁아유치원과 소학교, 중학교가 있으며 '후창협동농장'의 경우 학생수는 약 350여 명이었다.

<표 2-20> 북한의 소유 형태

구 분	대 상
전 인민적 소유 (국가소유)	▪ 생산수단: 국유화 부문의 생산수단(18조) ▪ 자연부원, 중요 공장과 기업소(3급 이상), 항만, 은행, 교통운수 및 체신기관(21조)
협동단체 소유 (공유)	▪ 생산수단: 협동농장, 수산업협동조합의 생산수단(18조) ▪ 토지, 부림짐승, 농기구, 고깃배, 건물, 중소공장과 기업소(22조)
개인소유 (사유)	▪ 노동에 의한 사회주의 분배: 임금, 수당, 농민결산분배(22조) ▪ 국가 및 사회의 추가적 혜택: 교육, 진료 ▪ 텃밭경영 및 개인부업경영에서 나오는 생산물(24조)

자료: 1998년 개정헌법.

서도 개인소유를 허용하고 있다.

협동조합 또한 규약은 협동조합의 구성원은 농촌에 거주하는 16세 이상의 근로자로서 조합의 규약을 수용하고 가입금을 내는 자로 규정하고 있다. 협동농장의 소유 형태와 가입절차 등을 볼 때 협동농장은 북한 사회주의에서 국영농장과 개인농장 중간에 위치하나, 토지나 기타 생산수단을 통합할 때 일정한 대가를 치르고 협동농장의 소유[32]로 확정하였기 때문에 동구권에서와 같은 출자 형태가 없으며, 따라서 소유면에서 협동농장은 사실상 국영농장[33]과 같다고 할 수 있다.

32) 북한헌법 제22조는 "협동단체 소유는 협동경리에 들어 있는 근로자들의 집단적 소유이다. 토지, 부림짐승, 농기구, 고깃배, 건물 같은 것과 중소공장, 기업소는 협동단체가 소유할 수 있다"라고 규정하고 있다. 협동농장은 기본적으로 민간기업이라고 정의될 수 있지만 "국가는 협동단체 소유를 보호한다"라고 규정되어 있어서 소유권에서는 협동농장 소유와 정부 소유가 혼재하고 있다. 예를 들면 협동농장 관할지역 내에 있는 광산이나 산림은 국가 소유이다. 또한 정부가 지원해준 생산수단은 법적으로 정부가 소유권을 갖고 있지만 생산물에 대한 소유권은 협동농장이 갖고 있다. 예를 들어 과수원과 뽕밭의 경우 협동농장에 무상으로 제공된 과수묘목과 뽕나무는 국가 소유이지만 과일과 뽕잎은 협동농장 재산이다.

33) 국영농장의 경우 협동농장과는 달리 모든 보급품을 국가로부터 받기 때문에 협동농장보다는 영농조건이 양호한 편이며 근로자의 대우도 협동농장의 경우 농민으로 분류되어 자녀들의 진학문제나 다른 직장으로 취업에 제한을 받는 등 불이익이 있는 반면, 국영농장의 근로자는 북한 공민 중에서 노동자로 분류되어 있어 사회적인 제약이 없는 것으로 알려지고 있다. 또한 생활수준도 협동농장과 큰 차이를 보이고 있다(김영숙, 농협중앙회 강연자료, 1998.2.26.).

(2) 협동농장의 생산과 분배체계

① 협동농장의 생산체계

(가) 영농자재의 조달

북한에서 모든 인적 및 물적 자원은 국가에 집중되고 모든 경제활동은 국가의 통일적 지휘하에 이루어진다. 따라서 생산수단은 자유 거래되는 것이 아니라 국가의 유일적인 계획에 의거하여 기관, 기업소, 단체들 사이에 생산자재를 사고파는 계약을 통하여 매매되는 형태로 거래된다. 즉, 생산자재의 공급계약은 일반 매매계약과 비슷하나 계약 당사자가 다 같이 의무적인 국가계획에 기초하여 체결하는 계획적 계약이라는 점에서 구별된다.

북한의 생산자재 공급체계에서 기본단위를 이루는 것이 자재상사이다. 자재상사는 기계설비, 원료, 생산자재의 계획적 공급을 상업적 형태를 통하여 실현하는 전문적인 자재공급기관이다. 자재상사는 생산자재를 직접 다른 자재상사들과 매매계약을 체결하고 그 계약서를 자신의 소관 기업소들에 보내는 방법으로 계약을 맺으며, 그 이행을 감독하고 통제하는 책임을 자재상사가 진다.

북한은 농업부문에 대한 영농물자를 공급하기 위해 영농자재를 상부에서 책임지고 하부로 공급하는 영농자재 공급체계를 확립하였다. 농업위원회와 도농촌경리위원회에 자재상사, 군협동농장 경영위원회에 자재공급소와 같은 전문적인 자재공급기관을 두고 협동농장과 소속 기업소에 영농자재를 계통적으로 공급하고 있다

협동농장에 대한 영농자재의 공급도 계약의 방식을 통해 이루어지는데, 미리 계획된 연간, 분기간, 월간 자재공급계획에 의거, 적기에 영농자재를 공급하고 영농현장까지 직송하는 체제를 갖추고 있다. 그러나 협동농장이 직접 계약을 하는 것이 아니라 도에 있는 산업이 같은 도에 있는 협동농장들에 영농물자를 공급할 때는 도의 자재상사(지방상사)가 계

약을 체결하고, 군의 경우는 군지방산업과 군협동농장 경영위원회가 계약을 체결하게 된다.

(나) 농업금융의 조달

북한은 모든 금융기관을 중앙은행에 집중하는 일원적 은행제도를 확립하였으며 별도의 농업전문 금융기관은 존재하지 않는다. 협동농장은 생산을 위해 내부자원을 우선적으로 동원하지만 경영활동에서 부족한 자금은 은행대부제도를 이용할 수 있다. 은행대부제도는 협동농장들이 농업생산과정에서 일시적인 자금부족현상이 발생할 때 필요자금을 중앙은행에서 차입하는 방법이다.

북한에서 농업금융은 중앙은행 군 지점을 통해 취급되며 군 지점은 군

<그림 2-2> 북한의 금융기관(1996년)

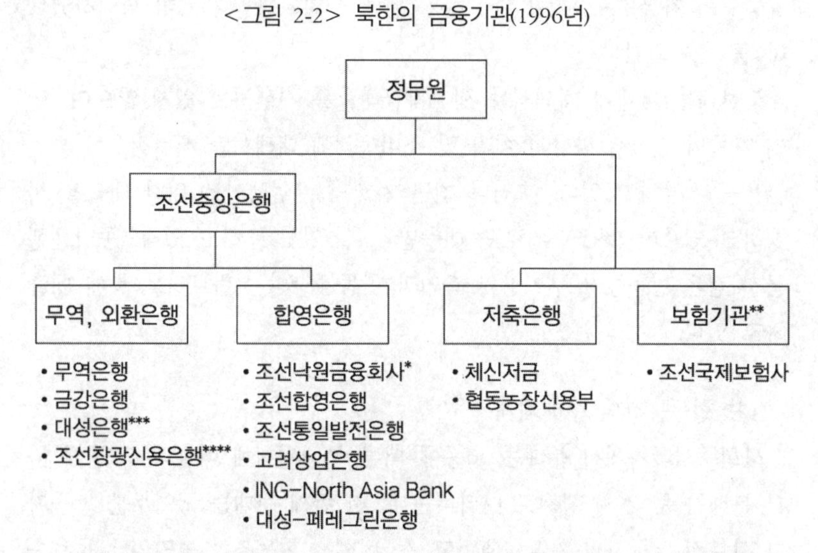

注: * 북한에서는 외국과의 합작투자기업을 합영기업으로 부르고 있으며, 은행의 경우에는 합영은행이라고 함.
** 국내보험은 중앙은행, 국제보험은 조선국제보험회사가 담당.
*** 노동당 39호실 소속으로 알려짐.
**** 노동당 기계공업부 소속으로 알려짐.

<표 2-21> 협동농장의 작업급수와 급수별 노력일 평가기준

	1급	2급	3급	4급	5급	6급
급수별 노력일 평가기준	0.8	0.9	1.0	1.2	1.4	1.6
트랙터운전사에게 적용하는 평가기준	1.2	1.5	1.8	2.1	2.5	–

자료: 오대호, 1989.

협동농장 경영위원회와 합의하여 협동농장에 '생산목적의 연간 대출총액'을 할당하고, 협동농장관리위원회 부기장이 협동농장이나 농장원의 금융적 수요를 중앙은행 군 지점과 연계하여 금융서비스를 제공받는다.

북한은 농업금융을 전문적으로 취급하기 위해 1948년 농민은행을 설립하였으나 농업협동화가 완료됨에 따라 1958년에 그 기능을 협동농장으로 이관하고 신용업무는 중앙은행이 전담하게 되었다. 1964년에는 협동농장의 자금수요증가에 대응하기 위해 산업은행을 새로이 설립하였으나 곧 폐지되었다.

북한에는 가계에 대해서는 생산자금대출을 시행하고 있지 않으며, 단지 가족의 긴급한 사항의 처리 및 소비목적에 대해서만 제한적으로 농업금융을 제공하고 있다. 그러나 최근 가계의 부업생산을 위한 대출을 시행하고 있으며, 분조단위로도 대출받을 수 있도록 하고 있다. 중앙은행 군 지점은 협동농장 부기장의 승인과 협동농장의 상환보장을 통해 대출하고 있다.

(다) 협동농장의 분배체계

사회주의국가에서 분배는 노동에 따른 분배원칙에 따른다. 노동에 따른 분배는 두 가지 형태로 나타나는데, 첫 번째 형태는 국영부문 노동자와 사무직 노동자의 임금형태이고, 두 번째는 협동조합 농민의 노동보수이다. 이러한 구분은 사회주의 소유의 두 가지 형태인 국가적 소유와 협동적 소유의 차이에서 기인한다(홍성규·김경량, 1999).

협동농장도 노동에 의한 분배원칙에 따라 농장원의 노력일수에 의해 성과물을 배분한다. 그러나 노력일수는 단순한 근로일수가 아닌 농작업별 난이도에 따른 작업기초계수와 작업량, 작업의 질에 따라 기준작업정량표에 의해서 계산된 노동량을 의미하며, 기준정량표에는 모든 작업내용 및 양과 기본 노력일수가 표시되어 있다. 정확한 노력일수 산출을 위해서 협동농장은 작업별 등급기준을 정하고 그 수행 정도에 따라 노력일수를 평가하는데, 실제 노력일수는 급수별 평가기준일에 작업실적률과 작업의 질적 계수를 곱하여 산정한다.

협동농장원이 분배에 참여하기 위해서는 협동농장이 정한 의무노력일수를 충족시켜야 한다. 협동농장원의 의무적인 노력일수는 350일로 알려져 있으나, 협동농장 관리규약 제38조에는 1년 동안 남자는 280노력일, 여자는 180노력일 이상을 의무적으로 수행해야 한다고 규정되어 있다. 또한 관리위원회 관리자들도 직급별로 영농시기별 의무노력일을 정해두고 있다.

추수와 탈곡이 끝나는 연말에 협동농장별로 결산분배를 행하게 되는데, 결산분배사업은 결산분배의 준비 → 결산서의 작성과 비준 → 결산분배 총화회의 진행 → 현물 및 현금 분배 등의 절차로 진행된다. 결산분배를 위한 준비사업에서는 수입과 지출의 확정, 노력일의 확정과 재평가, 채권·채무의 청산, 재산실사 등이 진행된다. 결산서에는 생산계획수행과 관련한 지표들과 수입·분배 관련지표들, 그리고 생산 및 재정성과를 평가하는 지표 등으로 구성되어 있다. 이 결산서는 농장원총회(대표자회의)

<표 2-22> 협동농장관리위원회 관리자들의 의무노력일

직급별	계 (일)	영농시기별		
		모내기철	김매기철	수확철
관리위원장, 기사장, 부위원장, 기타 관리자	80	20	40	20
사무장, 부기장, 기타 관리자	40	10	20	10
업무부위원장, 계획지도원, 기타 관리자	40	–	–	–

자료: 오대호, 1989.

에서 토의, 결정한 다음 해당 상급기관에 제출하여 비준을 받는다. 이때 상급기관은 제출된 결산서를 심의하고 매개 단위의 생산 및 재정활동을 평가하며 경리운영상의 개선을 위한 대책을 제시해준다. 상급기관의 결산서 비준 절차가 끝나면 협동농장 결산분배총화회의를 통해 총화보고에 이어 결산분배서를 통과시키고, 검사위원장이 결산기간 중 검사위원회가 진행한 검열결과를 보고하게 된다. 이 회의가 끝나는 대로 현금 및 현물 분배가 실시된다.

결산분배를 실시하기 위해 협동농장은 농장수입총액과 지출총액을 확정하여 농장수익을 확정하여야 한다. 협동농장의 수입은 농산물 총 생산량, 현금으로 실현한 농업생산물, 봉사부문에서 벌어들인 수입으로 구성되며 현물과 현금으로 구분된다. 협동농장의 지출은 우선 국가납부분 이외에 농업생산을 위하여 소비한 생산수단의 가치와 생산판매활동 등과 관련된 일체의 비용으로 구성된다. 지출항목은 농기계운영비, 관개시설사용료, 고정자산 감가상각금과 화학비료, 농약, 소농기구, 집짐승먹이, 수의약품 등 영농자재비, 그리고 화폐지출인 운임, 수리비, 전력비, 이동작업비, 여비, 전신전화비, 벌금, 위약금, 은행이자를 비롯한 생산판매 활동비용 등으로 구성된다.

협동농장의 총수입에서 국가우선납부분과 생산비를 공제하면 분배총

<표 2-23> 협동농장의 총수입과 지출내역

총수입 내역		지출내역
현물수입	화폐수입	
▪ 당년 생산물 : 부업생산물 포함 ▪ 전년이월 생산물	▪ 판매수입 : 당년 생산물 : 전년이월 생산물 ▪ 봉사료수입 ▪ 기타 수입	▪ 생산과정에서 소비된 생산수단의 보전과 생산 및 판매활동과 관련한 일체의 비용 ▪ 종자·종란비, 가축구입비, 농약비, 냉온상자재비·기타 자재비, 농기계운영비, 생산용 고정자산감가상각비, 관개사용료, 농장관리비, 기타 생산비

주: 농기계운영비는 농기계작업소의 기계이용과 관련된 비용으로서 유류비, 수리비, 부속품비, 감가상각비 등이 포함됨.
자료: 오대호, 1989.

량이 결정되는데, 이는 다시 공동기금과 개인분배 몫으로 나뉜다. 공동기금은 생산확대와 사회문화사업을 비롯한 농장관리운영에 필요한 축적펀드(기금)로 용도에 따라 공동축적기금, 유동기금, 사회문화기금, 탁아소, 유치원운영기금 등으로 사용된다. 1959년 1월 제정된 '노동협동조합기준규약(잠정)' 제44조는 협동농장의 수입의 분배를 다음과 같이 규정하였다. "조합수입의 분배는 현물 및 현금 총수입 중에서 우선 국가납부, 종자, 사료, 비료, 기타 생산적 지출을 공제하고 남은 순수입 중 15~30%의 공동축적기금, 3~7%의 사회문화기금 및 필요한 양의 원호기금을 조성하고 그 나머지를 노력일에 따라 조합원들에게 분배하는 원칙에서 실시한다. 그러나 조합수입이 많아지고 투자가 더 많이 요구될 때는 총회 또는 대표자회의의 결정에 의하여 공동축적기금 및 사회문화기금을 더 높은 비율로 설정할 수 있다."[34)]

협동조합 총수입에서 국가납부 및 생산비 공제와 공동기금을 공제하면 개인분배 몫이 결정되며, 개인분배 몫은 1년간 참가한 노력일수에 따라 분배받게 되고 현물과 현금 형식으로 지급된다. 협동농장원에 대한 분배는 기분분배와 보충분배로 이루어지며, 보충분배는 작업반우대제에 의한 보충분배와 분조도급제 적용시의 보충분배로 나뉜다. 협동농장 전체를 한 단위로 하는 기본분배에는 증산보다는 노동일 확보에만 관심을 두는 폐단이 있기 때문에 북한은 이러한 문제점을 해결하기 위해 보충분배제를 채택하였다.

그 첫 단계로서 도입된 것이 1960년 2월 김일성의 '청산리 현지지도'에서 채택된 작업반우대제로서 작업반에게 일정 생산목표를 주고 초과생산된 부분을 추가로 분배받는 것이다. 즉, 작업반우대제는 작업반단위로 부과한 국가계획과제의 90%를 기준으로 하여 작업반이 초과 수행한 경우 기본분배 외에 초과수행분을 '우대펀드'로 해당 작업반에게 추가분배하는 노동보수 지불형태이다. 또한 계획수행이 우대기준에 못 미치

---

34) 日本朝鮮研究所(1967), 김영훈·전형진·문순철, 『북한 집단농장의 분배제도에 관한 연구』, 한국농촌경제연구원, 21쪽에서 재인용.

는 경우 그 미달분의 5~15%를 기본분배에서 공제하는 제도이다. 작업반우대제의 도입으로 기본분배의 총량은 당연히 협동농장 전체의 우대기금만큼 줄어들게 된다.

작업반우대제의 실시로 능률에 대한 인센티브가 도입되었다고 할 수 있으나, 제한된 총분배 몫에서 보충분배를 늘리는 것은 다른 작업반의 분배 몫을 삭감하는 결과가 되며, 노동과 생산결과가 직결되지 않는 상황에서는 작업반 성원들이 계획과제를 초과 수행하는 것보다도 오히려 자신의 노동일만을 늘리는 데 관심을 기울이는 경향이 강해진다. 따라서 이를 해소하기 위해서는 작업반보다 규모가 작은 단위를 기초로 하여 노동을 조직하고 분배를 수행하는 것이 필요하게 되었으며, 그래서 도입된 것이 분조도급제이다.

1966년에 도입된 분조도급제는 작업반 아래 단위인 분조에 토지를 비롯한 역축, 농기구, 노동력 등을 고정시켜 면적당 수확고와 노동투하계획을 연초에 과제로 주고 분조에 생산책임을 주어 생산결과에 의해 노동일을 재평가하는 노동지불 형태이다. 즉, 분조도급제의 도입으로 인해 종래 유동적인 작업단위였던 분조가 집단농장의 소경영단위로서의 위치를 가지게 되었다.

분조도급제의 실시로 북한은 농장원의 물적 욕구를 인정하고 평균주의적 요소를 상당부분 제거함으로써 농업생산에 대한 개인 욕구를 유인코자 하였다. 즉, 토지와 농기계 등 생산수단을 분조에 귀속시켜 농기구의 관리와 토지의 효율적 이용을 꾀하고 있고 성과에 따른 분배를 통해 생산의욕을 높이고자 하고 있다. 그러나 분조관리제는 농촌에서의 정치, 사상사업과 경제활동, 생산과 학습, 노동과 휴식, 집단생활과 개인생활을 결합시킴으로써 농민을 공산주의 사상으로 교양하여 농민들의 혁명화와 노동계급화를 도모하고 있다. 따라서 분조도급제는 농업생산에 대한 농민의 정치·도덕적 관심과 물질적 관심을 적절히 결합시킴으로써 협동농장의 생산성을 높이고자 하는 분배제도라고 할 수 있다.

(3) 농산물의 유통 및 수매 시스템

① 농산물의 유통경로

북한에서 유통은 자본주의 시장경제체제하에서와 같이 이윤추구를 위한 합리적인 경제활동이 아니라 국가유일체제하에서 집단적으로 생산된 상품을 보급하는 단순한 공급행위라고 정의할 수 있다. 따라서 유통의 기본개념을 물품의 분배 또는 공급행위로 보고 있기 때문에 북한 유통정책의 목표는 물품공급이 계획적으로 이루어지도록 하는 것이다.

북한의 농산물 유통경로는 국영 및 협동농장 생산물의 국영유통망을 통한 공식적인 유통경로와 농민시장을 중심으로 한 비공식인 유통경로가 병존하고 있다. 특히 1990년대 중반 이후 절대적인 농산물의 생산부족으로 인한 식량과 기타 농산물의 공급부족으로 공식적인 유통체계인 분배체계가 그 기능을 재대로 수행하지 못함으로써 비공식적인 농산물의 흐름이 증가하고 있으며, 그 기능이 점차 확대되어왔다.

공식적인 농산물유통의 기본 형태는 국가수매제도를 통한 배급체계 위주의 분배제도이다. 농산물의 수매는 협동농장 생산물과 일부 사적 농산물을 국가소유로 하는 과정으로, 북한은 식량과 농산물의 계획적인 공급을 보장하고 식량을 통일적으로 통제하기 위해 수매 및 공급사업을 국가적 유일체계에 의해 수행하고 있다. 또한 국가수매는 협동농장이 다음 생산을 위해 필요한 자금을 축적할 수 있도록 하며, 수매된 농산물은 도시근로자들에게 공급되기 때문에 수매는 도시와 농촌을 연결시키는 농산물유통의 기본적인 형태이다.

농산물의 수매는 성격에 따라 계획수매와 자유수매 그리고 자체수매로 구분된다. 계획수매는 국가의 통일적인 계획에 따라 생산자들이 의무적으로 응해야 하는 수매형식이다. 국민의 생활과 국가경제발전에 중요한 양곡을 비롯한 농산물과 공업원료로 이용될 공예작물은 국가가 확실히 관리할 목적으로 수매가 계획적으로 이루어지고 있다. 즉, 계획수매는 곡물 등 주요 농산물을 국가가 중앙집중적으로 공급하기 위해 당국이 협동농장에 수매계획을 시달하고 이에 기초하여 계획적으로 실시하는 수매로서 수매의 대부분을 차지하고 있다. 계획수매는 시·군 수매사업소, 직할시의 채소과일도매소, 수산물도매소 등에 의해 이루어지고 있다.

자유수매는 수매계획이 생산기관에는 시달되지 않고 수매기관에만 시달되는 자유로운 수매형태로 계획수매를 보완하는 기능을 한다. 자유수매는 계획수매가 끝난 이후에 실시함을 원칙으로 하며 당국과 협동농장 및 농장원들간의 지역과 가격에 구애됨이 없이 실시하는 수매로서 수매계획이 생산자들에게 시달되지 않는다. 즉, 자유수매는 각 기관, 기업소, 주민들에게 의무를 부여하지 않는 수매과제로 계획수매에 포함되지 않는 농축산물, 대나무가공제품 등을 대상으로 한다. 자유수매는 시·군 식료품상점, 수매기업소, 사회급양망과 같은 주요 상업망들에 의해 실시되고 있다. 그리고 자체수매는 국가수매기관이 아닌 공장이나 기업소 등에서 수매하여 직접 소비하는 형태의 수매이다.

농산물의 수매는 대상물에 따라 곡물수매와 곡물 외의 일반농산물수매로 나뉜다. 곡물수매는 군행정경제위원회 소속의 양정사업소에서 담당하고 있다. 곡물수매는 협동농장 생산물 중 농장원의 분배 몫을 제외한 대부분을 수매하며, 군협동농장 경영위원회 소속의 자재공급소, 관계관리소, 농기계작업소 등으로부터 비료, 농약, 종자, 농기계, 원유 등을 공급받았을 경우 그 비용은 수매대금에서 제외하고 지불한다.

양곡 이외의 농산물과 축산물의 수매는 군행정경제위원회 소속의 식료수매상점(수매사업소)이 담당하고 있으며, 여기서는 판매기능도 수행하고 있다. 주요한 수매품목은 봄채소, 양배추, 오이, 토마토, 가지, 파, 과일, 육류 등이다.

곡물의 공식적인 유통경로는 협동농장 → 양정사업소(수매) → 양곡배급소이며, 청과물과 축산물의 경우 협동농장 및 개인생산물 → 식료종합수매상점(수매) → 농산물도매소(야채과실도매소, 축산물도매소) → 식료품점 경로가 대표적이다. 축산물의 경우 식료수매종합상점을 통해 수매된 소, 돼지 등은 자체기업소에서 도축되어 식료품점 등을 통하여 판매되나 소

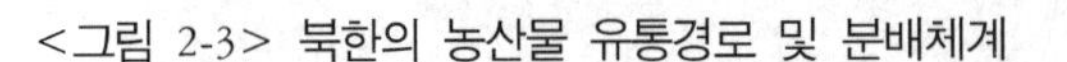
<그림 2-3> 북한의 농산물 유통경로 및 분배체계

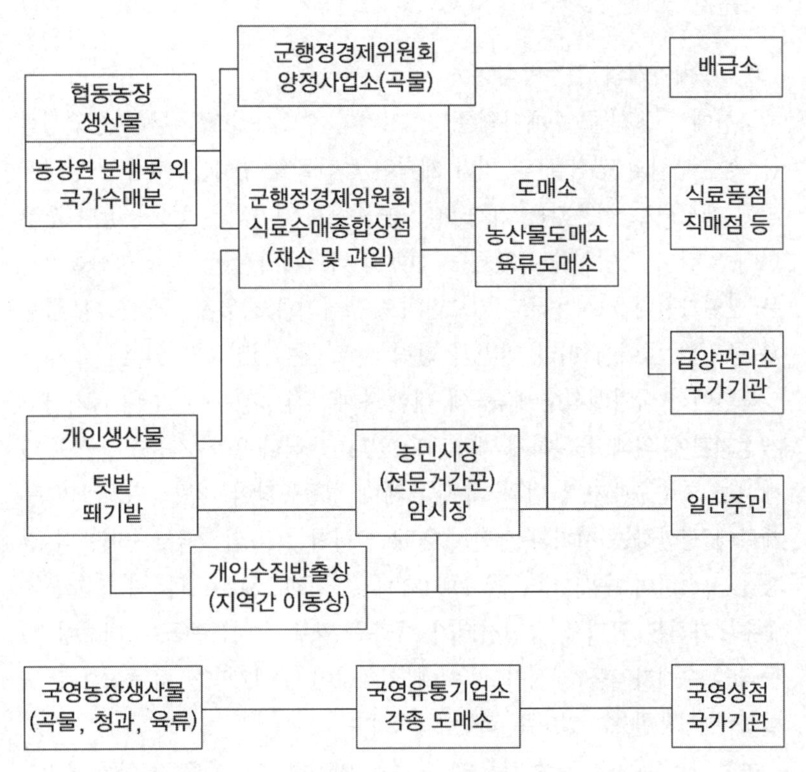

자료: 정정길 외, 1999: 25.

가축의 경우 자가도축하여 농민시장이나 식료수매종합상점에 판매할 수 있다.

특히 축산물이나 청과물의 경우 농민시장이나 암시장의 가격이 공식적인 수매가격보다 매우 높기 때문에 대부분의 생산자가 수매를 기피하고 있다. 농민시장의 거래량이 확대되면서 주요 유통경로는 생산농민(곡물, 청과물, 육류 등) → 농민시장 또는 암시장(거간꾼, 중개상) → 일반주민 경로와 생산농민 → 산지 수집반출상(쌀장사) → 일반주민의 경로가 대표적이다. 텃밭이나 부업밭, 뙈기밭 등에서 생산되는 사적 생산물은 대부분 농민시장을 통해 유통되고 있으며, 일부 수매사업소에 수매(자유수매)

되고 있다.

② 수매가격의 결정방식

북한에서 농산물 수매가격은 각 지역의 수매사업소를 통해 농업생산물, 농촌부업의 생산물 및 기타 계획된 농산물을 수매할 때 중앙 당국에 의해 계획되고 적용되는 가격이다. 농산물 수매가격은 협동농장의 생산비에 약간의 순이익을 보장하는 선에서 국가에서 결정한다. 농산물가격은 단일가원칙을 적용하고 있으면서도 생산지와 소비지, 생산시기, 품종과 품질의 차이에 따라 약간의 탄력적 조정을 인정하고 있다.

북한에서 국가계획수매품종에 대한 수매가격(국정수매가격)은 국가가격제정기관에 의해 유일하게 제정되고 있다. 그러나 일부 자유수매품에 대해서는 기준수매가격 범위 내에서 해당 협동농장이 지방정권기관의 통제하에 생산하는 시기와 생산하지 않는 시기, 수요와 공급, 수매품의 질 등을 고려하여 수매가격(자유수매가격)을 능동적으로 조절할 수 있다. 기준수매가격은 규격을 통일시키기 어려운 일부 수매품종들에 대하여 기준적인 수매가격을 제정하고, 이에 기초하여 수매가격을 유동적으로 조절하여 적용할 수 있도록 하는 가격이다.

농산물 수매가격은 농산물의 원가와 일정한 순소득으로 이루어진다. 특히 수매가격은 농민시장가격과 함께 농민의 소득수준과 경제생활에 가장 큰 영향을 미치는 가격이다. 그러나 실제로는 생산농민이 바라는 수준보다 매우 낮게 책정되고 있어 청과물 위주의 자유수매의 경우 농민들이 수매를 기피하고 있으며 암거래가 성행하고 있다.

3) 최근 북한 농업의 변화 분석

(1) 북한의 농업개혁

① 농업관련 「7·1경제관리개선조치」

최근 북한에서 추진되고 있는 농업개혁의 근본적인 의도는 만연한 경제구조의 비효율성을 개선함과 아울러 농업생산의 불안정성 개선, 식량수급기능의 약화에 대한 대응 등 총체적인 경제개혁의 필요성 때문이라고 할 수 있다. 북한의 개혁·개방을 촉발시키게 된 현상적인 요소는 당면한 식량문제의 해결에 있으며, 본질적인 요소는 비효율적 농업구조를 야기할 수밖에 없는 북한식 사회주의 계획경제체제라고 할 수 있다.

북한 개혁·개방의 당면 과제는 첫째, 경제구조의 비효율성 극복이다. 이를 위하여 농업부문의 개혁을 가장 핵심적인 과제로 인식하고 있다. 농림수산부문의 GDP 성장률은 2000년을 제외하고는 전체 GDP 성장률을 상회하는 것으로 나타나고 있으며, 임·수산업을 포함한 북한의 농업은 2002년 전체 GDP의 약 30%를 차지하고 있다. 생산수단의 사회화 및 계획경제의 실시는 사회주의국가로 하여금 다른 모든 영역에서와 마찬가지로 경제발전과정의 비민주성 및 비효율성을 초래하고 있다. 따라서 북한은 계획경제체제의 비효율성으로 인해 초래된 경제난을 타

<그림 2-4> 북한 농업개혁의 추진배경

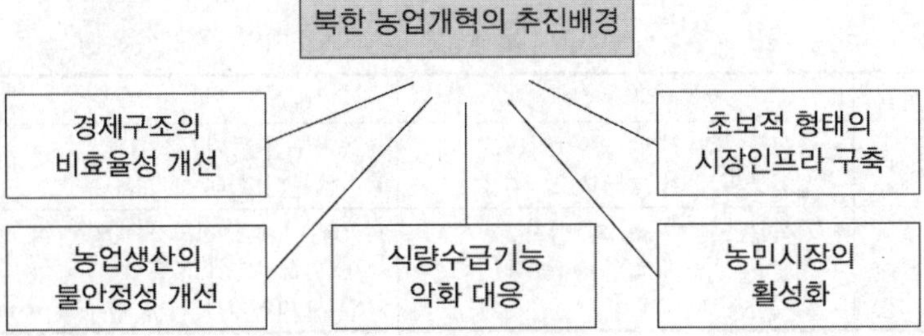

개하기 위해 시장경제적 요소를 도입하고자, 2001년 10월 김정일 위원장이 사회주의원칙 고수 아래 최대한의 실리를 도모하기 위한 '경제관리 개선지침'을 제정하고, 2002년 7월부터 시행하고 있다.

둘째, 농업생산의 불안정성 개선이다. 농업생산량과 품질을 결정짓는 자연기후조건이 불리하며, 지난 몇 년 동안 계속된 가뭄과 홍수, 해일, 우박, 태풍, 혹한 등의 자연재해는 농업생산을 위축시키는 주 요인이 되고 있다. 또한 지형특성상 산악지대 및 고지대가 넓게 분포하고 있기 때문에 식량작물생산에 필요한 경지가 상대적으로 부족한 실정이다. 이와 더불어 북한의 외화난은 비료, 농약, 농기계 및 부품, 트럭 및 트랙터 타이어, 연료 등 필수 영농자재의 수입을 불가능하게 하여 생산능력이 위축되고 있다. 북한의 식량부족량은 최소 97만 톤(2002/2003)에서 최대 220만 톤(2000/2001)에 달해 농업생산성 향상이 시급한 과제이다.

셋째, 식량의 수급기능 악화에 대한 대응이다. 북한의 2003/2004 양곡연도의 곡물생산량이 3년 연속 회복세에 힘입어 8년 만에 400만 톤을 넘어설 것으로 전망되고 있다. 그러나 이것은 1990년대 중반 이전의 수준에는 미치지 못하는 것이며, 95만 톤에 달하는 부족분이 발생할 것으로 전망된다. 배급의 공정성을 가정하더라도 식량배급의 절대량이 부족한 현실을 감안할 때 과거에 비해 식량배급기능의 약화는 주지의 사실이며, 이를 개선하기 위하여 적극적으로 농업부문의 개혁·개방에 임하고 있다.

<표 2-24> 2002년 7월 농업분야 개혁조치의 주요내용

구 분	내 용	비 고
소 비	▪ 농산물가격 인상 ▪ 생산물의 국가수매 축소	▪ 농가수입 증가 ▪ 자체분배 확대
생 산	▪ 가족분조제(7~8명)의 실시 ▪ 텃밭규모 확대(30평→400평) ▪ 토지사용료의 제정	▪ 2003년 1월 전국적 도입을 예고했으나 확인되지 않음 ▪ 일부 지역에서 시험 실시

식량배급제가 폐지되면 협동농장 등 생산자들은 비싼 값을 받을 수 있어 더 생산하려는 인센티브가 커진다. 주민들은 그만큼 생활비가 올라 더 열심히 일해야만 한다. 이것이 바로 북한이 2002년 7월 1일부터 시작한 「7·1경제관리개선조치」의 핵심의도이다.[35]

넷째, 농민시장의 활성화이다. 북한에서는 광복 이후 인민시장이라는 이름의 재래식시장이 존속해오다가 1950년부터 3일장이나 5일장의 농촌시장으로 변경되었다. 이후 비사회적 유통망으로 취급되어 수십 년간 통제대상이 되어왔던 농민시장은 1980년대 들어 중소도시지역의 장마당으로 확산되었다. 북한에서는 농민시장을 중심으로 절대적으로 금지되었던 사적 생산 및 유통행위가 증가하고 있을 뿐만 아니라 그 규모 역시 조직화·대규모화되고 있는 것으로 나타나고 있다. 농민시장의 활성화로 인해 가격체계의 혼란은 결국 노동임금 상승요인으로 작용하고 있으며, 농민시장은 당국의 감시와 단속에도 불구하고 권력기관의 하부조직들과 음성적으로 밀착되어 점차 활성화될 것으로 전망되며, 북한 당국도 이러한 문제의 심각성을 인식하여 근본적인 치유책으로서 이를 제도적 틀 내에서 양성화할 것으로 전망된다.[36]

② 「7·1경제변화조치」 이후의 추가조치

「7·1경제변화조치」 이후 북한은 2003년 3월 시장의 개설을 허용하는 추가조치를 취하였다. 이 시장은 기존의 농민시장에서 농민이란 말을 사용하는 대신에 각 지역의 명칭을 딴 시장으로 부르고 있는데, 2003년 3월 말부터는 평양에서도 각 구역마다 있는 농민시장을 시장으로 부르고 있다. 이 시장과 과거의 농민시장의 차이는 대략 세 가지로 정리할 수 있다.[37] 첫째, 1년 365일 운영된다는 점이다. 과거 농민시장은 비나 눈이

35) ≪동아일보≫, 2004.4.9.

36) 김경량, “최근 북한농업의 동향과 남북협력시 고려사항,” 『KDI 북한경제리뷰』, 2003년 10월호.

37) 조동호, “변화하는 북한경제 평가와 전망,” 『수은북한경제』, 2004년 여름호, 한국수출입은행.

오는 경우 장사가 곤란하였던 것에 반해서 2003년에 개설된 시장은 지붕이 있어 1년 내내 운영이 가능하다. 둘째, 과거의 농민시장에서는 쌀을 제외한 농산물의 판매가 주를 이루고 있었는데, 2003년의 시장에서는 농산물 이외에도 공산품의 판매가 허용되었다. 셋째, 개인, 협동단체, 국영공장·기업소 등 모든 개인과 단체가 판매자가 될 수 있도록 하였다.[38)]

이처럼 연간 운영되는 상설시장을 평양에 개설하였을 뿐만 아니라 전국 각지에도 이와 같은 시장을 개설하려고 하는 것은 커다란 변화라고 할 수 있다. 또한 시장개설에서 외국인투자의 도움을 얻으려는 노력도 기울이고 있다. 더욱이 「7·1조치」 직후 농민시장을 단속함으로써 시장을 축소시키려는 시도[39)]를 하였던 것에 비하면 실로 놀라운 변화인 셈이다.

시장설치의 목적은 대략 세 가지로 정리된다. 첫째, 시장을 장려함으로써 상품의 양이 늘어나고 질이 개선됨으로써 대중소비품 소비수준이 향상될 것이다. 둘째, 시장을 이용하는 주민들이 모두 화폐에 관심을 가지게 되고, 그에 상응해서 국민소득이 증가하게 될 것이다. 셋째, 시장활동을 통해 조직을 개선하고 효율을 증가시키려는 의지가 높아짐으로써 경제발전에 기여하게 될 것이다.

판매자 선정에서 개인의 경우에는 신청을 받아 국가가 일정 기준을 갖춘 자를 선정하는 것으로 파악된다. 가격의 경우는 기본적으로 수요와 공급에 따라 자유롭게 결정되도록 하고 있으나 국가에 의해 상한선이 설정되어 있으며, 수요와 공급에 따라 10일에 한 번씩 검토하여 '적절한 가격'을 산출한다.[40)] 한편 협동단체나 국영공장·기업소에서 판매하는 상품이 개인이 판매하는 상품과 동일한 경우에는 상품의 가격을 약간 낮게

---

38) 조동호, "북한경제의 변화전망과 남북경협의 역할," 『KDI 경제리뷰』, 2004년 2월호, 한국개발연구원.

39) 북한은 7·1조치가 시행된 직후인 7월 15일을 전후하여 장마당을 폐쇄하는 등 일체의 사적인 매매행위를 금지하는 조치를 취하였다고 한다(≪조선일보≫, 2002.8.6). 또한 10월에도 북한 당국이 농민시장을 적극적으로 통제함에 따라 농민시장에서 거래되는 물품의 종류와 양이 크게 줄어들었다는 보도도 있었다(≪동아일보≫, 2002.10.10.; 조동호, 2004에서 재인용).

40) ≪조선신보≫, 2003.12.22.; 조동호, 2004에서 재인용.

책정하는데, 이는 가급적이면 주민의 구매를 협동단체 및 국영공장·기업소의 판매상품으로 유도함으로써 공식부문의 생산을 활성화하기 위한 것이라고 한다.

<표 2-25>는 「7·1조치」 이후 평양 농민시장의 물가 추이를 비교한 것이다. 「7·1조치」 직후인 2002년 8월과 2003년 2월을 비교하면 물가는 상당폭 증가한 것으로 나타나고 있다. 그러나 2003년 2월과 8월을 비교하면 품목에 따라 증가와 감소가 교차하고 있어 인플레이션이 심각할 정도로 진행되고 있다고 보기는 곤란하다. 한편 2003년 8월과 9월을 비교하면 물가는 거의 비슷한 수준에 머물고 있는 것으로 해석할 수 있다. 물론 2003년 8월 가격은 평양이고 9월은 나선이어서 직접 비교에 다소 문제가 있을 수 있지만, 「7·1조치」 이후 물품의 이동이 비교적 자유롭게 이루어지고 있는 점을 감안하면 비교에 큰 무리는 없을 것이다.

<표 2-25> 평양 농민시장 물가 비교

구 분	2002년 8월*	2003년 2월*	2003년 8월**	2003년 9월***
쌀(1kg)	120~150원	130~150원	170~250원	170~190원
옥수수(1kg)	70~100원	75~85원	130~150원	100원
밀가루(1kg)	100~120원	–	140~180원	200원
감자(1kg)	40~50원	–	50~80원	40원
계란(1알)	25~30원	22~25원	30~45원	40원
명태(1마리)	150~200원	300~400원	250~300원	150원
돼지고기(1kg)	250~300원	360~380원	300~500원	500원
설탕(1kg)	200~250원	400~420원	300~350원	380원
사탕(1kg)	300원		400원	400원
과자(1kg)	250~300원	–	300~400원	380원
소금(1kg)	15~20원	–	25~30원	30원

자료: * 이강수, "7·1조치 이후 북한 사회 변화 실태," 서강대학교 공공정책대학원 정기학술제 발표논문, 2003.11.24.

** 남성욱·공성영, "2002년 북한의 임금과 물가인상에 따른 주민 생산·소비행태의 변화에 관한 연구," 『7·1경제관리개선조치의 향후 전망』, 고려대학교 북한학연구소 주최 제4회 국제학술세미나 자료집, 2003.6.26.

*** 나선시장 최고한도가격(조동호, 2004에서 재인용).

<표 2-26> 평양 통일시장 물가 비교

구 분	2004년 2월 9일	2004년 2월 23일
감자	160원	180원
당근	160원	180원
양파	1,500원	1,000원
오이	700원	800원
콩	1,900원	1,600원
호박	1,800원	1,600원
버섯	1,200원	1,200원
배추	150원	100원
고추	2,500원	1,800원
바나나	1,200원	1,100원

자료: 평양주재 외국대사관 관계자와의 면담(조동호, 2004에서 재인용).

더욱이 <표 2-26>에서 보듯이 평양통일시장의 2004년 2월 초와 2월 말의 가격을 비교하여도 인플레이션이 진행되고 있다는 증거를 찾아보기 어려우며, 오히려 수급상황에 따라 가격이 하향조정되는 경우도 다수 존재함을 알 수 있다.

(2) 북한 영농관리방식의 변화 실태

북한은 식량증산과 지속적 농업을 위한 주요대책으로서 작물 및 품종배치의 개선, 영농공정의 개선, 토양에 맞는 이모작, 화학비료의 효율적 이용, 지력 제고, 농촌 과학기술 보급체계 확립, 생산계획 수정을 통한 농민의 노동의욕 제고 등을 추진하고 있다. 주요 영농관리방식의 변화는 분조관리제의 개선, 주체농법의 탄력적 변화, 개인영농제의 실시, 대대적인 토지정리를 통한 생산기반확충 등으로 그 내용은 다음과 같다.

첫째, 분조관리제의 변화이다. 협동농장 생산조직의 기본단위인 작업반을 구성하고 있는 분조에 대한 관리방식, 즉 분조관리제는 1966년부터 모든 협동농장에 도입된 제도로 1996년 1월부터 곡물증산을 유도하기 위해 개인의 근로의욕(인센티브)을 높이는 방식으로 변화되고 있다. 분

<그림 2-5> 북한 영농관리방식의 변화

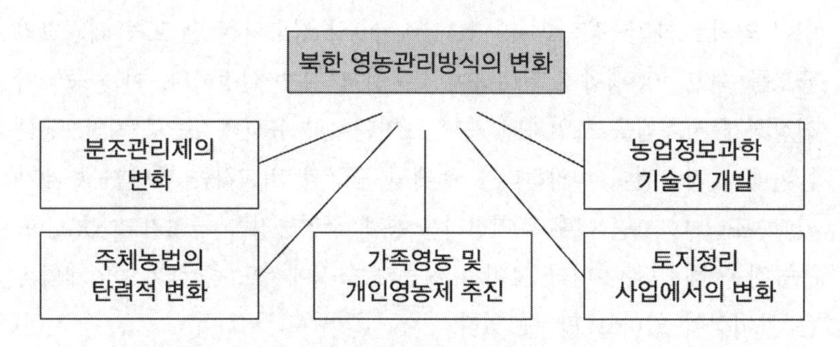

조규모를 10~25명에서 7~8명의 가족 또는 친척단위로 재편하여, 목표생산량은 과거 3년간(1999~1995년)의 평균수확고와 1993년 이전 과거 10년간의 평균수확고를 합하여 나눈 평균치로 설정하였다. 그리고 목표초과분을 분조가 자유롭게 처분할 수 있게 하였다. 그런데 과거에 국가에서 공급받던 비료 등 농자재는 분조가 스스로 구입해야 하며, 본질적으로 개인경리를 인정하는 것은 아니라는 점을 강조하고 있다.

둘째, 주체농법의 탄력적 변화이다. 주체농법은 한랭전선에 따른 이상기후를 극복하고, 적기적작· 적지적작 보장과 밀식재배 등을 통해 단위면적당 수확량을 높이기 위해 1970년 초 김일성이 제시한 농법으로. 옥수수 등 곡물 위주의 작목 선택을 강요하거나 집약농법을 무차별적으로 적용한 나머지 농업생산의 불안정이 증폭되는 결과를 낳았다. 이러한 실패는 기술적 측면의 부실이라기보다는 비료, 농약 등 농업자재의 부족과 농업생산기반의 부실에서 기인된 것이다. 최근에는 주체농법을 현실에 부합되도록, 농업실용주의 노선을 채택하여 탄력적으로 운용하고 있다. 예를 들면 밀식농법의 완화, 재배작물의 다양화, 개인소유의 확대 등 비효율성의 극복으로 초점이 변화되었으며, 적기적작· 적지적작, 감자재배, 이모작, 초식가축 등의 중요성을 강조하고 있다.

셋째, 가족영농 및 개인영농제의 확립이다. 「7·1조치」 이후 함경북도 회령과 무산 등 일부 지역에서 국영협동농장의 토지를 개인에게 나눠주는 개인영농제를 시범적으로 실시 중인 것으로 알려지고 있다. 또한 개인이 임의로 개간·경작할 수 있는 30~50평 정도의 텃밭 또는 뙈기밭의 규모를 최고 400평까지 확대하여 허용하고 있는 실정이다. 이는 중국이 시장경제 시스템을 도입하던 개혁 초기단계와 유사하기는 하지만, 생산물판매의 자율권이 미약하다는 점에서 중국과 비교하는 데에는 한계가 있다. 또한 1999년 이후 토지정리를 통해 국영농장을 늘려가고 있고, 협동농장을 해체할 기미가 보이지 않는다는 점에서도 중국의 농업개혁과 큰 차이점이 있다고 할 수 있다.

넷째, 토지정리사업에서의 변화이다. 북한의 토지정리사업은 1998년 7월 김정일의 이른바 '대자연개조구상'에 따라 식량증산, 영농기계화, 봉건적 토지소유 잔재의 청산 등을 목적으로 종합적인 국토개발계획의 차원에서 추진되고 있는 역점 과제이다. 1998년부터 지금까지 강원도·평안북도·황해남도·평안남도·평양시·남포시에서 27여 만 정보의 토지정리를 완료하였으며, 약 6,000정보의 경지증대 효과가 있었다. 강원도·평안북도·황해남도는 이미 완료되었고, 평안남도·평양시·남포시는 1단계와 2단계로 나누어 추진되고 있다.

다섯째, 농업정보과학기술의 개발 및 보급이다. 농업과학기술의 개발과 정보기술의 농업생산에 대한 응용사업을 적극적으로 추진하고 있다. 최근 북한의 농업연구 동향은 현대적 기술과 설비, 농약과 비료, 가축질병 예방, 농자재의 과부족에 대처하기 위한 친환경적 영농방식 등에 주력하고 있는 것으로 보인다. 또한 호주와 러시아 등과 농업과학부문의 대외교류를 강화하고 있으며 농업분야의 생산성증대를 위해 농업정보과학기술 발전에 집중적인 투자를 진행해왔다. 즉, 농업정보 과학기술을 농업생산에 도입한 영농공정집행대장을 실시하고 있고, 토지생산성 종합평가·농업생태지역 구분·성장 예측·품종배치·파종·모내기·비배관리·수확고 예측 등에서 많은 정보기술 성과를 거두었다는 것이다. 이를 위해 2002년 12월 제1차 '전국 농업과학기술 성과 전시 및 발표회'를 개최하여 새로운 성과들을 신속히 전파하고 생산현장에서 곧바로 적용하도록 장려하고 있다.

(3) 최근 협동농장 운영체계의 변화

북한은 1998년에 개정된 헌법에서 소유권의 확대와 개인경작을 확대할 수 있는 가능성을 열어놓는 조치를 취하였다.

개정헌법에는 경제분야의 소유주체를 '국가, 사회협동단체, 개인'으로 규정하고(북한 사회주의 헌법 제20~24조) 사회단체는 영리목적의 경제활동을 하는 무역회사와 상사들을 포함하였다. 또한 개인에 의한 소유는 노동에 의한 분배분과 국가와 사회의 추가적 혜택에 '개인부업경리에서 획득한 생산물과 그 밖의 합법적인 경리활동을 통하여 얻는 수입'을 포함시켰다. 게다가 농기계의 소유주체를 사회, 협동단체까지 확대하고 근로자, 사무원들의 개인경작 가능성을 열어놓았다. 이러한 조치들은 농촌에서 개인경작의 확대, 사회단체들에 의한 경제활동 장려 등 향후 사적 경제활동과 관련된 중요한 내용을 시사하는 것이다.

또한 북한은 협동농장의 생산을 독려하기 위해 기층생산단위인 분조의 운영체계에 농민의 자율성과 물질적 유인을 강화하는 분조관리제를 개선하였다. 개선된 분조관리제가 이전 체계와 다른 점은 분조의 구성을 몇 개의 농가를 결합하던 방식에서 가족 및 친지단위로 조정하고, 그 규모를 이전의 15~25명에서 7~10명으로 축소하고, 국가계획생산량 이외의 생산물에 대한 자유처분을 허용했다는 점이다. 이는 가족단위로 분조를 재편성함으로써 분조 내의 결속력을 강화시키는 한편, 생산활동에서 신축성을 가질 수 있는 장점이 있다. 게다가 개별농가에 대해 금지되고 있는 생산목적의 영농자금이 5%의 이자조건으로 대부되고 그 결과물에 대한 자유처분이 허용되었는데, 이는 자금의 운영 및 상환에 대한 책임, 그리고 결과물 처분 등이 농가에 일임되는 획기적인 변화이며, 농가들의 생산의욕고취를 위한 동기유발의 효과를 낼 것으로 판단된다.[41]

---

41) 최근 들어 북한 일부 지역에서는 협동조합의 분조를 4~5명의 가족단위로 시범적으로 운영하고 있다고 한다. 이러한 소규모 분조가 실행되고 초과달성분에 대

<표 2-27> 개선된 분조관리제의 주요 변화내용

	기존 분조관리제 (1966~1995년)	개선된 분조관리제(1996년~)	비 고
분조규모	연령층을 배합하여 10~25명으로 구성	가족, 친지단위(2~4가구), 7~10명 혹은 5~8명으로 구성	규모축소
생산목표	매년 국가가 목표설정	최근 3년간 평균생산량과 지난 10년간 평균생산량을 기준으로 설정	하향조정
잉여농산물 처분	초과생산물은 국가수매	초과생산물은 현물로 농민에게 지급되고, 농민시장에 자유처분 허용	상품생산의 인정

자료: ≪한겨레신문≫, 1997.8.4에서 재작성.

이와 함께 국가의 계획수매와 국영상점망의 보완적인 역할을 하는 농민시장이 농산물유통에서 차지하는 역할이 점차 확대되고 있다. 농민시장에서 거래되는 품목은 농산물을 비롯하여 어류, 생필품과 함께 심지어 의약품까지 거래되고 있으며, 농민시장에서는 국정가격과는 달리 시장가격이 적용되고 있다.

개선된 분조관리제 등 협동농장 생산체계의 변화는 형태적으로만 남아 있던 협동농장 내부의 직접생산자인 가족농의 역할을 강화하는 방향으로 작용하고 있는 것으로 보인다. 또한 농민시장의 확산 및 기능강화도 점차 농민들에게 판매를 목적으로 하는 개별생산을 더욱 촉진할 것으로 전망된다.

최근에는 심지어 종전에는 개인이 임의로 개간·경작할 수 있는 토지를 30~50평으로 제한하였던 것을 400평으로 확대하였으며, 일부 지역에서는 협동농장의 토지를 개인에게 할당하여 개인영농제도를 시험적으로 실시하고 있다고 한다.[42]

해 자체 분배가 가능하다면, 북한 농업분야에서도 자본주의식 이윤추구와 경쟁 등 시장경제로의 접근이 실험되고 있음을 의미한다(권태진, 2003).

42) 통일부, "2002년도 북한경제 종합평가와 전망," 2003.1.17.

보다 구체적으로 2003년 초부터 신의주와 온성 지역에서 3~4가구를 한 분조로 묶어서 농사를 짓게 하고 초과한 생산량에 대해서는 자체 분배하도록 하는 가

(4) 북한 농업개혁의 특징과 한계

북한은 그동안 식량부족의 해결을 위하여 적지 않은 노력을 기울이고 있는 것은 사실이다. 그러나 현재 북한 농업이 직면하고 있는 주요한 문제 또는 한계를 정리해보면 다음과 같다. 첫째, 아직까지 농업생산기반이 미흡하다는 사실이다. 북한의 경지면적과 가축사육두수 등에 비해 340만 명의 농업인력은 일반적으로 부족하지 않을 것으로 생각되지만 기계화율이 낮고 노동집약적인 기술체계, 낮은 노동력의 질, 근로관습 및 의식 등의 문제로 인해 필요 이상의 노동력이 요구되고 있다. 비료, 농약, 종자, 농기계, 에너지 등 투입 농자재의 공급이 원활하지 않고 농업인프라가 부족한 북한의 현실을 고려할 때 새로운 분조관리제의 인센티브 효과는 미약할 것으로 보인다. 또한 관개를 위해 대규모 수리사업을 추진하여 약 146만ha의 관개면적을 확보하였지만, 농업관개체계가 양수식에 크게 의존함으로써 에너지공급이 충분하지 못한 북한 실정으로 인해 문제점이 되고 있다.

둘째, 비공식부문 축소조치의 한계이다. 「7·1조치」가 시장개혁의 본격화 또는 시장지향적 개혁이라고 볼 수는 없으며, 오히려 「7·1조치」 직후의 조치와 종합시장 인정조치와는 완전히 모순되는 것이라는 측면이다. 즉, 「7·1조치」를 계기로 기존에 묵인하였던 불법적인 장마당 거래에 대한 통제를 강화하여 공식부문을 정상화하고자 하였으나 국가공급소와 국영상점의 물량확보 미흡으로 쌀과 공산품의 암거래가 더욱 성행함으로써 마지못해 장마당에서의 쌀과 공산품 판매를 허용하고 그 연장선상에서 농민시장을 종합시장으로 확대 개편한 것이다. 김정일의 소위 '우리식 사회주의'원칙을 경제부문에서도 관철시키고자 한다면, 비공식부문의 양성화는 어렵다고 판단된다.

셋째, 분조관리제의 한계이다. 분조관리제는 초과생산분의 발생 정도에 제도의 성패가 달려 있는데, 생산성이 향상되지 않거나 정체될 경우에는 농민시장의 가격상승만을 초래할 가능성이 있다. 또한 잉여생산분

족분조제가 시범 운영되고 있다고 한다(김경량, 2003).

배에 대한 당조직의 간섭이나 수직적이고 경직적인 지도·관리체제 유지, 농기계와 비료 등의 지원 부족, 유통 및 생산부문의 자율성이 확대되지 않는다면 본래의 취지를 상실할 우려가 있다.

제3장
구사회주의 국가의 농업개편

1. 초기조건과 체제전환의 유형

일반적으로 체제전환 이후의 경제적 성과는 체제전환 초기의 정치 및 경제적 환경, 체제전환의 방향 및 목표 설정, 교환관계의 붕괴 여부, 그리고 지역적인 긴장 및 갈등 여부에 따라 좌우된다. 이러한 다양한 요인들이 체제전환국의 경제적 성과에 영향을 미친다는 사실에는 일반적으로 동의가 있으나, 이들의 상대적인 중요도에 대해서는 이론이 많다.

체제전환국간에 초기조건에서는 커다란 차이가 있었다(<표 3-1>참조). 경제에서 차지하는 농업의 중요도면에서 볼 때 대부분의 체제전환국에서 농업은 중요한 산업이었다. 고용면에서 보면 농업의 비중은 구소련국가에서보다 동아시아에서 현저히 높았으며, 평균적으로 중동부유럽에서 가장 낮았다. 예를 들면, 중국은 체제전환 초기에 고용인구의 70%가 농업에 종사하였으나 체코는 10%에 불과하였다. 농업의 비중은 경제발전 수준과 깊은 상관관계가 있는데, 농업의 비중이 매우 컸던 알바니아와 동아시아의 전환국가들은 일인당 국민소득이 가장 낮은 국가들이었다.

노동집약도(man/land ratio)면에서 보면 동아시아 체제전환국가들과 알바니아의 농업은 대단히 노동집약적이었다(0.6 이상). 노동력/토지의 비율

<표 3-1> 체제전환 이전의 초기조건

		총 고용 중 농업의 비중 (%)	1989년의 일인당 GNP (US 달러)	노동집약도 (Lab./Land)	개별농가의 경작비율 (%)	공산주의 경험기간 (년)
중동부유럽 국가						
비세그라드	Czech Rep	9.9	8,600	0.122	1	42
	Hungary	17.9	6,810	0.131	13	42
	Poland	26.4	5,150	0.258	76	41
	Slovakia	12.2	7,600	0.139	2	42
발칸국가	Albania	49.4	1,400	0.627	3	47
	Bulgaria	18.1	5,000	0.132	14	43
	Romania	28.2	3,470	0.204	14	42
	Slovenia	11.8	9,200	0.116	83	46
구소련국가						
발틱국가	Estonia	12.0	8,900	0.072	4	51
	Latvia	15.5	8,590	0.085	4	51
	Lithuania	18.6	6,430	0.098	9	51
유럽	Belarus	19.1	7,010	0.105	7	72
	Russia	12.9	7,720	0.044	2	74
	Ukraine	19.5	5,680	0.118	6	74
중앙아시아	Kazakhstan	22.6	5,130	0.008	0	71
	Kyrgyzstan	32.6	3,180	0.054	4	71
	Tajikistan	43.0	3,010	0.185	4	71
	Turkmenistan	41.8	4,230	0.015	2	71
	Uzbekistan	39.2	2,740	0.109	5	71
동아시아국가						
	China	69.8	800	0.672	5~10	42
	Viet Nam	70.2	1,100	2.298	5	21

자료: K. Macours and J. Swinnen, 1999; 김경량·홍성규·이광석, 2002.

은 폴란드와 루마니아에서는 꽤 높았던(0.2~0.3) 반면 체코, 슬로바키아, 헝가리, 그리고 대부분의 구소련국가에서는 매우 낮았다(0.1 정도). 농업경영체 구조면에서 볼 때 체제전환 이전 대부분의 나라에서는 대규모농장이 농업의 주축을 이루었으나 슬로베니아와 폴란드에서는 가족농이 대부분의 농지를 경작하였다. 토지소유권의 경우 공산주의 시절

<표 3-2> 농업부문의 전환유형

		전환유형		구 분
		유형I(CSH)	유형II(RUB)	유형III(CVA)
초기조건	일인당 국민소득(US 달러)	7,670	6,803	1,100
	고용에 대한 농업의 비중(%)	13	17	63
	농업부문의 노동집약도	0.13	0.09	1.20
	토지소유권	개인	국가	국가
	농산물가격정책	국가보조	국가보조	조세부과
	공산치하의 기간(년)	42	73	36
개혁정책	가격 및 교역자유화	신속	늦음	혼합
	토지개혁방식	반환	지분소유	분할
	재산권개혁	신속	늦음	신속
정책결과	상대가격변화(%)	−41	−60	+26
	토지이용권	강함	약함	강함
	개별농가의 농지이용률(%)	16	11	98
	경제자유화지수	0.86	0.60	0.33
경제성과	생산(%)	−27	−36	+20
	노동생산성	+47	−33	+11
국가 예		Czech Rep Slovakia Hungary	Russia Ukraine Belarus	China Viet Nam Albania

자료: K. Macours and J. Swinnen, 1999.

구소련국가와 알바니아에서 모든 토지는 국유화된 반면, 대부분의 중동부유럽 국가에서 토지는 법적으로 개인소유임에도 불구하고 국영 및 협동농장이 실질적인 재산권을 행사하였다. 중국에서는 인민공사가 법적인 동시에 실질적인 재산권을 행사한 반면, 베트남에서 토지는 국유화되었으나 실질적인 재산권은 협동농장이 행사하였다.

초기조건, 개혁정책, 정책결과, 그리고 경제성과 간의 관계를 요약하면 <표 3-2>와 같다. 체코, 슬로바키아, 그리고 헝가리 유형(유형 I)은 노동생산성은 크게 증가하였으나 노동력이 이탈함으로써 농업생산이 감소하는 특성을 보였다. 또 다른 유형(유형 II)은 러시아, 우크라이나, 그리고 벨로루시로서 농업생산과 노동생산성 모두 감소하였다.

유형 I과 유형 II의 모든 나라들은 공산치하에서 농업을 지원하였고, 농장의 노동집약도는 상대적으로 낮았으며, 그리고 국민경제에서 차지하는 농업의 비중이 낮은 공통점을 갖고 있었다. 그러나 체제전환 이전의 토지소유권과 공산치하의 기간은 서로 달랐다. 체제전환 이전에 농업을 지원한 유형 I과 유형 II 모두에서 체제전환 이후 가격 및 교역자유화로 교역조건은 농업에 불리하게 전개되었다.

반면에 유형 I과 유형 II의 차이점은 무엇보다도 사유화방식, 토지개혁, 그리고 국민경제의 자유화조치와 같은 개혁정책에 있었다. 유형 I에서는 토지를 구소유주에게 반환하였고 강력한 사적 재산권을 도입하였다. 더욱이 일반 경제의 자유화조치는 더 급격하여 부문간 노동력의 유동성을 높이기 위하여 장애물을 제거하였다. 반면에 유형 II에서는 국영 및 협동농장 토지의 소유권을 지분형태로 배분하였는데, 이는 농지와 기타 자산에 대한 개인적인 재산권을 약하게 만들었고, 농장을 효율적으로 재조직함에 인센티브와 자주성을 제공하지 못하였다. 국민경제의 낮은 자유화와 개별영농을 위한 기술 부족으로 대규모농장으로부터 타 부문으로의 노동력이동은 제한적이었다. 이와 함께 먹을거리의 확보와 주택과 같은 사회보장문제 때문에 사람들은 대규모농장에 의존하게 되었고, 농업으로부터 노동력의 유출을 감소시켰다. 결과적으로 교역조건의 악화로 농업생산은 유형 I의 국가들과 마찬가지로 감소하였으며, 노동생산성은 유형 I에 비해 크게 감소하였다.

유형 III은 네 가지 초기조건에서 다른 유형과 크게 차이가 난다. 즉, 국민경제에서 차지하는 농업부문의 비중이 매우 높고 노동집약적인 농업생산 시스템을 갖고 있었으며, 일인당 국민소득도 낮았고 체제전환 이전에 농업부문에 대한 지원이 적었다.

이러한 초기조건은 개혁정책의 선택과 효과에도 영향을 미쳤다. 가격자유화는 교역조건을 농업부문에 유리한 방향으로 작용하였으며 농업생산을 자극하였다. 물리적인 분할을 토대로 한 토지이용권의 분배는 개인에게 강력하고 효율적인 토지이용을 유도하였다. 또한 이는 개별영농으로 전환함에 있어서 거래비용을 감소시켰다. 협동농장의 높은 노동집약도(낮은 노동생산성) 때문에 노동 인센티브와 이윤이 개선되고 농지의 단편화로 인해 거래비용이 낮은 개별영농으로 전환하였다. 식량의 확보가 무엇보다도 중요한 역할을 하는 나라에서 낮은 수준의 소득이 개별영농으로의 전환을 강력하게 자극하였다.[1)]

이러한 요소들이 결합하여 농업생산과 노동생산성의 증가에 기여하였다. 그러나 주택과 같은 사회보장과 경제부문 간의 연결고리는 물론 식량의 확보 문제는 부문간 또는 도농간 노동력의 이동을 어렵게 하여 농업생산의 증가는 노동생산성의 증가에 비해 완만하였다. 제도나 조직의 붕괴는 투자와 생산의 감소로 이어졌다. 시장자유화에 보다 점진적으로 접근한 중국보다 유형 I과 II의 국가에서 이러한 현상은 명확히 나타났다. 여러 가지 분석 결과 이러한 체제붕괴가 생산감소에 커다란 원인이었다는 것을 보여준다.

유형 III에 있어 체제전환 첫 5년 동안 농업부문성장의 핵심요소는 초기조건(체제전환 이전의 농업부문의 착취에 의하여 중요하게 결정된 교역조건 효과), 급격한 토지개혁(강력한 토지이용권), 그리고 농장구조개편(농업생산을 재조직함에 있어서 과감한 개혁)이다. 실제로 중국 및 베트남과 유사한 구조적인 특성을 가진 유일한 유럽국가인 알바니아는 급격한 시장자유화를 도입한 결과 교환체제의 붕괴를 경험하였다. 이것 때문에 중국과 베트남에서처럼 높은 농업생산증가는 기록하지 못하였다.

위에서 분석한 세 가지 유형의 하나를 명백히 따르는 국가들 이외에도 각 유형의 단지 일부만이 적합한 국가들이 있다. 불가리아, 라트비아, 리투아니아는 유형 II와 유사하게 농업생산과 노동생산성은 급격히 감소하였다. 그러나 이 나라들은 개별영농으로 개편함에 있어서 중요하게 작용하는 토지의 반환을 통하여 실질적인 이용권이 복원되었다는 것이 유형 II와 다르다. 루마니아는 유형 III과 유사하게 적어도 일부는 토지를 물

1) 김경량·홍성규·이광석, 『구사회주의 체제전환국가의 농업부문 비교분석을 통한 북한농업체계의 발전모형연구』, 강원대학교, 2002.

리적으로 분할하여 농장노동자에게 사유화하여 개별영농으로 전환하였다. 그러나 유형 III에서는 교역조건이 농업부문에 유리하게 전개된 반면 이 나라에서는 초반에 교역조건이 불리하게 전개되었다. 농업생산과 노동생산성은 2~3년간 감소한 후에 증가하기 시작하였다. 이는 초기에 교역조건 효과가 농업부문에 불리하게 작용한 후에, 토지배분에 따른 개별영농으로 이동함에 따른 긍정적인 유인효과가 작용한 것으로 보인다.

폴란드, 슬로베니아의 공산시절 농업부문은 소규모의 개별영농 위주였다. 농업생산은 유형 I과 비교될 만큼 감소하였으나, 노동생산성은 현저하게 증가한 유형 I과는 다르게 약간 감소하였다. 유형 I의 대규모농장과는 다르게, 소규모의 가족농장이 전환기 동안에 다른 산업부문의 노동력을 흡수하였기 때문이다.

우즈베키스탄, 트루크메니스탄은 농업생산과 노동생산성이 1990년에서 1995년 사이에 대체적으로 안정적이었다. 그러나 체제개혁이 1995년에서 1997년 사이에 실질적으로 시작된 이후 이 국가들은 농업생산과 노동생산성이 현저히 감소하는 유형 II를 따르고 있다.

2. 농지사유화 및 농업구조 개편

1) 국가별 농지사유화 및 농업구조개편 사례

(1) 헝가리

2차 세계대전 직후 헝가리의 농업구조는 양극화된 양상이었다. 총 경지면적의 거의 절반 정도를 토지소유자의 1% 미만이 소유하였으며, 반면에 토지소유자의 3/4은 전체 경지면적의 약 10% 정도만을 소유하고 있었다.

1945년에 헝가리는 토지개혁을 실시하여 115ha 이상의 모든 농지, 57.5ha 이상의 비농업용 토지, 그리고 2차대전 당시 나치 관련자의 토지를 몰수하였다. 이때 몰수된 토지는 전체 국토면적의 거의 1/3에 해당하는 320만ha에 달했으며, 이 중에서 약 190만ha를 농업노동자와 소작농민에게 분배하고 나머지 토지는 국유지로 전환하였다. 토지개혁이 끝난 후 헝가리의 평균영농규모는 겨우 3.2ha에 불과하였다.

헝가리에서는 1948년부터 농업의 집단화가 시작되어 1953년에 국영 및 협동농장은 이미 전체 농지의 3/4 이상을 경작하였다. 그러나 정치적 상황에 따라서 농업의 집단화율은 심하게 변동하여 1956년에 집단화율은 경지의 8.5%까지 후퇴하였다. 1958~1959년에 협동농장화는 새롭게 추진되어 1961년에는 전체 농지의 65%를 협동농장에서 경작하였다.

사회주의 초기에 농업부문을 차별했던 대부분의 여타 사회주의국가들과는 상반되게 헝가리는 대규모영농을 위한 하부구조를 구축하고 현대적인 경영을 위하여 국가적인 지원을 하였다. 또한 헝가리 정부는 1960년대의 일반적인 개혁과정 속에서 생산과 계약에 대해서 비교적 높은 자체결정권을 농업경영체에 허용하였고, 농지의 사적 이용에 관하여 관대한 정책을 폈다. 농업부문의 중앙계획들은 속속 폐지되었고, 생산계획은 협동농장의 지도부에 의해 세워졌다. 농업부문에서 '헝가리식 모델'의 또 다른 특징은 사회화된 영역과 사적인 영역 사이의 밀접한 관련성이다. 이는 실제로 계약농업과 흡사했고, 높은 수준의 계열화를 가능케 하였다.

체제전환 직전인 1989년에 헝가리의 농업은 국내총생산의 14%와 전체 취업인구의 18%를 차지할 정도로 국가경제에서 차지하는 비중이 높았다. 또한 헝가리의 농업에서 무역은 커다란 의미를 가졌다. 농산물 수출은 수입을 훨씬 초과하여 1989년의 농업부문 무역흑자는 14.4억 달러에 달했으며, 농산물수출이 전체 수출에서 차지하는 비중이 20%를 넘어섰다.

헝가리의 농업구조는 체제전환 시점까지 협동농장이 우위를 점하고 있었으며, 협동농장의 평균영농규모는 대략 4,200ha로서 총 경지의 약 80%를 경작하였다. 그들은 헝가리 농산물의 50%를 생산했으며 주로 곡물을 생산하였다. 그 외에도 식료품가공, 산업생산, 유통, 그리고 농업서비스 제공 등을 통하여 협동농장 이윤의 약 절반 정도를 차지하였다. 평균 7,100ha의 농지를 보유한 국영농장은 전체 농지의 14%를 경작하여 농산물의 15%를 생산하였다. 협동농장과 마찬가지로 국영농장도 식료품가공 등 비농업적인 생산에 관여하였다. 헝가리 농업의 사적 부문은 전체 농지의 6% 정도 경작을 하였으나 전체 농산물의 35%를 생산하였다.

헝가리는 국가가 조절할 수 없는 자연발생적인 사유화의 부정적인 결과를 막기 위하여 이미 1990년 3월 모든 종류의 국유재산과 국영농장의 사유화를 위한 '국가재산관리청(State Property Agency: SPA)'을 설립하였다. 헝가리는 옛 재산을 물리적으로 반환하는 완전한 배상원칙보다는 부분적인 배상원칙을 채택하였다.

① 피해에 대한 배상

부당하게 피해를 입은 경우 배상을 위한 법적 토대는 '배상법'으로서 이는 각각 1990년에서 1992년 사이에 입법되었다. 「제1차 배상법」(1990년 법률 XXV)과 「제2차 배상법」(1992년 법률 XXIV)은 각각 1948년 6월 8일 이후부터의 기간과 1939년 5월 1일부터 1948년 6월 8일까지 기간 동안 모든 종류의 몰수 및 재산피해에 대한 부분적인 배상을 허용하였다. 「제3차 배상법」(1992년 법률 XXXII)은 비물질적 손해에 대한 배상과 관계되었는데, 주로 1939년 3월 11일부터 1989년 10월 23일까지의 기간 동안 정치적 행위에 의해 생긴 개인의 자유와 인권에 관한 것이었다. 동법은 배상에 대하여 구체적으로 규정하고 있는데, 20만 포린트(Forint, 1992년에 2,500달러 정도임)까지는 완전한 배상이 보장되었다. 이를 초과하는 경우는 배상비율이 체감하며, 일인당 최대배상액은 500만 포린트(대략 63,300달러)로 한정되었다. 피해자가 사망한 경우에는 그 상속인에게도 청구권이 있었다.

농지의 배상문제는 기타 국유재산과 달리 취급하여 일정 지분을 협동농장 조합원과 농업노동자들에게 배분하였다. 「제4차 배상법」(1992년 법률 II.)은 농지를 소유하지 않고 농업에 종사해온 사람으로 농지를 보유하고자 하는 사람에게는 배상을 요구하는 다른 사람보다 농지취득에 대한 우선권을 부여하였다.

배상받을 권리가 있는 사람은 바우처를 받게 되는데, 바우처는 몰수된 토지의 감정가격과 가격변동을 기초로 하여 책정되었다.[2)] 바우처는 증권과 같은 성질의 것으로 ㉠ '국가재산관리청'이 관장하고 있는 신탁관리재산(농지, 아파트 등)을 매입할 목적으로, ㉡ 연금으로의 전환을 통한 평생연금으로서 그리고 ㉢ 자유롭게 거래할 수 있는 유가증권으로서 사용될 수 있다.

② 배상을 통한 토지취득

'바우처'를 이용한 농지의 취득은 토지경매절차에 따라 이루어졌다. 바우처의 이용과 관련하여 최초의 토지소유자(배상권자)와 그 외의 소유자들은 구분되었다. 바우처를 다른 사람으로부터 획득한 사람은 토지를 매입하는 데 바우처를 이용할 수 없으며, 단지 첫 번째 소유자만이 바우처를 사용하여 토지를 매입할 수 있었다. 토지를 매입함에 있어서 첫 번째 소유자는 그 토지를 적어도 5년간 농업용으로 이용하여야 하고, 이 기간 동안에는 매각할 수 없었다.[3)] 그러나 임대차는 가능하였으며, 이 방법을 통하여 배상권자가 아닌 다른 사람들은 간접적인 방법으로 토지

2) 몰수된 토지의 배상가치는 1913년 토지평가에 의해 토지대장에 기록된 옛날 화폐단위인 골드크로네(Goldkrone: GK)으로 표기된 순수익을 토대로 산정하였다. 헝가리 농지의 가치는 ha당 20GK로 책정되었으며, 1GK는 현재 통화로는 1,000 포린트로 환산되었다. 따라서 농지 1ha의 평균 배상가치는 2만 포린트이며, 이에 상응한 바우처를 수령하게 된다.

3) 이러한 5년 동안의 금지조항은 타협의 산물이었다. 원래는 몰수당한 토지 또는 근방의 토지를 배상한다는 안이 제기되었다. 그러나 토지를 몰수당한 사람들이 이러한 지역에 살고 있지 않는 것이 일반적이기 때문에 영농에 종사하고 있는 많은 사람들이 이의를 제기하였다. 만일 이 원래의 제안이 받아들여졌다면 영농에는 관심없는 사람들이 농지를 소유하여 투기화할 것이며, 이를 방지하기 위하여 도입된 것이었다.

를 획득할 수 있었다. 즉, 첫 번째 바우처 소유자와 실질구매자는 5년 동안 임대차계약을 체결하고 그 이후에 소유자에게 소유권을 이전한다는 상업적인 계약을 체결할 수 있었기 때문이다.

1994년 4월 헝가리 의회는 토지시장과 아울러 임대시장에도 제약을 가하는 새로운 「토지법」을 통과시켰다. 외국인과 외국회사들은 토지를 매입할 수 없으며 헝가리 사람도 아무리 많은 상속과 배상을 받았을지라도 최대 300ha까지만 취득할 수 있었다. 그러나 헝가리인이나 외국인은 똑같이 300ha까지, 그리고 헝가리의 협동조합과 회사들은 2,500ha까지 임차할 수 있었으며, 임대차 계약기간은 10년으로 제한되었다.

바우처와 교환할 배상용 농지를 마련하기 위하여 협동농장과 국영농장을 해체하여 토지기금을 조성하였다. 협동농장은 개인소유가 아닌, 협동농장 전체 농지의 2/3 정도를 차지하는 공유농지 가운데 법적으로 규정된 부분[4]을 우선 조합원과 종사자에게 분배하고, 남는 부분을 '토지기금'에 제공하였다. 만일 이 농지로 바우처를 모두 소진시키지 못하면 구국영농장의 농지가 추가적으로 투입되었으나 배상토지기금은 주로 협동농장 공유의 토지들로 구성되었다.[5]

③ 농업구조 개편

헝가리의 보상 바우처와 토지경매로 60만 명의 토지소유자가 생겨났으며, 새로운 토지소유자는 평균 약 3.5ha의 토지를 취득하였다. 협동조합의 조합원에게 반환되거나 또는 농장의 노동자들에게 배분된 토지 등을 고려하면 헝가리에는 현재 약 150만 명이 농지를 소유하고 있다. 또한 헝가리 농지 중 90% 이상은 민간부문의 수중에 있으나 이들 소유자 중 단지 소수(약 10%)만이 직접 영농을 시작하였다. 영농 경험이 없는 많은 사람들은 자신의 토지를 새로운 협동조합 또는 법인농장에 임대하고

---

4) 조합원들에게는 각각 30GK 상당의 토지(평균 1.5ha)가 그리고 종사자들에게는 20GK 상당의 토지(평균 1ha)가 분배되었다.

5) 결과적으로 토지기금의 토지는 250만ha로 추정되었으며, 이 중에서 96%는 협동농장으로부터 나온 것이다.

있다.

집단농장의 대부분은 1993년까지 전환되고, 한편 약간의 집단농장은 파산을 선고받은 뒤에 해체되었다. 집단농장에 의해 경작되고 있던 560만ha의 토지 중 1/3은 공산주의 기간을 통해 법적으로는 사적인 소유자에게 속하는 것이었다. 180만ha가 보상을 위해 제외되고, 나머지 토지는 농장노동자, 협동조합의 멤버, 또는 그 자손들에게 분배되었다. 법적으로는 개인의 사적인 재산이지만 대부분의 토지는 '공유'의 형태를 취하고 있으며, 그 토지의 구획은 물리적으로는 특정한 사용을 위해 구분될 수 있지만 개별적으로 소유되고 있는 것은 아니다. 협동조합은 토지를 소유할 수 없다고 법률로 규정하고 있다.

국영농장의 토지 이외의 자산은 970억 포린트(7억 7,000달러)로 평가되며, 이것은 농업에서의 토지 이외의 자산합계 중 약 21%에 해당된다. 이들 자산 중 절반 가까이는 사유화되고 있으며, 대부분의 경우 종전의 국영농장의 자산은 사유화 전에 주식회사 또는 유한회사를 창설하기 위해 분할되었다. 종전의 관리자나 종업원은 사유화된 자산 중 약 절반을 취득했고, 국가는 28개의 종전 국영농장 주식의 많은 부분을 보유하고 있다. 기타 국유 농용지는 매각을 예정하고 있지 않지만 국가가 관리하는 28개의 농장에 의해 경작되든지 또는 사유화된 농장에 임대될 것이며, 국유 농장용지 중 약 40%는 보상을 위해 제외되고 6%는 종업원에게 분배되었으며, 나머지 54%는 국가의 소유로 남아 있다. 1994년 말, 이 토지 중 17%는 토지 이외의 자산을 취득한 사적인 영농인에게 대부되었다.

개인농에 의해 사용된 토지의 비율은 급속하게 상승해서 1993년의 22%에서 1995년 5월 말에는 46%가 되었다. 평균규모가 24ha인 개인농에 대한 표본조사에 의하면, 그 토지의 1/3은 소유지이며 나머지 2/3는 임차지였다. 개인농의 규모가 확대되는 반면 보다 대규모인 법인농장이나 새로운 협동조합의 규모는 축소되고 있다. 그러나 아직도 법인농장이나 협동조합농장의 규모는 크며, 모든 농용지의 절반 이상을 계속 차지하고 있다. 1995년도 규모별 농장의 구성비를 보면 100ha 이상의 농장은 농용지의 약 58%, 5ha 이하의 소규모농장은 22%, 5~200ha 사이의 규모는 20%를 차지하고 있다. 현 단계의 헝가리 농업은 세분화되어 있지는 않다고 할 수 있다. 400평방미터를 넘는 소규모 농경지의 소유자가 약 150만 명이나 있기는 하지만 농장 중 78%는 5ha 이상이다.

새로운 협동조합과 개별농은 최근에 서로의 이익을 위해 협력적으로 운영되고 있다. 사유화의 초기단계에서는 자원 및 서비스의 이용면에서 갈등을 빚기도 하였으나 점차 협동조합은 개별 생산자에 대해 구입, 판매, 보관, 시장, 기계, 가공의 서비스를 더욱 많이 제공하고 있다.

(2) 폴란드

유고슬라비아는 공산치하에서도 사유영역의 비중이 높았던 것처럼, 폴란드도 공산주의 농업정책에서 특별한 노선을 걸었다. 2차 세계대전이 끝난 후 폴란드의 영토는 서쪽으로 옮겨졌다. 폴란드 영토의 동쪽 지역이 구소련에게 넘어간 반면에 폴란드의 서쪽 경계는 옛 독일 영토를 포함하였기 때문이다. 그로 인해 폴란드 농지의 대략 1/4은 2차대전 이전 독일 영토에 위치하게 되었다. 이러한 특수성은 1944년에서 1950년 사이에 있었던 폴란드의 토지개혁에도 커다란 영향을 미쳤다. 토지개혁 당시 100ha 이상의 대규모 소유지, 교회 소유지, 그리고 나치에 협력한 사람들의 토지들을 보상 없이 몰수하였다. 또한 이전에 그곳에 살았던 독일인을 추방한 후에 이들의 소유지도 몰수하였다. 이 농지를 '신농민계급'에게 5ha가 넘지 않는 범위에서 분배하고, 분배되지 않은 농지들로 대규모 국영농장을 설립하였다.

폴란드는 1948년에 농업의 집단화를 시작하였으나 1956년에 정치적 소요를 겪은 후 집단화가 중단되었다. 그 결과로 폴란드의 농업은 기본적으로 대규모 국영농장과 수많은 영세 개인농가로 이루어지게 되었다. 1989년에 개별농가의 영농규모는 평균적으로 6.3ha이었으며, 이들 모두는 폴란드 전체 농경지의 76%를 차지하였다. 국영농장의 평균영농규모는 약 3,100ha로 전체 농경지의 약 19%를 점유하였고, 협동농장은 단지 폴란드의 4% 농지만을 경작하였다. 협동농장의 평균영농규모는 약 300ha이었으나 경영규모가 매우 큰 협동농장과 단지 몇몇 가족들만의 협동농장이 공존하였기 때문에 매우 이질적이었다.

① 농지사유화

1991년 10월에 통과된 「국영농장의 사유화를 위한 법률」에 의하여 폴란드의 '국가재산관리청'은 국가소유농지와 농업용 자산에 대한 소유권을 넘겨받고 그것의 관리, 구조변화, 그리고 매각을 통한 사유화를 위임받았다. 농지의 장기임차인과 주택의 세입자에게는 선매권이 주어졌으며, 임차인과 국영농장의 종사자에게는 임대차 기간 내지 노동에 참여한 기간에 따라 가격의 일정 비율을 삭감하였다. 반면에 외국인들은 내무부의 승인을 받아야 농지와 토지를 취득할 수 있었다.

협동농장은 1990년의 「협동조합법」에 의해 국영농장의 사유화보다 앞서 변화되었다. 자유로운 조합원제도와 명백한 소유권을 토대로 한 시장경제적인 협동조합을 설립하기 위하여 모든 협동농장이 청산되어야 했다. 그로부터 개별 조합원의 탈퇴와 협동농장의 해체 및 분배가 가능하였다. 협동농장의 수는 근본적으로 변화하지 않았으나 분할, 청산 및 탈퇴의 가능성 때문에 협동농장의 농지면적과 조합원수는 급격히 감소하였다.

폴란드의 개별농가는 체제가 전환된 이후에도 소규모적인 상태로 남아 있었다. 1990년대 중반 개인농가의 영농규모별 분포를 보면 5ha 미만의 농가가 50% 이상, 10ha 미만의 농가가 80% 이상이었다. 개인농가의 평균규모는 6.7ha이었으나 지역적으로 커다란 격차로 인해 남부지역에서 평균영농규모는 겨우 2~3ha에 지나지 않았다.

② 농업구조 개편

폴란드에는 1994년 203만 개의 사유농장이 존재하고 있었는데, 이는

1990년보다 17.1만 개나 적은 것이다. 사유농장에 의해 소유되는 토지의 비율은 같은 기간에 76%에서 80%로 상승하였다. 사유농장의 평균규모는 7.1ha에서 7.8ha로 증대하였고, 한편 경지면적은 6.3ha에서 6.7ha로 증대되었다. 토지소유 패턴의 양극화는 계속되어 소규모농장(1~2ha)의 수는 안정되어 있지만 중규모농장(2~15ha)의 수는 감소하고, 대규모농장(15ha 이상)의 수는 1990년부터 1994년 사이에 19%의 비율로 급속하게 증가하였다.

폴란드는 농장구성에서 지역별로 큰 차이를 보이고 있다. 최소규모의 농장은 폴란드의 남동부에 집중해 있으며 여기서는 농장의 평균규모가 4.5ha이다. 한편 최대규모의 농장은 주로 폴란드의 북부에 입지하고 있으며, 여기서의 평균농장규모는 15.3ha이다. 1994년에 15ha 이상 규모의 사유농장은 폴란드 전체 경지면적의 약 23%를 차지하고 있었다. 종전의 국유농장이나 협동조합 소유의 농장을 고려하면 15ha 이상의 규모는 폴란드 전체 경지 중 46%를 차지하고 있었다. 임대차도 최근에는 일반화되어 현재 경지 중 약 11%는 임대되고 있다고 추정된다.

농업으로부터 다른 부문으로의 노동력 이전을 어렵게 하는 높은 실업률로 인해 농업구조와 규모상의 변화는 완만해지고 있다. 농업에만 종사하는 사람의 수는 1988년부터 1994년 사이에 13.1% 증가하였다. 따라서 점점 더 많은 농장이 사회보장지원에 의존하게 되었다.

(3) 구동독

독일의 구소련군 점령지역(구동독)에서는 1945년부터 1949년까지 구소련 점령군이 주도한 토지개혁에 의해 경지면적이 100ha를 초과하는 대규모농가의 토지들이 몰수되었다. 아울러 전범, 전쟁책임자, 그리고 나치당원들의 토지 역시 규모에 관계없이 무상으로 수용되었다. 기존의 국유지와 이렇게 몰수된 토지를 합쳐서 '토지기금(Bodenfond)'이 설립되었는데, 이 기금은 구동독 지역 전체 국토면적의 30%에 달하는 약 300만 ha(190만ha의 농지 포함)에 이르렀다.[6)]

이 기금으로부터 실향민과 소농 그리고 농업노동자에게 각각 약 8ha의 농지를 무상으로 분배하였다. 이들 '신농민'들은 분배된 토지의 '합법적 소유자'가 되었으나 토지의 분할, 매매, 상속, 임대나 담보가 허용되지 않았기 때문에 토지에 대한 완전한 소유권을 가진 것이 아니었다. 분배되지 않은 토지를 토대로 사회주의 농업의 모델로 삼으려는 목적으로 국영농장(Volkseigene Gueter: VEG)을 설립하였다.

또한 1949년 이후에도 구동독 정권하에서 몰수조치가 있었다. 시간이 지남에 따라 농가의 수익성 부족으로 혹은 경작자의 질병이나 사망으로 또는 도주나 망명으로 인해 영농을 포기하는 농가가 속출하였으며 이러한 농가의 토지는 토지기금에 다시금 귀속되어 국유농지는 늘어나게 되었다.

1950년대 초반 구동독에는 평균 영농규모가 약 8ha인 85만 호 정도의 개인농가가 있었는데, 이들은 자발적으로 또는 강제로 협동농장(Landwirtschaftliche Produktionsgenossenschaft : LPG)으로 병합되었다. 그러나 협동농장의 개별 조합원은 그가 협동농장에 출연한 토지의 법적 소유자로 남아 있었다. 1960년 이후에는 농장의 규모를 더욱 대형화하고 더욱 전문화함으로써 산업형태로 운영되는 농업을 추진하였으며 작물과 축산물을 엄격하게 분리하여 생산하였다. 이러한 생산방식은 운송과 행정비용을 야기시켰으며, 동시에 환경 및 생태학적인 문제점을 유발하였다.

① 농지사유화

구동독 농지소유의 변천사는 2차대전 이후 구소련점령군에 의한 토지개혁과 구동독 정부수립 이후의 농업집단화 과정으로 요약될 수 있다. 따라서 구동독에서 농지의 소유권을 상실한 사람들은 여러 부류로 구분된다. 첫째는 구소련군 점령하에 구동독 지역에 거주하고 있던 지주계급들로, 일반적으로 100ha 이상 보유하던 이들의 농지는 몰수되어 영세농

6) 김경량, 『통일과 농업－독일의 교훈』, 강원대학교 출판부, 1995.

민들에게 분배되거나 국유화되어 국영농장에 귀속되었다. 또 다른 부류는 구동독 지역에 공산정권이 들어섬으로써 토지와 자산을 두고 구서독으로 도주 또는 망명한 사람들로, 이들의 토지는 소유권은 그대로 보전된 채 국영농장이나 협동농장의 농지로 이용되어 왔으나 당시에는 국유지로 인식되었다. 마지막으로 통일시까지 구동독에 남아 있던 농민들로, 이들은 토지개혁 때 무상으로 분배받은 토지를 농업의 집단화가 진행되었을 때 협동농장에 반입한 형태로서 협동농장에 참여하였다. 이들의 농지는 구동독 공산정권하에서도 법적으로 소유권은 인정되었으나 이용권과 생산물의 처분권은 협동농장에 귀속되었다.

통일 이후 구동독 국유재산 사유화에 대한 법적인 토대를 제공한 「재산법」에 따라 구동독 시절에 국유화된 재산은 원칙적으로 재사유화(반환)되며, 이 원칙은 농업부문에도 적용되었다. 만약 반환이 토지의 전용으로 인해 불가능하거나 권리자가 원하지 않을 경우에는 「배상 및 보상법」에 따라 배상받을 수 있었으며, 동시에 유리한 조건으로 토지를 취득할 수도 있었다.

그러나 1945년과 1949년 사이에 진행된 몰수된 재산은 '보상보다는 반환'의 원칙으로부터 명백한 예외였다. 1990년 6월 15일 양 독일 정부는 구소련군 점령하에서 몰수된 재산권(토지개혁)은 원상회복될 수 없다고 합의하였다. 따라서 재산권 회복이 불가능하게 된 과거의 대지주그룹은 통일독일의 헌법재판소에 헌법소원을 제출하였으나 헌법재판소는 이 합의는 헌법정신에 위배되는 것이 아니라고 결론짓고, 동시에 보상할(「배상 및 보상법」) 것을 판시하였다.

독일에서 반환되지 않은 농지의 사유화는 3단계에 걸쳐 진행되었다. 우선 첫번째 단계로 토지판매관리공사는 국유농지를 12년 동안 장기 임대한다. 이어서 토지판매관리공사로부터 이미 농지를 임차한 사람만이 농지를 유리한 조건으로 토지를 매입할 수 있다. 마지막 단계에서는 제2단계에서 매각되지 않은 신탁관리농지를 시장기능에 의하여 판매한다.

유리한 조건으로 토지를 취득할 수 있게 하는 사유화 방법과 대상자의 자격요건에 대하여 오랫동안 논쟁이 지속된 관계로「배상 및 보상법」의 제정이 상당기간 지연되었다. 이 법안은 1994년 9월 27일에서야 의결되었고, 더구나 토지취득규정은 1995년 12월 30일에 와서야 효력을 발휘했다. 배상 및 보상에 관한 법률은 신탁관리토지에 대한 토지취득 프로그램이 골자를 이루고 있으며, 그 내용은 다음과 같이 요약할 수 있다. 첫째, 1996년 10월 1일 현재 구동독 국유지를 장기 임차한 사람만이 토지를 매입할 권리를 갖는다. 임차인들은 오직 그들이 임차했던 토지만을 취득할 수 있다. 둘째, 재창업농가[7] 외에 1990년 10월 3일에 현지에 거주하고 자영하고자 하는 사람(신창업농가), 법인, 그리고 법인체의 경영자도 신탁관리토지를 매입할 자격을 갖는다. 셋째, 토지에 대한 배상 또는 매각은 1935년 단위가의 3배의 가격으로 한다. 이는 평균적으로 ha당 3,000DM에 해당한다. 마지막으로 토지의 선매권을 가진 사람은 상한선에 유의하여야 하며, 전체 경작면적에 대한 소유지분이 50%를 초과해서는 안 된다.

이상의 내용은 구소련군 점령하에서 강제로 몰수되었던 토지개혁의 희생자(지주그룹)는 물론 동독지역 농민 모두 자신이 임차한 국유농지를 매입할 수 있다는 것으로 요약할 수 있다. 토지개혁 희생자의 경우 몰수토지에 대한 보상을 현금으로 받을 수 있으며, 또한 보상금 대신에 구동독 지역 현지에 거주하는 사람으로서 자영하기를 원하는 사람, 법인, 그리고 법인체의 경영자와 마찬가지로 임차농지를 유리한 조건으로 구입할 수 있다. 이러한 규정에 의해 2003년 12월 31일까지 판매되지 않은 구동독 국유지는 제3단계에서 다시금 매각된다.

② 농업경영체의 개편

사회주의 중앙계획경제 체제하의 구동독은 일정 규모 이상의 토지를 무상으로 몰수하고 농민들에게 무상으로 배분하였다. 이어서 농업생산협

---

7) 토지개혁 기간 동안에 소유권을 몰수당한 사람, 1949년 이후에 몰수되었으나 반환받기가 불가능한 사람, 그리고 현지에 거주하는 사람으로서 자영하고자 하는 사람을 말한다.

동조합(협동농장)을 조직하여 사회주의국가 운영에 필요한 국민의 식량과 원료농산물을 공급하였다. 협동조합은 사회주의 집단형태 농업생산체를 운영하는 제도로서 협동농장이라고 부르는 농업생산단위이자 농촌주민들의 사회주의적인 삶과 교육의 장이었으며 행정단위였다.

구동독의 협동농장을 시장경제를 지향하는 현대적인 농업경영체로 개편하기 위하여 통일독일정부는 「농업적응법」을 제정하여 협동농장과 후속 경영체의 자산평가와 분배에 관한 법률적 근거를 마련하였다. 주요내용은 다음과 같다.

첫째, 조합원 총회의 의결은 다수결의 원칙이 적용되었다. 이는 농장의 전환 형태 및 소유관계 재확립에 일부의 전횡을 방지할 수 있도록 농장의 전 구성원에 대한 참여를 보장하는 것이다. 둘째, 재창업자의 영농이 신속히 재개될 수 있도록 보상이 단기간에 이루어질 수 있도록 보장하고, 자산평가에서의 우선권과 선매권을 보장하고 있다. 셋째, 협동농장과 후속 경영체는 유동성 확보를 위해 영농을 재개하지 않는 자들에 대한 보상지출을 수년에 걸쳐 분할할 수 있도록 규정하였다. 이는 영농의 지속성과 농업에 대한 투자를 보장하기 위한 것이다. 넷째, 집단농장의 해체는 전환과정의 어려움을 고려하여 1991년 말까지 완료하도록 그 시한을 연기하였다. 다섯째, 농장책임자에 대해서는 정확한 책임의식을 바탕으로 한 경영이 의무화되었고, 위법행위에 대한 의혹이 제기될 경우 관할 지방관청은 농장의 업무에 대해 감사할 수 있는 권한을 갖게 되었다. 이러한 협동농장의 개편은 1991년 말까지 완료되어야 했으며, 이때까지 전환하지 못한 협동농장은 자동적으로 해체되었다.

통일을 전후하여 협동농장과 국영농장 수를 비교해보면 초기 전환과정에서 옛날 형태의 농장들 중 약 63%만이 살아남은 것을 알 수 있다. 그러나 1992년까지 남아 있는 이 협동농장들은 그전보다는 생존에 더 나은 조건을 갖고 있다고 할 수 있다. 아직도 협동조합의 수는 줄어들고 있는 반면 회사 형태의 농업법인은 늘고 있지만 이 둘을 합친 숫자는 약간 증가했을 뿐 거의 변하지 않고 있다. 앞으로 이 둘 사이의 변화추이

<표 3-3> 구동독 지역의 농업경영체별 구성

조직형태	농가수						변화율(%)		
	1992	1993	1994	1995	1996	1997	'94 : '92	'96 : '94	'97 : '96
자연인	15,725	22,466	24,989	27,259	27,834	28,286	58.9	11.4	1.6
개별농가	14,602	20,587	22,601	24,588	25,014	25,355	54.8	10.7	1.4
협업농가	760	1,416	1,897	2,157	2,291	2,413	149.6	20.8	5.3
합자회사	257	311	332	335	355	353	29.2	6.9	−0.6
농업법인	2,749	2,829	2,824	2,902	2,894	2,873	2.7	2.5	−0.7
농업생산조합	1,464	1,388	1,335	1,315	1,293	1,248	−8.8	−3.1	−3.5
유한회사	1,178	1,302	1,338	1,417	1,432	1,466	13.6	7.0	2.4
계	18,575	25,368	27,892	30,248	30,843	31,238	50.2	10.6	1.3

주: 협업농가는 Personengesellschaft로 대부분은 '민법상의 결사체(結社體)'이다.
Gesellschaft bürgerlichen Rechts(GbR), e.G는 등록조합(eingetragene Genossenschaft)으로서 구협동농장이 구서독의 협동조합 형태로 전환된 농업생산조합이며, GmbH는 유한회사(Gesellschaft mit beschränkter Haftung)이다.
자료: BML, 1998.

는 관찰의 대상이지만 일견 구동독의 협동농장이 농장법인으로 전환해 가는 것이 구조조정의 일반적인 양태인 것이다. 그러나 이러한 집단형태의 농장들이 경작하는 전체 농지가 줄고 있기 때문에 이들의 평균 경지면적은 줄어들고 있다. 1992년에 이들 집단형태의 농장들이 경작하는 토지는 1989년과 비교하여 75% 수준으로 하락하였고, 1995년에 와서 이 비율은 약 63%로 떨어졌다. 구동독 지역 내의 농가, 농장 수는 1990년의 약 5,000개에서 1997년에는 3만 1,000여 개로 증가하였다(<표 3-3> 참조). 하지만 이러한 농가수의 증가추세는 1993년 이후에는 완만하게 진행되었다. 최근의 구동독 지역 농가당 평균영농규모는 178ha로 구서독 지역 농가평균 영농규모인 24ha보다 무려 7.5배나 크다.

구동독 지역에서 농가경영규모가 100ha가 넘는 농가의 경작지가 전체 농경지의 93%에 달하는 한편 구서독에서는 단지 18%에 불과하여 농업경영규모에서 양 지역간 편차는 매우 큰 편이다. 구동독 지역 내에서도 통일 이후 재편된 협동농장 후속 조직체인 농업생산협동조합의 평균영농규모가 1,430ha인 반면 전업개별농가의 영농규모는 140ha로 1/10에 머무르고 있어 협동농장 후속 조직체간에도 영농규모에서 매우 큰 격차가 존재하고 있다. 구동독 지역 내 농경지의 90% 정도는 임차지로 구성되어 구서독 지역보다 그 비율이 2배 정도에 달하고 있다. 이러한 농업구조의 차이는 앞으로 통일독일에서 지역간에 상이한 농업구조개편이라는 과제를 부여하고 있다.

③ 농업경영체 개편과정에서의 협동조합

독일은 전통적으로 협동조합의 의미와 활동이 가장 보호받고 왕성한 국가 중 하나이다. 19세기 중반 협동조합운동이 태동된 이래 라이프파이젠으로 지칭되는 협동조합운동으로 통합 발전되다가 2차 세계대전 이후 분단된 상태에서 서독의 협동조합과 동독의 형식적 협동조합은 구분되어 발전하였다.

구동독의 사회주의 협동조합 개념과 그 사회경제적 역할은 구서독에서 이해하는 것과는 큰 차이가 있었다. 구동독의 협동조합들은 국가기구의 일부로서, 그리고 정치조직으로서 교육기능과 사회통합기능을 수행하였다. 사회주의 협동조합은 사적 경제행위와 생산수단의 사적 소유를 집산적 경제행위와 협동조합적 소유로 전환하는 기능을 담당하였으며, 모든 종류의 사회적 서비스를 회원과 그 가족 및 지역주민들에게 제공하였다. 즉, 농촌지역의 사회주의 협동조합은 서방에서는 지방정부의 몫인 도로건설 및 보수, 상하수도 등의 서비스를 제공해야 했다.

사회주의 협동조합과 구서독의 협동조합 간의 또 다른 차이점은 그 목적에 있다. 구동독에서 협동조합들은 국가공부의 도구이기 때문에 그들의 모든 행위는 1차적으로 조합원의 이익보다 국가이익이나 공익을 우선시하였으며, 그 대가로 협동조합은 재정대출과 손실보상 등 국가로부터 재정지원을 받았다.

통일 이후 구동독 협동조합의 개편은 탈정치화, 탈집중화, 회원중심주의, 민주적 내부통제기구의 도입, 조정을 의미한다. 여기서 탈정치화란 국가와 사회주의 정당으로부터 협동조합을 분리하여 자치독립의 협동조합연합회를 설립하는 것이며, 탈집중화란 중앙계획을 탈피한 자율경영과 새로운 환경에서 생존하는 능력을 배양하는 것을 의미한다. 또한 회원중심주의를 통해 협동조합기업의 목표를 재조정하여 조합원의 이익을 증진시키고 조합원과 협동조합의 관계를 조정하며, 협동조합 경영을 조합원실익사업과 연계하는 등 민주적 내부통제기구를 도입하는 것이다.

통일 초기에 서독에서는 사회주의체제하의 구동독 협동조합을 정통조직이나 진정한 협동조합으로 인정하지 않았으나,[8] 궁극적으로 구 서독의 협동조합들은 구동독 지역의 협동조합들을 지원하였다. 서독지역의 협동조합들은 그들의 시스템이 최적이라고 믿었으며, 그 주된 지원임무는 구 서독의 협동조합 구조와 규정을 가능한 빠르고 완벽하게 구동독 지역으

<표 3-4> 사회주의, 자본주의적 협동조합의 차이: 구동서독을 중심으로

<table>
<tr><th>비교범위</th><th>구서독의 협동조합</th><th colspan="2">구동독의 협동조합</th></tr>
<tr><td>조직</td><td>회원에 의한 자율적 구성</td><td colspan="2">국가의 계획과 명령에 의해 설립</td></tr>
<tr><td>목적</td><td>회원의 이익을 증진시키기 위해 자유롭게 목표 결정</td><td colspan="2">국가에 의해 계획된 목표 추구</td></tr>
<tr><td>경영</td><td>자율경영</td><td colspan="2">계획에 의한 경영</td></tr>
<tr><td>소유</td><td>사회적 책임을 가진 사적 소유</td><td colspan="2">공익적인 사회주의 협동조합 소유</td></tr>
<tr><td rowspan="6">사업</td><td rowspan="6">회원의 경제적 이익 증진</td><td rowspan="2">정치적 기능</td><td>교육기능: 사회주의적 인식 제고</td></tr>
<tr><td>통합기능: 회원들을 통합해 사회주의적 생활양식과 집산적 소유를 익히도록 함</td></tr>
<tr><td rowspan="3">경제적 기능</td><td>체제전환기능: 사적 생산양식에서 사회주의적 생산양식으로 전환</td></tr>
<tr><td>동기부여기능: 잉여의 공유를 통해 높은 생산성 고무</td></tr>
<tr><td>조정기능: 정부계획의 약점 보완</td></tr>
<tr><td>사회적 기능</td><td>사회보장 서비스 및 지역사회 서비스를 회원과 그 가족에게 제공</td></tr>
</table>

자료: Munkner Hans, 2000.

8) Munkner Hans, "Roles of Agricultural Cooperatives in the Process of Reunification of Germany," NACF Symposium, Seoul, 2000.

로 전달하는 것이었다.

통일 직후 시장경제에 놓이게 된 협동농장의 미래에 대하여 많은 학자들과 협동조합 지도자들은 사회주의 협동농장들이 붕괴할 것이고 해체되어 가족농이 되거나 자본주의적 농기업으로 전환될 것이라고 예측하였다. 반면 협동농장이 농업협동조합으로 전환되어야 규모경제의 이점을 살릴 수 있고, 세계시장에서 독일농업의 경쟁력을 확보할 수 있다는 주장도 있었다.

이 과정에서 협동농장 조합원의 의사는 관심 밖이었고, 새로운 농업생산협동조합에 대한 명확한 방향제시가 없었다. 정치권과 협동조합 지도자들은 구동독의 협동조합, 협동농장과 관련하여 토지소유권 문제의 해결, 협동조합은행체제의 확립 등에 집중적인 관심을 기울였고, 대부분의 농촌주민이 소속되어 있던 협동농장의 생산협동조합으로의 이전 가능성에는 의미를 부여하지 않았다.

그러나 시간적 제약과 정치적 압력에 몰려 있던 독일은 결국 농업분야에서 서독지역에는 존재하지 않는 농업생산협동조합을 하나의 협동조합 사업분야로 받아들였고, 과거 동독협동농장의 약 1/3 정도가 생산협동조합 형태로 재편되었다. 이러한 전환과정에서 통일 이후 서독 모델을 구동독 협동조합은행과 협동농장에 단순히 이전시킴으로써 서독 협동조합들이 안고 있는 협동조합의 정체성 상실 등의 문제를 그대로 구동독 지역에 전파시켰다는 비판도 제기되었다.

⑷ 불가리아

① 체제전환 이전

불가리아는 이미 1922년에 토지개혁을 실시하였기 때문에 불가리아의 농업구조는 평균영농규모 5.4ha를 중심으로 비교적 동질적인 모습이었다. 따라서 1946년의 2차 토지개혁 때는 30ha를 초과하는 모든 토지가 몰수대상이었는데, 몰수대상 용지는 총 농경지의 3%에 불과하였다. 이

때 수용된 토지의 약 40%는 토지가 없는 농민에게 분배되었으며, 나머지는 국영농장을 설립하는 데 사용되었다.

불가리아는 농업의 집단화를 1950년에 착수하여 1959년에 완성하였다. 이때 평균영농규모가 4,000ha를 상회하고 약 1,300세대의 농가를 아우르는 대규모 협동농장이 탄생하였다. 이후 협동농장들을 합병하여 '농공복합체'를 설립하였는데, 이 수평적 통합이 가장 진전된 시점인 1977년에는 '농공복합체'의 평균규모가 거의 33,000ha에 이르렀다. 당시 불가리아 협동농장의 규모는 구소련을 제외하고는 가장 거대한 것 이었다.

체제전환 직전인 1989년에 불가리아에서는 평균영농규모가 14,000ha인 269개의 '농공복합체'가 전체 농경지의 86%를 경작하였다. 대규모 농장 내에는 가구별로 평균 0.5ha 정도의 텃밭이 허용되었는데, 여기에 소규모 개인농가를 포함하면 이들은 전체 농지의 14%를 차지하였다.

② 체제전환 이후

1991년 2월에 제정되었으나 1992년 3월에 개정된 「농지의 소유 및 이용에 관한 법률(농지소유법)」은 농지는 집단화 이전의 소유자나 그의 상속인에게 반환하고 협동농장은 청산하도록 규정하였다. 동법은 농지의 사적 소유뿐만 아니라 법인의 농지소유 또한 허용하였다. 그러나 외국인은 단지 '반환'을 통해서만 잠정적으로 토지의 소유자가 될 수 있었는데, 그들은 소유권을 3년 이내에 처분하여야 했다. 토지를 반환함에 지역에 따라 20～30ha까지의 상한선이 적용되었는데, 이 상한선은 1946년의 토지개혁시 개인이 최대한으로 소유할 수 있는 면적과 동일한 것이었다. 그러나 임차를 통해 경작지를 확대하는 것은 무제한으로 허용되었다. 또한 농지의 휴경화를 막기 위하여, 청구권은 원칙적으로 인정되지만 측량이 끝나지 않고 분배계획이 아직 확정되지 않아 구체적인 토지를 배정받지 못한 사람에게는 옛 협동농장의 농지를 단기적으로 이용할 수 있는 권리증을 교부하였다.

불가리아는 농업경영체의 규모화를 촉진하기 위하여 「농지소유법」을 1995년 5월에 재차 개정하여 농지를 매각할 경우에 이웃과 지역단체에 선매권을 주었다. 동법을 시행하기 위하여 모든 협동농장에는 두 개의 위원회가 설치되었는데, '토지위원회'는 원소유자에게 토지를 상환하는 일을 맡았으며, '청산위원회'는 토지를 제외한 자산을 분할하고 매각하였고, 그리고 협동농장이 최종적으로 청산될 때까지 농장을 경영하였다.

중동부유럽의 다른 국가들과는 달리 불가리아의 「농지소유법」은 토지의 소유권을 과거 협동농장의 노동자에게 이전하지 않고, 오로지 몰수와 집단화 조치로 인해 농지를 잃어버린 원소유자에게 반환할 것을 규정하였다. 따라서 노동자들은 그들의 성과에 따라 협동농장의 비토지재산에 대한 몫은 얻을 수 있었으나, 농지를 취득하지 못해 농촌인구의 28%가 토지를 소유하지 못하게 되었다. 이는 집단화과정에서 대체로 토지를 반입하지 않고 오직 노동만으로 협동농장에 기여한 터키 소수민족과의 갈등을 피하기 위한 방법이었다.

「농지소유법」에 의해 1989년 말까지 존속하였던 모든 '농공복합체'는 해체되어 평균규모가 약 2,000ha인 비교적 작은 협동농장으로 분할되었으며, 곧이어 이 협동농장들도 해체되었다. 결과적으로 1990년대 중반에 불가리아에서는 약 190만 명의 토지소유자가 생겨났으며, 이들의 평균 규모는 0.6ha에 불과하였다.

(5) 루마니아

① 체제전환 이전

루마니아는 1945년에 토지개혁을 실시하여 50ha 이상의 모든 사유지와 독일 소수민족의 사유지를 몰수하였는데, 이는 국토면적의 6%인 150만ha에 달했다. 이 중에서 110만ha를 소농이나 소작농에게 분배하고 나머지는 국가소유로 귀속시켰으며, 1947년 루마니아 황제의 퇴위 후 황실소유지가 국유지에 덧붙여졌다.

루마니아에서는 1949년부터 농업의 집단화를 시작하였으나 지지부진한 상태였으며, 1957년에서 1962년 사이의 2차 집단화단계에서 정치적으로 원하였던 결과를 비로소 달성하였다. 그러나 집단영농에 적합하지 않은 산악지역에는 개별농가가 주축을 이루었으며 그들의 대부분은 단지 부업형태로 영농을 하였다.

1989년에 루마니아에는 411개의 국영농장이 존재하였으며 그들은 평균 5,000ha의 농지를 경작하였다. 또한 협동농장의 영농규모는 평균 2,400ha이었으며 전체 농지의 61%를 경작했다. 이를 제외한 나머지 농지(전체 농지면적의 25%)는 개별농가가 경작하였다.

② 체제전환 이후

루마니아에서 협동농장 농지의 사유화는 대중적 사유화로 특징지을 수 있으며, 비교적 빠른 속도로 진행되었다. 「법령 42/1990」에 따라 협동농장에서 종사하는 모든 가구는 0.5ha의 농지를 무상으로 취득하고, 지역의 모든 나머지 가구는 0.25ha의 농지를 배당받았다. 이러한 조치로 인하여 협동농장의 농지는 평균적으로 24%나 감소되었다. 더욱이 인구가 조밀한 지역의 협동농장은 평균 이상으로 토지의 감소를 경험해야 했기 때문에 몇몇 협동농장들은 농지의 확보가 여의치 않아 해체되었다.

1991년 2월에 제정된 「토지자산법」에 의해 몰수된 농지는 원소유자에게 가능한 한 예전의 규모에 가깝게 반환하게 되었다. 그러나 어떤 경우에도 10ha를 초과할 수 없으며 권리자의 상속인 역시 반환을 청구할 수 있었다. 협동농장의 나머지 농지들은 조합원들에게 10ha의 반환 상한선과 0.5ha의 하한선 사이에서 분배되었다. 농지가 부족할 경우 해당 지역에서는 국영농장의 농지들도 분배하기 위해 징발될 수 있었으며 이것이 불가능할 경우 권리자들은 국영농장의 주식을 배상 차원에서 받았다.

이러한 대중적 사유화의 결과로 루마니아에서 농지소유자는 620만 명으로 1948년 집단화 이전의 소유자보다 약 백만 명 정도가 초과되었다. 전체 농지의 약 1/3은 비농민들, 그리고 약 1/4은 노인들의 소유로 전환되었다. 따라서 효율적인 영농을 통해 농가의 발전을 꾀할 수 없는 많은 사람들이 농지소유자가 되었으며, 개별농가의 평균 영농규모는 2~3ha로 루마니아의 토지사유화는 농지의 심한 분산화를 초래하였다. 또한 소규모농가들은 영농자재와 설비가 부족하였기 때문에 다수의 농지소유자들은 개별영농을 선택하지 않고 임시로 새로운 형태의 협동조직을 결성하였다.

협동농장의 농지와는 달리 국영농장의 사유화는 서서히 이루어졌다. 국영농장은 「법률 31/1990」에 근거하여 독립적인 경제단위로서 재조직되어 주식회사형태로 전환되었다. 국영농장의 농지는 「토지자산법」에 따라 협동농장의 부족분을 보충하여 분배되는 토지를 제외하고는 사유화되지 않고 대신에 소유면적에 상응하는 지분(후에 주식으로 전환됨)을 권리자들에게 분배하였다. 그 결과 국영농장의 후속기업은 정부기금 70%, 민간기금 30%의 출자기업으로 복합적인 재산구조가 형성되어 자본재편이 이루어졌다.

(6) 체코

1995년 말에 체코 경지면적의 거의 97%는 민간부문에 의해 경작되고 있다. 이 중 32%는 개인 또는 가족의 농장에 의해, 43%는 전환된 협동조합에 의해, 21%는 기타 종류의 법인농장에 의한 것이다. 개별농장에 의해 경작되는 면적의 절반 이상은 100ha 이상의 대규모농장으로 구성되어 있으나 대규모 토지소유가 세분화됨으로써 토지 중 약 60~80%는 임대계약에 의해 경작되고 있다.

토지 이외 자산의 소유구조에 관해서는 세 가지 종류의 사적인 소유를 들 수 있다. 첫 번째의 이른바 구소유주 등에게 '반환된 자산'을 주된 기반으로 하는 농장은 약 400~500억 코루나의 가치를 가지는 자산을 소유하고 있다. 두 번째 범주는 국유자산의 사유화의 결과로서 그 소유권을 취득한 '사유화된 자산'에 의해 구성되며, 그 자산은 약 250~300억 코루나의 가치가 있는 것이다. 세 번째 범주는 종전의 집단농장을 기원으로 하는 전환된 협동조합이나 기타의 회사를 가리키는 '전환된 자산'이며, 이들은 전체적으로 약 1,100~1,200억 코루나의 자산을 운영하고 있다.

(7) 독립국가연합

① 러시아의 농지사유화

1991년 12월 27일 공표된 「러시아연방 토지개혁 실행에 따른 긴급조치에 관한 대통령 포고령」은 집단농장과 국영농장을 그 구성원들의 결의에 따라 자영농으로 해체하거나 중간단계로서 독립적 협동조합농장으로 전환토록 하는 것을 주 내용으로 하고 있다. 이에 따라 대부분의 농업용 토지는 무상으로 분배하고 나머지는 토지재분배기금에 양도하게 되어 있다. 그러나 이렇게 무상분배된 토지의 교환 및 임대권의 양도는 당분간 제한되며 기본적으로 아직은 토지 자체의 소유권은 인정하고 있지 않다. 즉, 이 경우 토지의 임대에 의한 장기이용권을 기초로 동 권리의 양도, 상속, 매각, 증여, 저당 등이 가능하며 동 권리의 분할도 허용된다. 따라서 기능상 이러한 이용권은 소유권과 별다른 차이가 없다고 할 수 있다.

1993년 10월 27일 옐친 대통령은 「토지관계 조정과 농업개혁에 관한 대통령령」에 서명하였는데, 주요내용은 "러시아인은 개인이나 법인을 막론하고 토지를 판매, 증여, 임대 및 상속이 가능하며", "또한 토지교환 및 융자를 얻기 위한 담보물로 이용, 회사설립에 필요한 자본으로 이용이 가능하다"고 되어 있으며, 외국인에 대해서는 "토지의 직접적인 매매를 금지하고, 러시아회사의 주식구입을 통한 간접적인 참여만을 허용한다"는 것이었다.

② 독립국가연합의 농업구조 개편

독립국가연합의 영농구조는 대규모의 영농기업과 소규모의 자류지 및 채원으로 대별된다. 제3의 부문인 이른바 '서구 스타일의 개별 가족농장'은 1980년대 말에 시작되었지만 여전히 비교적 소수만이 존재하고 있으며, 그 생산량 또한 적다.

대규모의 농장들은 기초 농산물의 대부분을 생산하고 있다. 러시아나 우크라이나에서 예전의 콜호스와 소호스의 대부분은 토지와 자산의 지분이 비물리적으로 배분되었고, 후에 '주식회사' 또는 '집단농업기업'으로 재편되었다. 벨로루시나 카자흐스탄에서도 비교적 적기는 하지만 상당한 수의 대규모농장이 유사한 과정을 밟고 있다. 그러나 개별적인 영농활동과 같은 농장재편이 시도되었으나, 대부분의 대규모농장은 아직도 그 내부적 구조나 운영방법을 많이 바꾸지는 않고 있다.[9)]

대규모농장들은 기업소유자의 이익을 최대로 하기보다는 현재의 노동자를 위해 고용의 보장과 소득의 안정성을 최대한으로 보장하여야 한다. 모든 독립국가연합 국가의 대규모농장들은 과잉 노동력을 보유하고 있으나 농촌에서 거의 유일한 고용자이다. 또한 지방행정이나 사회서비스를 제공하기도 한다. 따라서 대규모농장의 재편은 농촌지역의 행정 및 사회제도의 개편과 맞물려 있다.

독립국가연합은 일반적으로 토지이용에 관한 엄격한 제한을 유지해오고 있다. 농업지역은 주정부에 의해서만 다른 용도로 재분류할 수가 있다. 통상 3년간인 일정한 기간에 대해 아무런 작물도 재배하고 있지 않은, 즉 목적대로 사용되고 있지 않은 농용지를 지방 당국은 명목상의 소유자로부터 몰수할 수 있다.

대규모농장의 모든 노동자 및 피고용자는 주택건설지 및 채원으로서 0.5ha나 혹은 그 이하로 제한된 자류지를 가질 자격이 주어졌다. 이들 소규모의 자류지는 식육, 우유, 감자의 많은 부분을 생산하고 있다. 이와 함께 상대적으로 기계화되어 있지 않은 다른 작물 및 축산에서도 자류지에서의 생산비율은 체제개혁 이후 상승하고 있다. 이들 미니농장은 종종

9) 콜호스와 소호스 및 이를 계승한 각종의 법적 형태의 농장을 이하에서는 모두 '대규모'농장이라고 부른다.

'사적인' 토지라고도 불리지만, 체제개혁 이전에는 콜호스나 소호스의 포장의 일부가 아니라는 의미로만 사적인 것이었다. 평균적인 자류지는 아주 소규모에 머물러 있기는 하지만 자류지에 대한 규모의 제한은 개혁 과정에서 완화되고 있다. 현재 농장의 가족이 자류지에 대한 완전한 명의를 취득하고, 그것을 자유롭게 재매각하는 것도 원칙적으로는 가능하다. 그러나 대규모농장에서 공공연하게 혹은 묵시적으로 제공되는 상당한 서비스나 투입재 없이는 이것들을 경작할 수가 없는 실정이다.

1990년부터 1991년 사이에 농업개혁이 시작되었을 당시에는 개별농장에 대해 커다란 기대가 있었다. 소호스 및 콜호스의 비효율성은 명백하였으며, 가족이나 소규모 그룹에 의한 농기업은 농업생산성을 제고시킬 수 있다는 이유에서였다.

개별농장은 종전의 대규모농장으로부터 농장노동자들이 취득한 토지로 조직할 수 있었다. 1990년부터 1991년에 만들어진 최초의 개별농장들은 어느 정도 성공을 달성했으나 1992년 이후에는 어려움에 봉착하였다. 1995년에 개별농장의 수는 벨로루시에서는 76개, 카자흐스탄에서는 7,500개, 우크라이나에서는 2,700개가 증가했지만 러시아에서는 약 2만개나 감소하였다.

(8) 중국

① 농업생산체제의 개혁

(가) 농가생산청부책임제의 실시

1949년 토지개혁이 실시된 결과, 중국 농민은 봉건적 압박과 수탈에서 해방되어 '경자유전'의 기본원칙에 따라 자신의 경지를 가지게 되었다. 그러나 이와 같은 상황도 잠시, '소련식 모델'에 의한 농장집단화가 도입되었다.[10)]

10) 한국산업은행, 『중국의 개혁전략과 성과－부문별 추진과정과 전망』, 한양기업,

1956년 전국에 있는 자본주의적 상공업이 모두 공사합영(公私合營)의 형태로 사회주의 소유로 변경됨에 따라 농촌에서는 '인민공사'가 조직되기에 이르렀다. 1958년 8월 4일에 하남성에서 전국 최초의 '인민공사'가 탄생하였고, 3일 후에는 전국 규모의 인민공사화운동이 일어났다. 농민은 소유경지를 빼앗겼으며, 생산수단도 인민공사 소유로 귀속되어 모든 면에서 '정사합일(政社合一)'을 주장하는 '인민공사'의 지휘·명령을 따르게 되었다. 인민공사는 농민의 재산소유권을 지배하였으며, 토지의 경작·파종, 경영관리 등에 이르는 행정권도 장악했다.

인민공사는 공사, 생산대대, 생산대로 구성되었다. 공사는 농업에 새로운 투입요소를 제공하고 생산대대와 생산대의 조정역할을 맡았다. 그 밖에도 보다 진보된 농업기술과 특별서비스를 제공하고 대규모 공동사업, 예를 들어 관개시설건설 등의 작업에 대한 조언을 해주었다. 공민에 대한 관리업무로 주민등록, 혼인신고 등을 맡았다. 생산대대는 공사의 일을 보조하며 생산대를 조정하는 역할을 담당했다. 저수지, 운하시설과 같은 중소규모의 사업을 계획하고 노동력, 재료 따위를 조직했다. 여러 가지 공동사업들, 예를 들어 관개, 조림, 소규모공장 설치 등을 하고 소비재뿐만 아니라 벽돌제조, 제분공장 설치, 연장수리, 식품가공 등 자립을 위한 생산도 담당, 행정적 조정을 수행했다. 생산대는 기본적 의사결정단위이자 기본적 회계단위이다. 생산대의 노동력은 자율적으로 조직되었으며, 대개 8가구 내지 10가구의 작업조로 분할되었다.[11)]

그러나 농민은 형식상으로는 인민공사의 주인이었지만 실제로는 공사의 각급 간부 휘하에 예속되었다. 농민의 노동은 집단에 속해 연말에 그 노동대가가 계산되어 실물로 지불되었다. 농민은 농업생산력의 주체였지만, '공사'체제하의 경작 및 경영관리에 관해 일체의 발언권을 갖지 못했다. 단지 소규모 자영농지만을 자주적으로 경작하는 것에 만족해야 했다.

2001.

11) 김종덕, 『중국 농업생산체제의 개혁과 농촌사회의 변화』(www.kyungnam.ac.kr/dept/ebrm/sostudy).

'인민공사'는 생산과정을 완전히 지배, 국유공업에 저임금제도를 채택하고 농업용 원료를 염가로 구입하여 공급한 반면, 이를 사용하여 생산된 공산품은 고가로 판매함으로써 엄청난 이익을 남겼다.[12] 이와 같은 상황이 계속되는 가운데, 문화대혁명에 의한 농촌파괴가 발생하면서 농민은 아사상태와 사방으로 유랑하는 상황으로 내몰렸다. 이 과정에서 '인민공사'는 자체 통제력을 상실하였다.[13] 그 결과 일부지역 농민이 생존을 위해 자발적으로 '농가생산청부책임제[農家生産請負責任制(家庭承包生産責任制)]'를 실시한 것이 당시 농촌사회 전반을 지배하고 있던 '인민공사'의 경영관리체제가 개혁될 수 있는 바탕이 되었다.

1980년 9월 중국 중앙은 농민이 스스로의 희망에 따라 '가정생산청부책임제', 즉 '포산도호(包産到戶)'를 채택한 가정농제도를 허용했다. 이로써 1978년까지 금지되었던 포산도호는 불과 2년 내 전국에서 절대다수 농업인구가 가정농장제를 취하는 중대전환을 꾀하게 되었다.[14] 여기서 포는 청부, 도급을 의미한다. 즉, 토지의 소유권은 집체에 속하나, 농가는 계약에 따라 토지의 사용권을 가지고 생산임무를 책임지고 이행하는 생산 및 책임경영 관리방식이다. '가정생산청부책임제'는 집체 소유의 토지를 생산대의 농가에게 1~3년간 임대하는 방식을 띠었고,[15] 국가 납부 책임량을 넘어서는 산출량에 대해서는 농가가 소유하도록 하였다.

(나) 포산도호에서 대포간(포간도호)으로의 전환

'포산도호'는 집체소유 토지를 농민의 가정에 분할·위임함으로써 '집체에 의한 통일노동 및 집중관리'를 '농가별 개별노동과 관리'로 대체시

12) 한동훈·이준엽, 『중국의 개혁과 발전전략』, 백산서당, 2001.
13) 인민공사는 1979년 이후 개혁과정에서 해체된다. 1982년 4월에 개최된 5기 전인대 상무위원회 13차 회의는 「중화인민공화국헌법수정초안」을 가결하면서 인민공사의 해체를 결정했다.
14) 1984년 말 전국적으로 569만 개의 생산대 중 대부분이 농가생산청부책임제를 채택했다.
15) Justin Yifu Lin, "Rural Reform and Development" in Ross Garnaut and Liu Guoguang(eds.), *Economic Reform and Internationalization*, 1992.

킨 것이다. 그러나 포산도호에 의한 전체 생산의 계산 및 수익분배는 여전히 집체조직에 의해 통일적으로 진행되었다. 토지의 임대시 평등주의 원칙을 적용, 가구간 노동력의 차이를 고려하지 않고 가족 크기에 따라 분배했다. 각 농가는 책임을 진 토지에서 계약수량에 맞추어 산출량을 달성해야 하며, 산출물을 집체조직에 제출해야만 자기 수입을 분배받을 수 있었다. 책임토지의 산출량이 계약수량보다 클 경우에만 초과 산출분에 대해 집체조직과 일정한 비율로 배분할 수 있었다. 따라서 '포산도호' 하에서 농가는 단지 '자기노동을 계획할 자유'를 얻게 되었을 뿐 여전히 책임토지의 산물은 집체조직의 소유였다. 이런 점에서 '포산도호'는 인민공사의 체제구조 내에서 생산관리체계에 대한 부분적인 개혁에 불과한 것이었다고 할 수 있다. 특히 평등주의원칙에 입각한 토지배정은 결과적으로 토지의 효율적 이용을 가로막았고, 1~3년간의 단기간 토지계약도 토지개량과 토양보존과 관련하여 문제를 발생시켰다.

이에 따라 '포산도호'가 실시된 지 얼마 지나지 않아 농민들은 '포산도호' 대신 '포간도호(대포간)'를 제출했다.[16] 대포간은 책임토지상의 산출에 대해 집체조직이 통일적으로 계산하거나 분배하지 않고 농가가 그 기능을 대신하여 국가의 책임토지에 상응하는 세금 및 수매업무를 직접 담당하고, 집체조직에 대해서는 토지청부비를 납부하도록 하는 것이었다. 즉, 책임토지상에서의 산출에 대해 '국가분'을 납부하고 집체분을 유보한 후, 잉여분은 청부농가의 몫으로 하는 것이었다.

'포산도호'에서 '대포간'으로의 전환은 단순한 형식상의 변화가 아니었고, 실질적으로 농가가 농업의 독립된 경영주체가 되었다는 것을 의미했다. 즉, '대포간'은 인민공사체제를 폐기시킨 진정한 의미에서의 개혁이었다. '대포간'은 토지소유의 집체성은 변화시키지 않았지만 농업생산에서 야기되는 평균주의, 집중노동, 통일계산 및 통일분배체제를 모두 배제시켰다. 이를 통해 농가의 경영자주권이 토지공유제 및 사회주의 시장경제 조건하에서 충분히 보장될 수 있도록 함으로써 농민의 생산의욕

16) 상당수 지방에서는 포산도호가 아예 실행되지도 않은 경우가 있었다.

이 최대한 발휘될 수 있다.

② 생산체제 개혁의 효과

국가의 계획 기능을 줄이고, 개인 인센티브와 시장의 역할을 우선하는 방향에서 이루어진 중국의 농업개혁은 다음과 같이 농촌사회에 큰 변화를 가져왔다.

첫째, 중국의 농촌사회가 인민공사체제의 통일·집중된 구조에서 다원적이고 분산된 구조로 전환되었다. 즉, '폐쇄에서 개방으로', '집중에서 분산으로', '일원에서 다원으로' 바뀌어갔다. 개혁 이후 농촌민주화의 수준이 높아졌고, 결정과 책임의 다원화가 이루어졌다. 인민공사시기에는 대부분의 농민들이 식량농사에 종사하였으나 개혁 이후 농촌에 많은 직업이 생겼으며, 농민들의 지리적 이동과 직업선택의 기회가 많아졌다.

둘째, 농촌에서 공산당의 역할이나 중요성이 감소됨으로써 당과 농민 간의 관계에 갈등을 가져왔다. 1978년 이전 중국 공산당은 농촌의 정치·경제·사회 생활의 모든 방면에 깊이 개입했으나 농촌개혁 이후 농촌에서 당의 주요 역할은 이데올로기를 선전하고 강화하는 것이었다. 개혁 이전 농촌의 간부인 생산대 지도자는 농민들의 경제생활을 좌우하는 힘을 가졌으나 개혁 이후에는 그 힘이 현저하게 줄어들었다. 그러나 당의 권위가 저하되었음에도 불구하고 당은 부락에서 여전히 영향력을 행사하는 경제 채널과 자원을 가졌다. 곡물구매할당량의 배정, 석유·비료·전력의 배정, 산아제한의 관리, 경제분쟁의 중재, 새로운 사업에 대한 허가, 건강 및 교육시설 이용 등에서 권력을 행사했다. 가정생산청부책임제 이후 농민은 독립생산자의 지위를 갖게 됨으로써 간부와 농민대중 간의 알력이 증가되었다.

셋째, '포간도호'가 정착되면서 농촌에서 재산관계에 커다란 변화를 가져왔다. 사실 개혁 초기만 하더라도 생산재 소유체제의 변화는 상상할 수도 없었기 때문에[17] 농촌개혁은 재산관계보다는 경영관리체제에 개혁

17) 당시 생산재소유개혁을 언급하는 것은 바로 공유제경제(공산주의)를 부정하는

의 초점이 맞추어졌다. 개혁 전 농촌의 토지 및 기타 생산성 고정자산은 공유자산으로 농가는 호미, 낫 등 저급하고 마모되기 쉬운 생산도구만을 소유할 수 있었으나 개혁을 거치면서 일체 무소유였던 농가는 괄목할 만한 수량의 생산재를 다시 소유할 수 있게 되었다.

넷째, '포간도호'는 농지의 집체소유적 성격을 변화시키지 않은 채, 이른바 "국가에 납입하고, 집체에 유보하고, 남는 것은 모두 자기 것"이라는 분배제도를 정착시켰다. '국가에 납입'은 경영자가 국가에 세금을 납입해야 한다는 것을 의미하며, '집체에 유보'는 토지가 집체의 소유이므로 농가는 집체조직에 토지의 자산소득(토지청부비)과 공동관리 및 공익사업비용을 내야 한다는 것으로 그 속에 나타난 경제적 이익관계는 매우 명확했다. 즉, "남은 것은 모두 자기 것"이라는 것은, 막연한 것 같지만 실제적으로 그것이 가지는 경제학적 함의는 매우 명확했던 것이다. 여기서 중요한 것은 세 가지 형태의 소득이 확립된 것이었다. 즉, 농민이 노동자로서 일하므로 당연히 노동소득을 가지며, 농가는 경영자로서 그가 담당한 생산 및 경영활동 중 위험을 안게 됨으로 당연히 경영소득을 가지고, 농가는 출자자로서 토지는 집체의 것이지만 농업생산 중 경영비용은 모두 농가로부터 지불되기 때문에 자본적 수익을 획득하는 것이었다.

다섯째, 농업생산체제 개혁은 비농업 부문의 발전을 촉진했으며, 그 결과 농민들의 직업과 계층을 분화시키는 데 기여했다. 농업생산체제의 개혁으로 농민소득의 증대, 식량의 증산, 농촌의 잉여노동력의 존재 등은 향진기업의 발전에 기여했다.[18] 향진기업의 발전으로 인민공사 집체시기에 단일계급으로 존재했던 농민들은 다양한 형태의 직종을 갖게 되었다. 또한 농촌의 직업분화는 농촌에 새로운 계층구조가 자리 잡게 했다.

여섯째, 농업생산체제의 개혁은 유동인구의 증대를 가져왔다. 가정승포제는 농민에게 생산의 자주권을 부여함으로써 농민이 시기에 맞추어

행위였기 때문이다.

18) 김종덕, 『중국의 향진기업 발전과 농촌사회의 변화』, 경남대학교 사회연구 제9집, 1996.

생산활동을 하게 함으로써 절대잉여노동력뿐 아니라 계절적으로 상대잉여노동력을 발생시켰다. 국가의 곡물구매제도의 폐지로 농민들로 하여금 수매의무에서 벗어나게 했다. 또한 집체로부터 임대받은 농지의 재임대 허용, 대부분의 식량에 대한 배급제도의 폐지, 양권의 이용 가능성도 유동인구의 증대에 영향을 미쳤다.[19] 유동인구의 증대는 도시의 생산건설에 기여, 기업의 경제적 이익 제고, 도시 3차산업의 발전, 도시 상품시장의 활성화, 도시근교 청부농업의 발전 등 중국 경제에 기여하기도 하지만 도시의 부담 가중, 치안문제 야기, 도시의 시장관리의 어려움을 가중시키는 부정적 영향도 미치고 있는 것으로 지적되고 있다.

일곱째, 농업생산체제의 개혁은 농촌에서 시장의 발전을 가져왔다. 배급제가 줄어들고 농산품가격이 점차 자유화되면서 가격이 시장에서 형성되었다. 이에 부응하여 농민들은 분배된 토지 외 황무지 등을 개간하여 이용하게 되었다. 또한 농산물의 도매, 가공, 운수, 보관 등 산업이 발전하고 농용자재시장이 점차 확대되었다.

여덟째, 개혁으로 농민들의 물질생활과 문화생활이 향상되었다. 농민의 자주적 경영에 의한 생산성의 증대와 국가수매가격의 대폭인상은 농가의 수입증대와 함께 농민들의 물질생활향상에 기여했으며, 이는 필연적으로 문화생활의 향상을 가져왔다.

(9) 베트남

베트남의 농업은 자급자족을 원칙으로 합작사 또는 국영농장 형태로 운영되었으며, 이 중 합작사가 대표적인 생산형태라고 할 수 있다. 북부 베트남은 1958년 토지개혁 완료 후 농업집단화를 시작하여 1960년 말 총 농가의 85%가 합작사에 가입했으며, 남부 베트남은 통일 후 1978년 말까지 234개의 합작사가 설립되었다.

베트남은 경제활동인구의 70% 이상이 농업에 종사하는 농업국가로서 1980년대 초반 베트남 정부는 당면한 경제난을 타개하기 위해 신경제정

---

19) Peter Nolan, *The Political Economy of Collective Farms*, Westview Press, 1998.

책을 실시하였다. 우선 농산물생산계약제를 도입하고, 자유시장에서 잉여농산물의 판매를 허용하였으며, 국유기업에 대해서 수출입 업무를 허용하는 한편 생산실적에 근거한 새로운 임금제도를 도입하였으며, 경영 자율성을 부여했다.[20)]

베트남의 농업분야 개편은 1980년대 초 추진한 '신경제정책'과 맥을 같이 한다. 신경제정책 추진 결과 농업 및 공업 부문의 생산이 증가하였으나 통제시장과 자유시장의 공존으로 자유시장에서 통제시장물품이 불법 거래되는 현상도 발생했다. 이를 근절하기 위해 베트남 정부는 통제가격의 인상 조치를 단행했으며, 그 결과 가격상승이 초래됐다. 높은 인플레이션에 따른 경제·사회적 불안과 구소련 등으로부터의 대외원조삭감은 베트남 정부로 하여금 경제체제의 전면개혁이 필요하다는 점을 인식시켰다.

생산계약제란 농민에게 토지를 주고 계약생산량을 초과한 수확분은 농민이 자유 처분케 하는 제도라고 할 수 있다. 생산계약제에서 개별농가는 생산의 기본적 단위가 되었다. 종전 생산단위인 합작사는 비료 및 농약 공급, 관개정비 업무만 담당하도록 했다. 그러나 이와 같은 조치는 다음과 같은 요인으로 별다른 성과를 거두지 못했다. 첫째, 토지의 장기사용을 허용하지 않아 토지개량 등 농민의 생산성향상 노력이 저하되었으며, 둘째, 정부의 불합리한 가격정책과 농산물관리체계로 인해 농민의 생산의욕도 크게 감퇴되었다. 셋째, 비료 등 투입재의 정부판매가격은 낮게 책정되어 있으나 합작사 관리위원회의 부패로 농민은 충분한 물량을 확보할 수 없어 부족분을 시장에서 높은 가격으로 매입해야 했다. 넷째, 농산물의 정부수매가격을 시장가격보다 훨씬 낮게 책정하여 이를 철저히 강제 수매함으로써 농민이 시장에서 판매할 수 있는 양이 적었다.

1988년 4월 공산당 정치국 제10호 결의에 의거, 농업개혁이 본격 추진되면서 농업생산성이 크게 향상되는 계기가 마련됐다. 농지의 일부를 가족수에 비례하여 분배하고 나머지는 입찰에 의해 배분하는 입찰방식

---

20) 한국은행, 『베트남의 경제개혁 추이와 시사점』, 1999.

생산계약제를 도입했다. 이를 통해 영농경험 및 자금력이 있는 농민이 토지를 대량 소유할 수 있게 됨으로써 토지와 자본의 집약도가 높아지고 농기계사용 및 규모의 경제를 달성할 수 있게 되었다. 토지사용 계약기간을 종전의 5년에서 20년으로 장기화함으로써 토지에 대한 대량투자가 가능하게 되었으며, 농민은 수확량의 40～50%를 배분받을 수 있게 됨으로써 농민소득이 종전보다 증가하게 되었다.

농산물유통이 자유화되었고 식량부족을 이유로 금지하고 있던 농산물의 수출도 허용됐다. 다만 쌀 수출은 재정수입감소와 무분별한 수출로 인한 식량부족을 우려하여 정부가 독점했다. 1988년 개혁조치 이후 합작사의 역할이 농업물자판매, 관개용수관리 등 서비스사업으로 축소되었고 합작사의 수도 크게 감소하였다.

1993년 6월에는 「농지이용법」을 제정하여 농민의 토지사용기간을 호당 3ha 범위 내에서 50년까지 허용했다. 토지사용기간 동안에는 양도·상속이 가능하고 토지를 담보로 금융기관대출도 가능할 수 있도록 했다. 결국 베트남은 표면상 토지의 국가소유라는 사회주의 원칙을 견지하고 는 있으나, 농업개혁을 통해 토지사용권에 대한 매매, 양도, 임대, 상속,

<표 3-5> 체제전환국가들의 탈집단화와 농업구조 변화

국가명	탈집단화의 진전상황	농업구조 및 규모	사유화 및 탈집단화의 문제점
체코	1995년 말 농용지의 97%가 사적인 사업자에 의해 경작됨(개별농장 32%, 협동조합 43%, 법인농장 21%).	개별농장에 의해 경작되는 면적의 절반 이상은 100ha 이상의 대규모농장으로 구성됨.	
폴란드	이전부터 사적 농장의 비중이 컸음. 사적 농장의 수는 1990년에 비해 1994년에는 오히려 약 17만 개가 감소해 203만 개가 됨. 단 규모 확대로 인해 사적 농장이 소유하는 토지의 비율은 76%에서 80%로 증가.	사적 농장의 평균규모는 7.8ha. 토지소유 패턴의 양극화 심화. 현재 농용지 중 약 11%는 임대되고 있는 것으로 추정됨.	자산의 반환을 처리할 적절한 입법의 결여. 국영농장의 사유화는 국영농장의 재무상황의 열악성, 토지수요가 적은 지역에 집중되어 있는 점, 국영농장 노동자의 실업이 높은 점, 농업부문의 상황이 일반적으로 나쁜 점 등에 의해 곤란을 받고 있음.

국가명	탈집단화의 진전상황	농업구조 및 규모	사유화 및 탈집단화의 문제점
루마니아	토지개혁은 현재 소유명의를 교부하는 단계에 있음. 명의 중 약 50%는 이미 교부됨. 토지개혁은 경지 중 약 70%를 사유화시키고 12%는 계속 국유로, 나머지 18%는 공유로 되는 결과를 초래할 것으로 예상되고 있다. 1995년 사유화된 농업은 전체 농업생산액 중 87%를 차지.	상업적 농업회사(종전의 국영농장을 포함) 농장규모는 1,000~2,000ha임. 가족에 의한 연합과 세대보유의 토지규모는 각각 115ha와 2.5ha임.	
헝가리	1995년 농용지의 90% 이상이 사유화됨. 현재 약 150만 명 농용지 소유자가 있음.	새로운 토지소유자 중 약 10%만이 영농을 하고 나머지는 기존 농장에 소유토지를 대부함으로써 경작지의 세분화를 유도하지는 않음(농용지 중 약 80%가 차입지로 추정). 개인농의 평균규모는 24ha로 토지 전체에 대한 비율은 46%. 대규모법인농장(평균 1,700 ha) 및 협동조합(평균 2,000 ha)이 농용지의 절반 이상(54%)을 차지하고 있음.	
독립국가 연합 4개국 (벨로루시, 카자흐스탄, 러시아, 우크라이나)		기본적인 농산물의 대부분은 콜호스 및 소호스를 실질적이고 물리적인 재편이나 토지 및 자산의 분할 없이 계승한 대규모농장에 의해 생산되고 있음. 반면에 개별농장은 처음의 기대와는 달리 수적 증가 및 생산성에서 곤란에 부딪히고 있음. 1995년 러시아에서는 개별농장이 2만 개나 감소했음.	농촌인력의 노령화, 농장관리자의 시장지향적 독립농장 관리능력 결여, 자본의 부족, 잠재실업의 존재 등으로 인해 많은 농장의 종업원들은 기존 대규모농장의 여하한 분할에도 반대하는 입장임. 또 대규모농장은 지방행정이나 사회서비스 기관의 기능도 갖고 있음. 따라서 대규모농장의 재편은 불가피하게 농촌의 다른 제도를 창설하고 강화하기 위한 상당한 노력을 요구하고 있음. 이런 것들로 인해 대규모농장의 재편은 장해를 받고 있음.

저당 등 각종 권리행사를 허용하고 토지사용기간도 장기화함으로써 실질적으로 토지의 사유화를 인정하는 조치를 단행한 것으로 볼 수 있다.

이상과 같은 조치의 결과, 농업부문에서 1987년까지만 하더라도 식량부족으로 어려움을 겪었던 베트남은 1988년 4월부터 본격 추진되었던 농업개혁조치를 계기로 농업생산이 크게 증가되었다. 이러한 식량생산량의 증가에 힘입어 1989년부터는 쌀 수출이 허용됨에 따라 베트남은 현재 세계 제2위의 쌀 수출국으로 부상하게 되었다.[21] 이와 함께 농업개혁조치로 토지의 장기사용권, 양도권을 부여받은 농민은 메콩 델타지역을 중심으로 농지개간에도 힘써 경작지가 꾸준히 확대되는 결과를 갖게 되었다.

2) 농지사유화 방식의 특징 및 국가별 비교

사유화는 기본적으로 두 가지 유형으로 나눌 수 있다. 하나는 사유재산권이 보편적 질서로 확립되어 있는 가운데 주로 매각을 통하여 이루어지는 방식이다. 다른 하나는 생산수단의 국공유제를 기본으로 하는 사회에서 국공유재산을 유상 또는 무상으로 양도함으로써 사유재산제도를 보편적 질서로 확립하려는 방식이다.

체제를 전환하는 나라에서 농지에 대한 사유재산권의 회복은 한편으로는 공산주의하에서 형식적으로 사유재산으로 표현되었던 협동농장의 토지에 대한 완전한 재산권으로의 복원과, 다른 한편으로는 국유지의 사유화나 재사유화와 관계가 있다.[22]

농지소유권의 완전한 회복은 소유자에게 토지권리증서를 교부하여 자신의 재산을 법의 테두리 안에서 처리하는 것을 가능하게 하는 것을 의미한다. 이는 농지의 매매, 임대, 담보대부뿐만 아니라 협동농장으로부터

---

21) 쌀 수출량은 1995년 200만 톤을 처음으로 상회한 이래 1998년에는 380만 톤, 1999년에는 39만 톤을 수출했다(KIEP, 주간 『세계경제동향』 각호).

22) 홍성규·김경량, "체제전환 이후 사회주의 선행개방국가의 농지사유화 비교연구," 『농업경제연구』, 제38집 2권, 1997.

농지를 회수할 가능성도 포함한다.

사유화(Privatization)는 국유 또는 협동적 소유물이 개인에게 넘어가는 것을 의미한다. 새로운 소유자가 우연히 원소유자 또는 그의 권리승계자와 동일한 인물인지는 중요하지 않으며, 사유화는 보상 없이 소유권의 이전을 통해 그리고 매매를 통해서도 이루어질 수 있다.

재사유화(Reprivatization)나 배상(Restitution)은 토지개혁이나 다른 형태의 몰수로 국유재산으로 넘어간 농지를 합법적 소유자에게 반환하는 것을 의미한다. 이는 부당했던 것을 원상회복하는 것이며, 몰수의 경우 반환 또는 손해보상을 의미한다.

토지의 사적 소유권을 확립하는 데에는 원칙적으로 매각을 통한 사유화, 반환(배상)을 통한 사유화, 그리고 대중적 사유화 등 세 가지 방법으로 구분할 수 있다. 매각을 통한 사유화는 그 시행이 상대적으로 단순하다는 이점이 있지만 공정성에서는 문제가 있을 수 있다. 왜냐하면 전 소유자나 노동에 대한 권리를 고려하지 않기 때문이다. 반환(배상)의 경우 우선 어떤 국가적인 행위에 대해 반환(배상)이 보장되어야 하는지가 해결되어야 하며, 현실성과 국가재정을 고려하여 현물보상(실물반환) 또는 현금보상을 결정해야 한다. 마지막으로 대중적 사유화는 오로지 과거 청구권을 고려하지 않고 농업노동력과 지역주민들에게 농지를 공평하게 분배하는 것이다. 이 방식은 농지의 소유구조를 가장 극단적인 형태로 분산시키는 문제점을 발생시킬 수 있으나 임대차제도에 의해 농지의 분산화 문제를 어느 정도 경감시킬 수 있다.

(1) 농지의 반환(배상)

중동부유럽 국가들은 농지를 사유화함에 '구소유자로의 반환(배상)'을 최우선 과제로 하였다. 집단화 이전의 구소유자로의 토지나 자산의 반환은 중동부유럽의 대부분의 나라에서 행해졌다. '구소유자로의 반환'은, 중동부유럽 국가에서 제2차 세계대전이 지나고 나서 토지개혁과 집단화가 행해졌고, 더욱이 그 이전의 토지소유의 권리관계가 비교적 명확했기 때문에 가능했다.

그러나 중동부유럽의 어떤 나라에서도 2차대전 직후에 있었던 토지개혁의 완전한 원상회복은 없었다. 앞에서 언급한 '구소유자로의 반환'은 토지개혁 이전의 지주로의 반환이 아닌 토지개혁에 의해 토지를 수취한 '신농민계급'의 소유권 회복을 의미하는 것이다. 어떤 나라에서도 옛날 귀족이나 교회의 소유지로서 2차대전이 끝난 후에 국유화되거나 신농민에게 분할된 토지는 '구소유자로의 반환' 대상이 되지 않았다. 대신에 '신농민계급'을 합법적인 소유권자로 인정하여, 이들은 토지개혁 이후에 일어났던 몰수나 집단화된 토지에 대한 권리를 행사할 수 있었다.

반환(배상)의 방법으로는, 실제로 집단화 이전에 구소유자가 소유하고 있던 구체적인 토지를 반환한 경우와, 경매에 참가해서 토지를 취득할 권리를 주는 바우처 내지 토지지분의 형태로 반환(보상)이 행해진 경우의 두 가지가 있었다. 유고 연방에서 독립한 슬로베니아를 포함하여 대부분의 중동부유럽 국가들은 첫 번째 방식을 선택하였다. 구소유자에게 반환되는 토지는 가능한 한 과거의 크기에 가깝도록 규정하였으나, 이것이 불가능할 경우 이에 상응할 만한 규모의 토지소유권을 얻었다. 구소련국가 중에서는 발틱국가에서만 토지가 반환되었다. 동시에 루마니아와 불가리아에서는 배상 가능한 토지들에 대한 상한선이 정해졌다.

단지 헝가리만이 두 번째 방식을 채택했다. 따라서 헝가리에서는 실제로 원래의 토지가 반환된 예는 그다지 많지 않았다. 이 방식은 전자에 비해 당사자가 어떤 방법으로 보상받을지를 스스로 결정할 수 있고, 배분함에 있어 시장기능을 작동하게 하는 장점을 갖고 있었다. 그 밖에도 바우처 해결책은 토지권리증서 교부과정을 지연시키는 요인으로 작용하는 토지측량을 필요로 하지 않았다.

토지개혁 이전의 지주나 그들의 상속인은 불가리아와 폴란드를 포함하여 대부분의 경우 어떠한 보상도 받을 수 없었다. 왜냐하면 여기에 대한 이해당사자가 아주 적었기 때문이다. 불가리아에서는 전체 농지의 단지 3%만이 여기에 해당되었으며, 폴란드에서는 국경이 변경되어 그곳에 살았던 독일인을 추방하였기 때문에 대부분의 원소유자와 그들의 상속인은 폴란드 사람이 아니었다.

이에 반해 헝가리와 루마니아 그리고 구동독 지역에서는 과거 토지개혁과정에서 토지를 수용당한 사람에게는 토지매입에 사용할 수 있는 바우처 또는 채권의 형식을 통하여 부분보상을 하였다. 동시에 그들에게는 다른 이해관련자에 앞서서 선매권이 주어졌다. 더욱이 구동독 지역에서 그들은 유리한 가격조건으로 토지를 취득할 수 있었다. 이러한 해결책은 두 나라가 비교적 부유했고 구동독 지역의 경우 서독지역으로부터 강력한 경제원조를 받을 수 있었기 때문에 실시될 수 있었다. 루마니아에서는 토지개혁의 피해자(지주)들은 어떠한 토지도 반환받지 못하였으나 보상조치로 국영기업의 지분을 취득할 수 있었다.

(2) 구성원에 대한 배분

농지의 '구소유자로의 반환'과 함께 많은 나라에서 협동농장의 토지 및 자산의 소유권이 이들 협동농장의 구성원에게도 배분되었다. 러시아 등 구소련국가 중에서 1930년대에 집단화가 행해진 지역에서는 '구소유자로의 반환'이 문제가 되지 않았기 때문에 토지사유화의 기본적인 형태는 농장구성원에게 소유권의 무상양도라는 형태를 취했다. 그러나 구성원에게 소유권이 주어졌다고 해도 그것은 협동농장의 토지 및 자산 전체 중에서의 지분소유권(공유권)이며, 세분화된 토지구획이 각자에게 분할되거나 건물이나 기계의 각각에 개인적인 소유권이 확정된 것은 아니었다. 이들 국가에서 협동농장 구성원의 토지지분 소유권은 사적 소유권으로서의 법적 뒷받침이 불명확하였고, 구성원들의 의식면에서도 '협동적 소유(집단소유)'의 색채가 여전히 강했다. 중동부유럽 국가에서의 집단화는 1950년대 이후에 이루어진 데 반해, 러시아의 집단화는 60년 이상이나 거슬러 올라간 1930년대에 종료되어 집단화 이전의 기억은 먼 과거의 것이 되고 말았다는 것을 주요 이유로 들 수 있다.

더욱이 중동부유럽 국가와 달리 러시아에서는 원래 혁명 이전의 제정시대부터 농민적인 사적 토지소유의 전통이 극히 약했으며, 구소유자라고 해도 그것은 1917년의 농민혁명에 의해 토지를 몰수당한 지주에 불과하고, 집단화에 의해 토지를 빼긴 것은 공동체의 농민이지 사적 토지소유자로서의 농민은 아니기 때문이다.

모든 중동부유럽 국가에서 협동농장의 구성원들은 그들이 반입한 토지에 대해서 완전한 소유권을 부여받았다. 그러나 협동농장의 재산분할은 나라마다 서로 다르게 진행되었다. 형식적이나마 토지의 사적 소유권이 구체제하에서도 유지되고 있던 불가리아에서는 농지를 '구소유자에게 반환'하고 협동농장을 완전히 청산하였다. 루마니아는 협동농장 토지에 대해서 대중적 사유화 조치를 선택하였으며, 이를 제외한 토지는 협동농장의 구성원끼리 분배하였다. 폴란드와 구동독 지역에서는 협동적 소유지분이 조합원들과 농장노동자들에게 분배되었다. 헝가리는 토지소유권의 '구소유자로의 반환'과 함께, 부분적으로 협동농장의 조합원과 노동자 사이에도 협동농장의 공유지분을 재배분하였다. 따라서 각 협동농장의 토지는 '손해보상용지(경매에 붙여지는 부분)'와 농장원의 공동소유지의 두 부분으로 나뉘며, 후자는 옛날 지분과 노동공헌도에 따라 농장원간에 분할되었다. 결국 헝가리에서는 농지의 경매에 의해 구소유자 등 60만 명에게 전체농지의 1/3이 넘어갔고, 나머지 농지의 상당부분은 소유권이 농장종업원에게 귀속되었다. 그러나 루마니아에서 실제로 구체적인 토지의 분할 및 분리가 행해진 것은 비교적 소수였고, 많은 토지는 협동농장 및 그 후계 법인에 의해 당분간 집단적으로 경영되었다.

(3) 농지사유화의 국가별 비교

농지사유화의 목적은 효율성 향상에 있지만 구체적인 사유화 방법은 개별 국가들의 행정적 편의와 역사적인 특수성, 경제·사회적 여건 등에 따라서 결정되었다고 볼 수 있다. 구사회주의 국가들이 체제전환을 하면서 시행한 사유화 방법은 아래와 같이 정리할 수 있다.[23]

23) 홍성규·김경량, 앞의 책, 1997.

폴란드와 알바니아를 제외한 대부분의 중동부유럽 국가에서는 구소유자(토지개혁 이후 신농민계급)에게 농지를 반환하는 방식을 채택하였다. 구동독, 헝가리, 루마니아는 대부분의 중동부유럽 국가와는 달리 토지개혁 이전의 지주그룹에게도 보상하였다.

발트제국을 제외한 러시아와 우크라이나 등 많은 구소련국가에서는 국영 및 협동농장의 토지를 이 농장의 구성원들에게 지분이나 증서 형태로 분배하였다.

동아시아의 체제전환국, 알바니아, 그리고 일부 루마니아에서는 대규모농장의 농지를 농장종사자나 농촌지역 가계에 균등하게 물리적으로 분할하는 방법을 채택하였다. 이 과정에서 중국, 베트남 등 동아시아의 전환국들은 단지 이용권만을 농민에게 부여하였다.[24]

3) 체제전환 이후 농업경영체 구조변화의 특징

사회주의체제를 포기하고 시장경제체제로 전환한 국가들은 자국의 현실에 맞게 개혁의 형태와 범위, 속도 등을 달리하였다. 중동부유럽에서의 개혁과 아시아지역에서의 사회주의를 유지한 경제개혁은 그 형태가 서로 다른 양상을 보였다. 구소련, 중동부유럽 및 구동독은 비교적 급진적인 형태로 체제를 전환하였으며, 특히 구동독의 경우는 구서독과의 체제통합으로 체제를 전환하였다. 아시아국가인 중국과 베트남의 경우도 많은 부문에서 비슷한 형태를 가지고 있으나 각 나라들의 역사적인 전통과 현실에 맞게 서로 상이한 면도 나타나고 있다.

---

24) 김경량·홍성규·이광석, 앞의 책, 2002.

<표 3-6> 체제전환 5년 이후의 토지개혁

		반환		배분형태 (구성원, 조합원)	토지에 대한 개인의 권리	
		토지개혁 이후 신농민	토지개혁 이전 지주		이용권	처분권
중동부유럽 국가						
	East Germany	반환	보상	배분(매각)	○	○
비세그라드	Czech Rep	반환	–	지분배분	○	○
	Hungary	반환	보상	지분배분	○	○
	Poland	–	–	지분배분	○	○
	Slovakia	반환	–	지분배분	○	○
발칸국가	Albania	–	–	배분	○	○
	Bulgaria	반환	–	임대	○	○
	Romania	반환	보상	배분, 임대	○	○
	Slovenia	반환	–	임대	○	○
구소련국가						
발틱국가	Estonia	반환		임대	○	○
	Latvia	반환		배분, 임대	○	○
	Lithuania	반환		매각, 임대	○	○
유럽	Belarus	–	–	지분배분	–	–
	Russia	–	–	지분배분	–	○
	Ukraine	–	–	지분배분	–	–
중앙아시아	Kazakhstan	–	–	지분배분	–	○
	Kyrgyzstan	–	–	지분배분	–	○
	Tajikistan	–	–	지분배분	–	–
	Turkmenist	–	–	지분배분	–	–
	Uzbekistan	–	–	지분배분	–	–
동아시아국가						
	China	–	–	배분	○	–
	Viet Nam	–	–	배분	○	–

자료: K. Macours and J. Swinnen, 1999를 토대로 재구성하였다.

<그림 3-1> 구사회주의 국가의 농지사유화

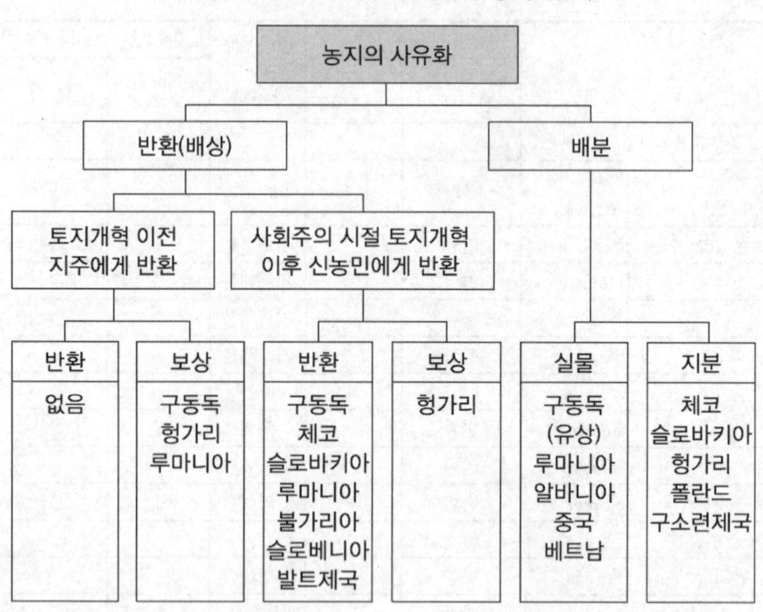

(1) 농업구조 개편의 다양성

1980년대 말 사회주의국가들이 체제를 전환하면서 농업분야에서는 소유권, 농가경영구조, 그리고 농장의 법적 형태 등에 많은 변화가 있었다. 이러한 변화의 배경으로는 여러 가지 요인들이 지적되는데, 특히 새로운 소유권자들의 경제적·사회적 이해관계와 이념적인 배경, 종교·문화·역사적인 관점, 그리고 정책방향과 목표 등에 의해 각 나라마다 농업경영구조가 다양하게 재편되었다.

동구권에서 농지의 사유화와 국영 및 협동농장의 전환을 강제하는 규정은 대규모농장의 변신을 요구하였다. 농장의 구조개편은 토지, 노동, 자본 등 생산요소의 재분배를 의미하는데, 대부분의 체제전환국에서 국영 및 협동농장은 생산자협동조합, 주식회사, 합자회사, 가족농 등 여러 형태의 농장조직으로 변신하였다.

집단농장이 재편되는 과정에서 재산의 분할은 국가마다 서로 다르게

<표 3-7> 중동부유럽 국가의 농가경영구조 비교

국 가	연 도	가족농가		정원식 소규모 영농		생산협동조합		국영기업		일반농기업	
		농경지 비중 (%)	평균 (ha)	농경지 비중 (%)	평균 (ha)	농경지 비중 (%)	평균 (ha)	농경지 비중 (%)	평균 (ha)	농경지 비중 (%)	평균 (ha)
폴란드	1999	84	8	–	–	2	222	6	620	8	333
슬로바키아	1999	9	11	14	–	50	1537	0,3	3071	27	1125
체코공화국	1999	24	25	–	–	32	1394	<1	–	43	530
헝가리	2000	41	9	4	<1	–	833	–	7779	59	204
루마니아	1997	67	3	–	–	12	451	21	3657	–	–
불가리아	1999	38	>1	14	<1	42	637	6	735	–	–
알바니아	1997	97	1.2	–	–	–	–	–	–	3	–
러시아	1998	7	55	3	0.4	22	5200	17	6150	51	7000

자료: 각국의 통계를 종합하였음.

진행되었다. 불가리아와 루마니아에서는 해체가 진행되는 반면에 헝가리와 폴란드 그리고 구동독 지역에서는 협동조합의 형태가 유지되었다. 대부분의 중동부유럽 국가에서 조합원들은 그들이 지입한 토지에 대해서 완전한 재산권을 부여받았다. 불가리아에서는 협동농장이 완전히 청산되었고, 모든 자산들은 노동자들과 조합원들에게 분배되었으며, 루마니아에서는 협동농장토지에 대한 대중적 사유화 조치가 선택되었다. 폴란드와 헝가리 그리고 구동독 지역에서는 지분이 조합원들과 종사자들에게 분배되었다. 그러나 협동농장에 남거나 지분을 회수하는 것은 그들의 자유였으며, 또한 협동농장의 완전한 해체도 가능했다. 그 외에도 헝가리에서는 협동농장의 농지는 조합원과 종사자 사이에서 분배되었다.

체코공화국, 슬로바키아, 헝가리, 그리고 구동독 지역은 생산협동조합과 일반 농기업이 중심이 되어 예전의 대규모 영농구조가 그대로 유지되고 있으며, 효율적 생산이 가능하고 시장경제체제에 부합한 형태로의 전환을 통해 계속하여 경쟁력을 유지하고 있다. 다른 한편으로는 예전의 집단협동농장의 조합원이나 농업노동자들은 농지의 배분시 규모가 너무 적어 생계유지가 불가능하였다는 점도 대규모 영농의 유지를 가능케 하였다.

대규모농장의 구조를 개혁함에 가장 급진적인 형태는 국영 또는 협동농장을 개인농장으로 분할하는 것이다. 러시아, 우크라이나, 체코, 그리고 슬로바키아에서는 개별농장이 경작하는 토지의 비율이 개혁이 5년이 지난 시점에서 20%에도 미치지 못한 반면에 알바니아, 루마니아, 그리고 동아시아의 사회주의국가에서는 협동농장을 완전히 분할하였다. 대부분 개별영농으로 전환된 국가들의 공통점은 다음과 같다.

첫째, 협동농장의 종사자에게 소유권이나 이용권을 부여하고 토지를 물리적으로 분배하였다. 둘째, 협동농장을 떠나는 비용이 증가하지 않도록 하는 전환규정을 갖고 있었다. 셋째, 협동농장의 노동생산성은 대체로 낮았고 노동집약도는 높았다. 넷째, 공산치하의 기간이 길지 않았다.[25]

집단영농으로부터 개별영농으로의 전환은 농업생산활동에 긍정적인 영향을 끼쳤다. 개별농장에서의 인센티브는 집단농장에서의 그것보다 현저히 높다. 왜냐하면 협동농장에서 개별농장으로 전환한 후에 농민의 소득은 농장의 성과와 직접적으로 관계가 있으며, 따라서 개별영농은 노동에 대한 인센티브를 증가시킬 것이기 때문이다. 이는 투입되는 다른 생산요소의 집약도는 물론 노동생산성을 증가시키는 원인을 제공한다. 그러므로 협동농장을 분할하면 생산에 대한 긍정적인 효과를 기대할 수 있으며, 이러한 기대는 중국, 베트남, 그리고 중동부유럽 국가에 대한 실증적인 연구로 증명되었다.

그러나 개별영농으로 전환하는 것은 노동생산성에 상쇄효과를 가질 수 있다. 개별영농으로 전환함에 따른 성과는 생산요소 투입과 농장의 기술수준에 달려 있기 때문이다. 중동부유럽 국가와 구소련국가와 같은

25) 집단영농을 오랫동안 경험한 국가에서는 가족농의 인적 자본과 전통이 사라졌다. 따라서 개인농장으로 전환함으로써 얻어지는 효율성은 낮을 것이고, 결과적으로 개인농장을 설립하기 위한 협동농장 종사자의 인센티브 역시 작을 것이다. 더욱이 개별영농을 가능케 하는 이용 및 소유권과 대규모농장의 구조개혁을 위한 정치적인 압력은 적었다.

자본집약적인 농업생산 시스템에서는 자본 스톡과 대규모 기술을 분할하는 비용(농지나 자산의 분산화로 인한 노동생산성의 감소)이 개별영농의 인센티브 구조에서 오는 편익을 초과할 수가 있다. 그러므로 자본집약적인 시스템에서 생산성개선의 주된 원천은 이용권의 설립과 효율적인 농장전환정책을 바탕으로 한 협동조합과 기업농의 관리개선일 것이다. 이러한 관리개선은 분산화된 의사결정과 경직성 예산제약 등의 문제해결을 위한 효율적인 조직개혁을 필요로 한다. 기업농이 상대적으로 효율적인 중동부유럽제국에서 경영개혁과 농장고용의 감소를 포함하는 실질적이고 근본적인 구조개혁이 이루어졌다.

(2) 토지이용 형태의 변화

구소련이나 중동부유럽 국가의 농지사유화와 협동농장개혁의 특징을 보면 토지소유권의 변화와 토지이용 형태의 변화는 별개의 문제라는 점이다. 많은 나라에서 체제전환 이후에 새롭게 태어난 또는 부활한 농지소유자들의 대부분이 그들의 농지를 직접 경영하지 않음으로써 '소유와 경영의 분리'라는 독특한 형태가 나타났다. 다수의 소작농과 소수의 대지주라는 역사적 패턴과는 반대 상황인 다수의 영세한 토지소유자와 소수의 토지이용자라는 상황이 생겨났다.

<표 3-8>의 농지의 경영면적별 분포에 관한 통계자료를 보면, 농지사유화 이후 중동부유럽과 구소련제국에서의 농장경영실태를 어느 정도 추측할 수가 있다. 표에서 볼 수 있듯이 경영면적이 가장 큰 구분이 100ha 이상으로 되어 있고, 그 이상은 구분이 없다. 그러나 100ha 이상의 개인경영, 가족경영도 나라에 따라서는 상당한 비율로 존재할 가능성이 있으며, <표 3-8>만으로는 어느 정도의 비율로 집단형태로의 토지이용이 존재하는가를 정확히 파악할 수는 없다. 예를 들면, 러시아에서의 대규모경영의 비율이 96% 이상으로 극히 높게 나타나고 있지만 96%가 모두 집단경영은 아니며, 일부는 개인·가족농장에 의해 경영되고 있는 부분을 포함하고 있다. 왜냐하면 러시아에서는 개인농가 중 규

<표 3-8> 중동부유럽 국가와 구소련국가의 경영규모별 분포(1994~1995년)

(단위: %)

	전체 농지면적에서 차지하는 경영면적별 비율		
	5ha 미만	5~100ha	100ha 이상
체코	1.3	5.3	92.4
슬로바키아	2.4	1.9	95.7
헝가리	22.0	20.0	58.0
폴란드	14.0	63.0	23.0
슬로베니아	47.0	46.0	7.0
알바니아	95.0	2.0	3.0
불가리아	30.0	6.0	64.0
루마니아	45.0	10.0	45.0
에스토니아	25.0	15.0	60.0
라트비아	23.0	58.0	19.0
리투아니아	33.0	32.0	35.0
베라루시	15.0	1.0	84.0
카자흐스탄	0.2	4.0	96.0
러시아	4.0	5.0	91.0
우크라이나	13.0	2.0	85.0

자료: OECD, 1996.

모가 큰 경영이 상당히 많기 때문이다.

한편 루마니아에서는 평균소유면적 0.45ha의 영세토지소유가 1,250만 개나 존재하지만, 개인적으로 경영되고 있는 토지는 전 농지의 2~3% 정도를 차지하고 있을 뿐이다. 특히 평야지역에서는 개인적 경영의 수가 극히 적고, 농지의 대부분이 집단경영에 의해 이용되고 있다. 따라서 <표 3-8>의 '100ha 이상의 경영'이 차지하는 경영면적 95%라는 수치는 그대로 집단에 의해 이용되고 있는 면적이라고 파악할 수 있다.

이상에서 살펴본 점들을 고려할 때, 농지의 대부분이 집단적으로 이용되고 있는 국가는 체코, 슬로바키아 등의 비세그라드 제국 및 러시아, 우크라이나, 카자흐스탄, 벨로루시 등의 구소련국가라고 할 수 있다. 단, 비세그라드 제국과 구소련국가의 경우 서로 농장의 규모가 크게 다를 뿐 아니라 토지소유의 형태가 상이하게 나타났다. 농지의 절반 이상이 개인적으로 이용되고 있는 나라로는 발칸제국, 발트제국(리투아니아, 라트비아) 등 일부 구소련국가가 해당된다. 또한 양자의 중간에 위치하는 나라는 불가리아이다(홍성규·김경량, 1999).

중국과 베트남은 전통적인 영농방식인 가족영농을 해 왔던 과거의 전통이 사라지지 않고 남아 있었기 때문에 가족농으로 쉽게 되돌아 갈 수 있었다. 동구권국가들에서 나타난 분산화로 인한 생산성 감소 현상이 나타나지 않고 오히려 영농의욕의 증가로 인한 급속한 생산성 향상을 가져왔다. 중국과 베트남의 정치제제는 사회주의체제를 유지하고 있었기 때문에 동구와 같은 정치적 혼란으로 인한 사회불안을 겪지 않았다. 이는 농업의 안정을 가져와 생산성 증가요인으로 작용하였으며, 이와 더불어 정치적 안정을 바탕으로 물가안정의 기조를 유지할 수 있었다. 그리고 이러한 사실은 러시아의 경우처럼 시장경제로 전환하는 초기단계에 전년대비 물가상승률이 10배 또는 20배나 되었던 점과는 커다란 차이를 보이고 있다.

그러나 중국과 베트남에서도 체제전환으로 인한 농업부문의 문제점이 발생하고 있다. 초기의 가족농으로 농지를 분배하는 과정에서 형평성을 중시하여 각 농가의 노동력과 집약화를 고려하지 않았기 때문에 농지의 분산화 및 영세화를 초래하여 초기의 급속한 농업생산성 증가가 멈추었고, 현재는 정체되었거나 감소하고 있는 실정이다. 이러한 문제를 해결하기 위해 중국과 베트남은 새로운 영농체계를 모색하고 있으며, 이전과는 다른 형태의 협동조합이나 영농단체들을 형성하고 있다.

(3) 농업부문에서의 새로운 협동조직의 출현

사회주의국가들은 혁명 직후 토지개혁을 단행하고 집단화를 추진하였는데, 이 과정에서 협동조합을 이용하였다.

토지개혁은 주로 대지주의 토지를 몰수, 일부는 국유화하여 국영농장을 설립하고 대부분은 영세소농에게 분배하는 과정으로 이루어졌다. 농민에게 분배된 토지에 대해서는 대개 소유권을 인정하였으나 적극적인 재산권 행사를 불허함으로써 추후 시행될 농업집단화를 용이하게 수행할 수 있는 조건도 확보해두었다.

집단영농업구조가 개편될 때, 대부분의 국가에서는 법률상으로는 주식회사, 유한회사, 합자회사, 가족농 등 여러 형태의 선택이 가능했으나 실제로는 다수가 후속 조직으로 협동조합의 형태를 선택하였다. 이에 대해서 일부에서는 과거의 협동조합 전통이 계승되는 것으로 해석하는 경우도 있으나 협동농장의 후속 조직체로서 재결성된 협동조합의 의사결정원칙이나 이익분배원칙 등의 내용을 보면, 협동조합원칙보다도 소유원칙이 중시되고 있는 것을 볼 때,[26] 이러한 해석은 무리가 있어 보인다. 농민조합원들로서는 협동조합의 이념이나 원칙과 관계없이 다른 법인 형태에 대해 모르고, 과거부터 익숙한 집단영농방식을 시장경제체제에서 유지하는 것으로 이해하고 있다는 것이 더 설득력 있을 것이다. 일반 농민사회에서는 오히려 협동조합에 대해 심리적으로 부정적인 이미지를 가지고 있는 편이기 때문이다. 그 외에도 협동조합에 대한 낮은 세금 부과, 권리관계나 경영상황이 불투명한 위험 부담을 회피하기 위해 기존의 형태와 가장 유사한 협동조합을 선택하는 것 등으로 설명된다.

이와 같이 중동부유럽의 농지소유자가 자영하거나 농지를 매각하지 않고 생산협동조합이나 비슷한 조직형태에 출자하거나 이들에게 그들의

---

26) 체코에서는 집단경영구조가 사회주의 시대의 통일농업협동조합(JZD)에서 농업생산협동조합(ZD)으로 개편되었다. 즉, 구소련의 콜호스형 집단농장조직으로부터 서구식 협동조합으로 전환된 것이다. 그러나 ZD의 조직원칙은 협동조합원칙보다도 소유원칙이 중시되어, 투표권은 조합원 1인 1표가 아니라 지분소유권이나 출자액에 따라 표수를 정하고 있는 예가 많다. 그리고 농업생산협동조합은 조합원이 노동에 참가하는 형태여야 하지만, ZD의 경우는 조합원의 대부분이 농장에서는 일하지 않는 단순한 토지소유자나 출자자이다. 반대로 간부를 포함한 농업종사자의 상당부분은 조합원으로서의 자격이 없는 단순한 피고용자에 불과하다. 농업생산협동조합이라면 이익의 분배는 원칙적으로 노동참가의 정도에 따라 행해져야 하지만, ZD의 경우 지분출자액에 따라 이익분배가 행해지는 경우가 일반적이다. 이러한 경우는 구동독 지역에서 협동조합의 형태로 새롭게 태동한 농업생산협동조합의 경우와도 유사성이 있다.

농지를 임대하는 이유는 다음과 같이 설명될 수 있다.

- 개별농가의 농기구와 농기계 등의 설비는 매우 미약하며 소농을 위한 설비의 공급도 제한되었다.
- 개별농가가 투자하기에는 자본이 너무 부족하였으며, 은행제도도 제대로 정착되지 않았다.
- 중간재 및 농산물시장은 발달이 더디고 부분적으로는 독점적이었다.
- 과도기적인 납세의 면제로 농지를 매각하려는 자극이 미약하였다.
- 토지소유자의 일부분은 개별적인 영농을 하기에는 자질이 충분치 못하였다.
- 규모의 경제를 실현하기 위하여 개별농가는 농지를 임차하거나 매입해야만 했다.

(4) 구동독, 헝가리, 폴란드의 농업구조전환 비교분석

1980년대 말 중동부유럽에 몰아친 체제전환의 충격 속에서 대부분의 국가들은 심각한 환경변화를 경험할 수밖에 없었다. 그 중에서 체제전환을 성공적으로 수행한 나라들은 헝가리, 체코공화국, 폴란드, 그리고 발틱해 국가들이다. 그러나 폴란드와 헝가리의 농업 내부 변화과정을 살펴보면 구동독 지역과 비교할 때 커다란 차이가 있음을 알 수 있다.

통일을 경험한 구동독 지역의 농업을 중동부유럽 국가 중 가장 개혁의 성공도가 높다고 평가되는 헝가리와 폴란드와 비교하면 구동독 지역의 농업이 헝가리나 폴란드보다 훨씬 경쟁력 있는 것으로 평가되고 있다. 게다가 구동독 지역의 농업경영체들은 수익상태가 구서독 지역에 비해서도 비교적 양호한 것으로 분석되고 있다. 구동독 지역에서는 축산분야의 비중이 작아 경지단위면적당 생산액이 구서독 지역에 비해서 낮으나, 노동생산성에서는 구동독 지역의 농업경영체가 구서독 지역에 비해서

월등히 높은 것으로 나타나고 있다. 이것은 구동독 지역 농업경영체의 노동투여가 구서독 지역에 비해서 단위면적당 훨씬 낮은 것을 의미한다. 이러한 구동독 지역 농업생산성의 우월성은 이미 체제전환 초기에 나타났으며, 지금까지도 지속되고 있다.

여기에 대한 원인으로, 첫 번째는 사회주의 농업체계에서 활용되었던 대규모경영의 유리성을 규모의 경제로 제대로 활용하였다는 데에서 찾을 수 있다. 구동독 지역에서 가족농들의 평균영농규모는 2001년도에 약 55.9ha, 전업농가의 경우는 83.6ha로 규모가 상대적으로 크다. 따라서 구동독 지역의 농가들은 규모의 경제를 유지할 수 있기 때문에 구서독 지역에 비해서 상대적으로 높은 경쟁력을 유지하고 있다.

두 번째 원인은 독일 정부의 전업농가를 위한 다양한 지원정책이다. 구동독 지역 농업의 재건을 위해서 독일정부뿐 아니라 EU(유럽연합)는 각종 혜택을 주었다. 무엇보다도 투자에 대한 보조금과 이자경감을 통해 새로운 투자를 유도하였다.

하지만 이러한 대폭적인 대규모 지원시책은 정부재정에 커다란 부담이 되었고, 또한 농촌지역에서 실업률을 높이는 데 간접적인 영향을 주었다고 평가되고 있다. 왜냐하면 이러한 지원은 자본이 노동이라는 생산요소를 대체하는 결과를 낳게 되었고, 결국은 노동시장에서 많은 실업자를 양산하였기 때문이다. 이 외에도 지역별 특화 및 협력을 통해서 농산물생산의 다양화를 유도하여 새로운 시장조건에 대한 신축적인 반응을 보인 것과, 협동농장들이 스스로의 선택에 의하여 생산경영체를 투명하게 재구축을 할 수 있었다는 것도 성공요인으로 볼 수 있다.

통일독일의 지원을 받은 구동독 지역의 농업에 비해 중동부유럽 국가들은 스스로의 힘으로 일어날 수밖에 없었기 때문에 그 진행과정에서 많은 차이를 보이고 있다. 폴란드는 체제전환 이전에 대부분의 농지가 소규모 영세농으로 분산되어 있었는데 이것을 어떻게 규모화할 것인가, 반면에 헝가리는 대규모 농업경영체들을 어떻게 경쟁력 있는 소규모의 경영체로 다시 분할할 것인지가 큰 숙제였다.

1990년 폴란드에서 대규모 협동조합은 전체 농경지 면적의 4%밖에 차지하지 않을 정도로 의미가 적었고, 반면에 평균영농규모가 6.3ha인 가족농들이 전체 농경지에서 차지하는 비율은 76%였다. 최근자료에 의하면 5ha 미만과 15ha 이상의 농가들은 약간 증가하는 반면에, 5ha에서 15ha사이의 중간규모의 농가들의 비중은 줄어들고 있음을 볼 수 있다. 체제전환과정에서 폴란드는 농업부문 내에서 수평적이고 수직적인 통합을 시도하는 정책을 통해 효율적인 영농규모화를 도모하였다. 이와 함께 농지시장을 활성화시켜서 필지들의 규모를 확대하고 이에 따른 비효율성을 제거하고자 노력하였지만 폴란드 농가들간의 협동의식이 부족하여 큰 성과를 거두지 못하였다.[27)]

반면에 이미 구공산주의 체제하에서도 경영자들의 의사결정을 존중하였고 시장을 목표로 하는 생산체계의 경험이 있었던 헝가리에서는, 1990년대 중반까지 협동조합의 비중은 국가의 개별농가 우대정책에 의해서 상대적으로 감소하였다. 필지의 수가 많고 분산화되어 있었지만, 체제전화과정에서 임대차법을 정비한 덕분에 헝가리의 필지의 분산은 폴란드처럼 심하지 않고 상대적으로 적은 숫자로 구성되어 있다. 또한 헝가리에서는 생산과 마케팅, 투입요소들의 시장 또는 조직화가 순조롭게 이루어지고 있다. 즉, 헝가리에서는 체제변화에 따른 새로운 환경에 적응하는 정책들이 시행되고 있는데, 이들 중에 특히 생산과 유통을 중심으로 한 협력체계가 매우 효율적으로 운영되고 있다는 평가를 받고 있다. 한 예로 헝가리 남쪽에 있는 이전의 협동농장은 약 1,000명의 조합원과 6,000ha의 농경지를 가지고 있었지만 지금은 주식회사로 변경되었다. 이 회사는 생산과 유통뿐만 아니라 다양한 축산물을 생산하고 사료 및 제빵회사까지 거느린 대규모의 통합경영체로 탈바꿈하였고, 이들은 국제시장에서도 경쟁력을 보이고 있다.

결론적으로 체제전환과정에서 농업분야의 개편이 얼마나 효율적으로

---

27) L. T. Hinners, *Comparative Analysis of Agricultural Enterprises in Transition in Poland, Hungary and Eastern Germany in the 1990s*, IAMO, Halle, 2002.

이루어지는가는 구시대의 집단영농구조를 어떻게 효율적인 농장경영구조로 바꾸느냐와 밀접한 관계가 있다. 여기에서 중요한 결정요인은 규모의 경제성을 유지하는 것이고, 또한 제도나 법을 정비하여 새로운 환경에 접근하는 거래비용을 최소화하는 것이다. 이와 함께 여러 가지의 영농경영 형태들이 서로 어떻게 효율적으로 협력하는가도 매우 중요한 요소이다. 마지막으로 강조할 점은 각 국가들이 농업정책의 시행에서 특정한 농업경영 형태를 선호한다든지, 규모를 제한한다든지 하면서 차별화하는 것은 매우 비효율적인 결과를 초래한다는 것이다. 구동독 지역에서 볼 수 있었던 일관성 있고 지속적이며 그리고 개방적인 농업정책만이 추후 경쟁력 있는 농업을 보장하는 요소라는 것을 잊으면 안 될 것이다.

(5) 구동독 집단농장 후속 경영체의 효율성 비교

독일의 통일은 구동독의 사회주의식 대규모 경영체에 기초한 농업체제의 해체와 재편이라는 선례를 찾기 힘든 정책과제가 대두됨에 따라 최적조직에 대한 논쟁으로 확산되었다. 즉, 대규모의 협동농장과 국영농장에 의해 움직이던 구동독 지역의 농업이 어떻게 자본주의적 경제체제에 맞는 구조로 재편성될 것인가, 혹은 재편성되어야 할 것인가를 놓고 독일에서는 논쟁이 계속되어왔다.

통일 이후 구동독 시절 집단농업이 갖고 있었던 비효율성[28] 에 대해서는 이론적 견해 차이가 거의 없었다. 논쟁에서 서독 농업구조와 관련하여서는 가족농체제를 주어진 것으로 보고 그 조건하에서의 최적농업경영규모라는 양적인 문제가 관심사인 반면에 구동독의 농업구조재편과 관련해서는 이 지역에서 자본주의 체제하에서 효율적으로 생산을 담당할 수 있는 농업생산주체는 어떤 조직체인가, 즉 가족인가 조합인가 기

28) 그 원인으로 과대한 규모, 경종과 축산부문 간의 지나친 분리 전문화, 조합원 혹은 노동자들의 근로의욕과 창의 동기를 유발하는 유인의 결여, 농업생산 이외에 전후방 관련 경제활동은 물론 사회·문화기능까지 담당하는 데서 오는 범위의 불경제(diseconomy of scope), 비대한 관리조직 등을 들 수 있다.

업인가 하는 질적인 문제가 중심이 되었다.

① 협동농장 후속 농업경영체의 특성

농가수나 경작면적으로 볼 때 구서독 지역에서 개별농가의 비중이 주종을 이루는 반면 구동독 지역에서는 협동농장의 해체 이후 다양한 형태의 후속 경영체가 조직되었다(<표 3-9> 참조).

구동독 지역에서도 농가수로 볼 때는 개별농가가 25,000개를 차지해 주를 이루고 있지만 이 중에는 17,400개의 겸업농가[29]가 포함되어 있다. 따라서 약 6,200개의 전업농가 외에 협업농가가 약 2,400개, 그리고 농업법인이 약 2,900개가 있다. 농업법인은 구협동농장의 후속 조직으로서 총 경지면적의 60%를 경작하는 반면 개별농가는 22%, 협업농가는 15%를 경작하고 있으며, 농업법인의 비중은 축산분야에서 더욱 크다.

구동독 지역에서 농업경영체는 크게 세 가지로 분류되는데, <표 3-10>에서 각 조직체의 구조적 특성을 확인할 수 있다.

<표 3-9> 구동독 지역의 농업경영체제 현황(1997년)

조직형태	농가		면적		평균영농규모 (ha)
	개	%	1,000ha	%	
자연인	28,286	90.5	2,502	44.9	88
개별농가	25,355	81.2	1,236	22.2	49
· 전업농가	(6,170)		(865)		(140)
· 겸업농가	(17,430)		(270)		(16)
· 협업농가	2,413	7.7	870	15.6	360
· 합자회사	353	1.1	394	7.1	1,115
농업법인	2,873	9.2	3,055	54.9	1,063
· 농업생산협동조합	1,248	4.0	1,786	32.1	1,431
· 유한회사	1,466	4.7	1,180	21.2	805
계	31,238	100.0	5,565	100.0	178

자료: Statistisches Bundesamt, 1998.

29) 겸업농가(Nebenerwerbsbetrieb)란 전체 농가소득 중 농업소득과 농업에 투여하는 노동시간이 50% 이하인 농가를 말하며, 구동독 지역 내 17,400여 개의 겸업농가의 총 경작경지는 전체 농경지의 5% 정도로서 매우 영세함을 알 수 있다.

<표 3-10> 구동독 지역 내 농업경영체별 특성(1996~1997년)

구 분	개별농가		협업농가		농업법인	
	곡물재배 농가	사료재배 농가	곡물재배 농가	사료재배 농가	곡물재배 농가	사료재배 농가
농가(개)	445	345	86	108	135	146
표준수입(1,000DM/명)	66.9	42.0	80.6	56.8	50.9	44.7
면적(ha)	230	116	632	234	1,631	1,502
노동력(명)	2.5	2.3	6.1	4.5	28.6	40.2
100ha당 노동력투입(명)	1.1	2.0	1.0	2.0	1.8	2.7
100당 가축단위[VE(가축단위)]	13.0	82.1	8.3	84.5	38.3	86.5

주: 곡물재배농가는 현금작물재배농가를 의미하며, 사료재배농가는 사료작물재배농가를 의미한다.
자료: BML, 1998.

농업법인은 평균적으로 개별전업농가나 협업농가보다 경작면적이 훨씬 크며 가축사육두수도 크기 때문에 축산의 경우 법인 개체당뿐 아니라 경지면적당 노동력 투입도 크게 나타나고 있다. 뿐만 아니라 대부분의 노동력은 외부노동력으로 충당되고 있다.

협업농가는 크게 보면 농업법인과 개별농가의 중간 규모로 칭할 수 있다. 협업농가 중 약 1/3은 축산이 없는 경종농가인데 이러한 비율은 25%인 개별농가, 18%인 농업법인보다 매우 높은 수준이다. 협업농가에서 축산 및 노동력투입은 개별농가나 농업생산법인에 비해 매우 낮은 편이다.

개별농가는 그 형태가 매우 다양하기 때문에 단순하게 성격을 규정하기에는 어려움이 있다. 대부분의 개별농가는 가족노동력에 의해 운영되며, 일부 대형 개별농가는 1,000ha 이상을 경작하고 외부 노동력을 고용하고 있다. 많은 개별농가들은 1950년대와 1960년대 구동독 시절 집단화조치 이전에 존재했던 농가들, 이른바 재창업농가들이다.

② 후속 경영체별 성과분석 비교

구서독 지역에는 농업법인 형태가 거의 없기 때문에 개별농가와 협업농가만을 비교한 결과 구동독 지역 농가들의 평균이윤과 단위노동력당 이윤은 구서독 지역 농가들에 비해 월등하게 높았다. 반면에 단위면적당

<표 3-11> 구동서독 지역간 조사농가의 경영성과 비교(1996~1997년)

구 분	구동독		구서독	
	개별농가	협업농가	개별농가	협업농가
농가수(개)	811	202	7,343	440
▪ 농가소득				
농가당(1,000DM)	147	383	81	128
노동력당(1,000DM)	61	71	48	57
ha당(DM)	840	914	1,789	2,023
▪ 이윤				
농가당(1,000DM)	78	177	55	88
노동력당(1,000DM)	47	70	38	47
ha당(DM)	447	421	1,222	1,385

자료: BML, 1998.

이윤 측면에서는 구서독 지역이 훨씬 높았는데, 이는 구서독 지역이구동독 지역에 비하여 축산분야가 매우 집약적이며 농업부문 내에서 비중이 크기 때문이다(<표 3-11> 참조).

동독지역 내에서 경영성과는 경영조직체에 따라 매우 큰 차이를 보이고 있다. 경영체별 경영성과를 판정하는 가장 좋은 지표로는 단위노동자당 '이윤+임금'의 계수인데,[30] 이를 기준으로 보면 가장 경영성과가 좋은 농장형태는 협업농가이며, 농업법인은 해가 지날수록 경영성과의 급격한 개선을 보이고 있다. 노동생산성의 급격한 향상으로 농업법인의 경영성과가 개선되었음에도 불구하고 농업법인의 노동생산성은 협업농가나 개별농가보다 아직 낮은 수준에 머물고 있다(<표 3-12> 참조).

구체적으로 개별농가나 협업농가의 경우 곡물을 중심으로 한 작물과 사료작물 간의 생산성 격차가 크게 나타난 반면 농업법인은 큰 차이를 보이지 않고 있다. 이것은 곡물류 등의 재배시 시장정보취득과 품목의

30) 농업법인의 모든 노동자들은 각 농장에 고용되어 있는 임금노동자들이기 때문이다.

<표 3-12> 구동독 지역 농업경영체별 조사농가의 경영성과 비교(1991~1997년)

구 분	연 도	개별농가		협업농가		농업법인	
		경종농가	사료재배농가	경종농가	사료재배농가	경종농가	사료재배농가
이윤+외부임금 (1,000DM/노동력 1인)	1991~92	45.6	34.6	68.7	52.2	25.5	20.5
	1992~93	48.6	31.4	90.6	53.7	28.1	28.3
	1993~94	52.0	32.9	73.6	40.1	33.8	31.3
	1994~95	50.9	29.9	71.4	39.6	36.9	34.1
	1995~96	51.7	31.3	75.2	35.5	42.3	37.4
	1996~97	52.1	28.4	62.0	36.1	41.4	37.5
이윤 (1,000DM/가족노동력 1인)	1991~92	51.9	36.7	110.0	72.7	–	–
	1992~93	56.2	32.7	162.0	78.5	–	–
	1993~94	63.3	34.9	127.1	50.3	–	–
	1994~95	59.3	30.7	117.2	40.4	–	–
	1995~96	62.1	32.2	133.2	38.8	–	–
	1996~97	61.7	27.9	97.9	41.4	–	–

자료: BML, 1998.

전문화 및 위험부담감수 등에서 개별농가나 협업농가가 농업법인보다 월등하다는 점과 연계된다.

동일한 조직형태 내에서도 경영능력은 농장의 경영성과에 매우 큰 영향을 주었는데, 특히 생산품목의 결정, 생산성향상 능력, 비용절감 분야 등에서 큰 차이를 나타냈다. 경영성과 달성에서 또 다른 중요한 요인으로는 장비보유율, 재정상태와 이전 부채 등이 거론될 수 있다.

③ 후속 농업경영체별 경영성과의 원인

1990년의 통일 이후 전개된 농업생산조직의 재편과정은 앞에서 살펴본 바와 같이 다음과 같이 요약할 수 있다.[31]

- 앞에서 언급한 바 있는 개별경영(Einzelunternehmen), 협업경영체(Person-engesellscaft), 법인체(Juristische Person)의 세 종류의 법

31) 여기서의 논의는 주로 Agrarbericht에 제시된 전국 평균치 또는 표본농가의 평균치에 근거한 것이다. 따라서 지역별, 규모별, 경영중점별 차이를 간과한다는 한계가 있다.

<그림 3-2> 구동독 지역 농업경영체별 조사농가의 노동생산성 비교(1991~1997년)

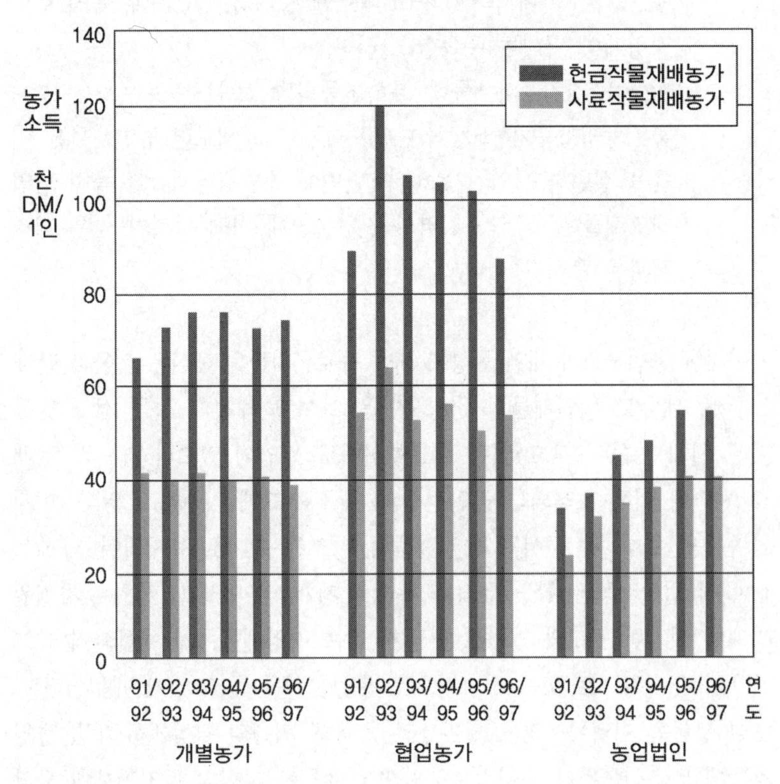

자료: BML, 1998; 김경량·최찬호, 1998.

적 조직형태들 사이에는 그 경영규모에서 뚜렷한 층위가 존재한다.

- 세 형태 모두 이전의 협동농장과 국영농장에 비해서 대부분 규모가 작아졌으나, 구서독 지역의 가족경영체들에 비해서는 여전히 매우 크다(법인체들과 협업경영체들의 규모는 구서독 지역에서 일찍이 볼 수 없었던 대규모이며, 개별경영의 경우에도 뚜렷하게 큰 경영규모를 갖고 있다).
- 대규모의 법인체들은 조직체 수와 농경지에서 차지하는 비중이 상당히 감소하였으나 아직도 그 비중이 높다.

- 자연인 경영체들 중 개별경영과 협업경영체 양자가 모두 절대수, 농업분야에서의 비중이 빠르게 증대하고 있는데, 특히 협업경영체의 확대는 주목할 만하다.
- 이들을 경영성과, 특히 투하노동력당 보수(노동보수/노동력단위 혹은 농업소득/가족노동력 단위)면에서 비교해보면 법인체들은 이윤을 실현하고 있지 못하다. 반면에 개별경영체들과 특히 협업경영체들은 구서독 지역의 전업농들에 비해 뚜렷이 높은 경영성과를 올리고 있다.

이러한 농업구조의 개편 현상에 대한 유보론자들의 해석은 다음과 같다.

첫째, 대규모 법인체들이 경영불안을 보이고 해체의 길을 걷고 있는 것은 원래 그들이 갖고 있던 비효율성에도 원인이 있으나 제도적·정책적 요인에 의해 초래되는 불안정성과 왜곡도 크게 작용하고 있다. 먼저 가족농을 우대하는 구서독 농업정책의 기조가 그대로 유지되어 세제(稅制)에서 법인체들은 훨씬 무거운 부담을 지게 되어 있고, 많은 투자지원정책이 일정한 규모와 집약도를 넘지 않는 경영체들에게 제한되거나 그들에게 명시적으로 또는 결과적으로 우선순위를 주고 있기 때문이다[32]. 또한 구동독 지역에서의 토지이용권, 소유권 귀속의 결정에서 개별 경영자들에게 우선순위가 주어짐으로써 법인체들은 자신의 토지확보에 불안정성을 안게 됨으로써 법인체들의 합리적 경영계획수립을 어렵게 하여 자기해체의 압력으로 작용하였기 때문이다.[33]

둘째, 구서독 지역의 전업농보다 훨씬 규모가 큰 개별경영과 협업경영들이 좋은 경영성과를 올리고 있는데, 이것은 규모의 경제의 결과물이라

32) H. Kallfass, “Der Baeuerliche Familienbetrieb, das Leitbild Fuer die Agrarpolitik im Vereinten Deutschland?,” *Agrarwirtschaft*, 40, 1991; Landwirtschaftlichen Rentenbank, Sammelband “Entwicklungshemmnisse Landwirtschaftlche Unternehmen in den Neuen Bundeslaendern,” *Schriftenreihe der Landwirtschaftlchen Rentenbank*, Bd.6, 1993.

33) 재창업농, 현지 소재 신규창업농, LPG 후계의 법인체, 현지에 소재하지 않는 신규창업농의 순서로 우선순위를 정했다.

볼 수 있다.

셋째, 요컨대 구동독 지역에서는 구서독 지역보다 효율적인, 가족노동력 규모를 훨씬 웃도는 대규모 경영을 행하는 생산조합 혹은 기업농들의 발전 가능성이 있으며, 또한 그것이 부분적으로 실현되고 있다. 그러나 가족농 위주의 구서독 농업정책이 구동독 지역에도 그대로 적용됨으로 인해 그러한 실현 가능성이 제한당하는 정책적 왜곡이 일어나고 있다.

한편 이러한 주장에 대해 가족농 우월론자들은 다른 의견을 제시하고 있다.

첫째, 대규모의 협동농장 후속 조직체들의 경제적 약체성과 불안정성은 분명하며, 이 조직체들은 이러한 경제적 압력에 의해 해체 또는 다른 조직형태로 변화해갈 것이다.

둘째, 구서독 지역의 농업경영체보다 상당히 큰 규모를 가진 개별경영이나 협업경영체들이 좋은 경영성과를 올리고 있는 것은 이들이 경제적으로 효율적인 규모나 조직을 갖추고 있기 때문이라기보다는 명시적, 암묵적 형태로 정부로부터 대량의 보조금(subsidy)[34]을 받고 있기 때문이다. 농지임대시장에서 정부의 개입이 철수되면 임대가격결정에 경쟁원리가 작동하여 결국 서독의 수준에 근접하게 될 것이며, 이것은 동독지역의

---

34) 암묵적 형태의 보조금이란 농지 임대차시장의 가격왜곡을 의미한다. 이 왜곡의 원인은 구동독 지역 농경지의 25%(130만ha)를 관리하는 신탁관리청(Treuhanda-nstalt)이 임대자 선정과 임대가격책정에서 시장원리가 아닌 배급원칙을 따른 데 있다. 신탁관리청은 행정적으로 정해진 임대우선순위에 따라서 임대자를 결정하고, 그들에게 현실보다 과소평가된 가격이 여타 농지시장의 기준가격이 되어버린 것이다[토지비옥도 지수(指數)기준으로 책정된 비정상적으로 낮은 가격으로 구동독 지역 농지의 임대가격은 서독의 1/3 수준에 머물고 있다. 즉, 토지를 저가격으로 임대하였고, 이와 같이 경제적 희소성을 반영하지 않은 저수준의 가격이 구동독지역 농지시장의 기준가격역할을 담당하게 되었다]. 구동독 지역의 경영체들이 어느 유형의 조직이든 사용용지의 90~100%를 임차에 의존하고 있음을 볼 때 이러한 가격왜곡은 이들 경영체에 막대한 보조금 지급과 같은 결과를 가져왔다. 또한 정부가 생산과 직간접으로 관련된 생산요소, 이자, 직접소득보조, 그리고 적응보조 등 다양한 형태로 지급하고 있는 명시적 보조금의 지급상황을 보면, 구동독 지역의 경영체들이 절대적으로나 상대적으로나 월등히 많은 보조를 받고 있음을 알 수 있다(김경량·이명현, 1995).

경영규모나 조직을 서독지역의 그것에 가까워지게 하는 강력한 힘으로 작용할 것이다.

셋째, 구동독 지역에서 좋은 경영성과를 올리고 있는 협업경영체들은 평균 가족노동력 2인과 고용노동력 3인의 노동력구성을 갖고 있는데, 이는 가족경영체로 볼 수 있으며 이들이 현재 안고 있는 높은 노임비용을 볼 때 앞으로 가족노동력의 비율이 높아질 것으로 전망된다.

넷째, 구동독 지역의 농업경영조직은 가족경영 형태로 전환되어갈 것이며, 경영규모와 집약도에서도 토지 등 자연부존조건과 농외노동시장 상황의 차이가 규정하는 만큼의 차이는 유지되면서도 수렴이 일어날 것이다.

앞에서 살펴본 바와 같이 구동독 지역에서는 이른바 협업경영체들이 뛰어난 경영성과를 보여주고 있는데 이 경영체의 성격 규명, 그들의 우월성을 규정하는 요인들의 검출, 그리고 그 요인들의 지속성 여부 검증이 지금도 시도되고 있다. 이들의 성격을 놓고 가족농우월론자들은 노동력 규모와 임금노동력의 비중에 근거하여 가족경영체로 보고 있으나, 여러 사례 보고들은 이 경영체들 중 상당수가 구서독 지역에 있던 소수의 기업가적 농업경영체들의 자본과 경영능력이 구동독 지역으로 진출하여 농지소유·이용에서 우선권을 가진 현지인들과 결합한 형태임을 보여주고 있다[35]. 따라서 이와 같은 경영체들을 과연 구서독 지역의 전통적인 가족농과 동일시할 수 있는가 하는 의문이 제기된다.

또한 서독 가족농의 규모를 훨씬 상회하는 규모를 가진 이들의 우월성을 규정하는 요인으로, 가족농우월론자들은 가족경영체라는 전제하에 지속적인 요인으로서 거래비용상의 우위와 일시적인 요인으로서 저수준에 억압되어 있는 토지임대료를 주된 것으로 들고 있는데, 그 외에 생산비용에서의 규모의 경제가 어느 정도 작용하고 있는가도 중요한 문제가 된다.

이러한 질문들에 대한 실증적 연구를 통해서 사회주의적 집단농업의

35) Landwirtschafliche Rentenbank, op. cit., 1993.

역사적 유산과 외부로부터의 경영능력 및 자본의 유입 가능성이라는 조건을 가진 재통일국가의 농업구조의 재편방향에 대한 보다 구체적인 시사를 얻을 수 있을 것이다.

3. 시장자유화와 가격기구 개편

1) 체제전환과 시장의 자유화

베를린장벽이 무너지고 이를 신호로 구소련 및 중동부유럽의 구사회주의 국가에서 일련의 큰 변화가 시작된 후 10여 년이 지난 현재 이들 나라에서의 농업부문 전환과정을 살펴보면 여러 면에서 유사성과 함께 차이점을 동시에 볼 수가 있다. 체제이행 초기단계에서는 생산액의 변화에서 유사성을 보이다가 1990년대 중반 이후에는 매우 다른 양상을 나타내고 있다. 이들 국가의 GDP는 초기단계에는 거의 같은 비율로 감소하였다. 그러나 폴란드는 1992년 이후 급성장 추세를 보이는 한편 러시아와 우크라이나는 계속 하락하는 추세에 있다. 농업총생산은 중동부 유럽국 대부분의 경우 1990년 중반부터 하락 국면을 탈피하기 시작하였으나 러시아와 우크라이나는 여전히 하락 추세에 놓여 있다. 이상에서 나타난 유사성과 차이점은 체제전환과정에서 이들 국가들이 택한 시장자유화 및 그 후속 조치의 특성에서 비롯된 것이라고 할 수 있다.

(1) 개혁 전후의 농업정책과 가격 및 무역자유화 효과

① 개혁 이전 농업정책의 영향

가격 및 무역자유화는 농산물의 교역조건(terms of trade), 즉 상대가격에 영향을 미치고 이는 결국 농업생산에 영향을 미치게 된다. 그런데 자유화 이후 상대가격이 변화하는 양상은 개혁 이전의 농업정책에 크게 의존하는 경향이 있다.

모든 체제전환국이 농산물가격과 무역자유화 조치를 취하게 되었지만 그 정도와 출발 초기조건은 서로 달랐다. 체코슬로바키아와 헝가리와 같은 중동부유럽국은 1989년부터 농산물가격이 빠른 속도로 자유화된 반면 러시아의 가격개혁은 중동부유럽국에 비해 느린 편이었다.

한편 중국의 개혁 이전 농업정책은 농업부문에 대해 조세를 부과하는 것인 반면 러시아와 체코슬로바키아 및 헝가리 같은 나라에서는 농업분야에 상당한 보조금을 지급하는 것이었다. 따라서 자유화가 농산물 교역조건에 미치는 영향은 모두 달랐으며, 개혁 시작 후 5년간의 농산물 교역조건의 변화는 다음과 같이 나타났다.[36]

- 러시아는 거의 80% 이상 상대가격이 떨어졌음.
- 체코슬로바키아와 헝가리는 상대가격이 평균 40% 감소하였음.
- 중국은 오히려 상대가격이 40% 가까이 크게 상승하였음.

이상과 같이 농산물 상대가격이 다르게 변화한 것은 개혁 이전의 가격왜곡 정도와 밀접한 관계가 있다. 개혁 이전 보조금에 의존하던 나라의 농업부문은 가격 및 무역자유화 조치로 인해 교역조건이 악화되고, 농업부문에 조세를 부과하던 나라의 경우는 농업부문의 상대가격이 개선되었던 것이다.

농산물의 교역조건 변화는 개혁 이후 농업산출에 중요한 영향을 미치게 되었는데, 15개 체체전환국에서 개혁 5년 후의 농업산출변화와 농산물 상대가격 간에 매우 두드러진 正의 관계를 보여주고 있다.[37] 농산물

36) OECD, *Agricultural Policies, Markets and Trade in the Central and East European Countries (CEECs), The New Independent States (NIS) and China: Monitoring and Outlook*, Paris, 1996.

37) K. Marcours and J. Swinnen, "Patterns of Agrarian Transition," Policy Research Group, Department of Agricultural and Environmental Economics, Katholieke Universiteit Leunen Working Paper No.19, 1998.

상대가격이 증가된 나라에서는 농업총생산이 증가했고, 반면 상대가격이 악화된 나라에서는 농업 총 생산이 감소하였다. 결국 개혁 이전의 가격 왜곡 정도가 체제전환기간 중 농업 총 생산의 주요한 결정요인이 된 것으로 나타난 것이다.

② 자유화 이행 초기의 제도변화

체제이행초기의 GDP 감소는 제도적 혼란에 기인한 것으로 보인다. 사회주의체제는 투입, 산출 및 교역면에서 극심한 왜곡현상을 물려주었기 때문이다. 이런 체제를 개편하고 제도를 변화시키는 과정에서 혼란이 야기된 것이고, 결국 투자감소와 산출감소로 이어진 것이다.

이런 문제를 설명하기 위해 '정보문제', '탐색비용문제', '계약이행문제' 등 다양한 요인들이 검토되었지만 공통된 지적은 조직적 혼란(organizational disruptions)이 이행 초기과정에서 투자와 산출에 부정적인 영향을 미쳤다는 것이다.[38] 다시 말해 과거 체제를 창조적으로 붕괴시키는 과정에서 붕괴의 속도는 빨랐던 반면 창조의 속도가 느린 관계로 깊은 불황에 빠진 것이라고 할 수 있다.

농업생산의 감소는 제도적 혼란과 더불어 가격과 무역자유화에 이은 보조금삭감에 의해 더욱 가중되었다. 대다수의 중동부유럽 국가에서 이행 초기에 취한 거시적 경제개혁은 가격자유화와 보조금삭감을 수반하였던 것이다. 제도변화와 자유화를 포함한 개혁조치가 농산물가격에 미친 영향은 크게 두 가지로 나타났는데, 하나는 모든 가격이 급상승한 경우이고 다른 하나는 농업교역조건이 악화된 경우이다. 모든 가격이 급격히 상승하는 경우는 특히 중동부유럽 국가의 식료품가격으로서 1988년과 1990년 사이 500% 이상 상승하였다.[39] 당시 2～3년간의 극심한 인플레 현상이 주 원인인 것으로 보인다.

---

38) J. Swinnen, "Ten Years of Transition in Central and Eastern European Agriculture," Paper Presented at the KATO Symposium, Berlin, 2000.
39) Ibid.

한편 같은 기간 동안 농업투입재의 가격상승률이 농산물 가격상승률 보다 더 높아 농업교역조건이 더욱 악화된 경우는 생산자 및 소비자 보조 감축, 가격자유화, 소득감소에 다른 수요감소, 해외수요감소(구동구권 상호경제협력회의 붕괴로 인한) 등이 복합적으로 작용한 결과로 보여진다. 특히 교역조건 악화의 영향은 1989~1995년 기간 동안 8개 중동부유럽국의 농작물 산출이 40~50% 감소될 만큼 심각한 것이었다(Macours and Swinnen, 2000).

(2) 농산물가격 및 무역정책의 변화

체제전환이 시작된 이래로 중동부유럽 국가에서 취한 농산물가격 및 무역정책수단을 살펴보면 정책도구선택에서 몇 가지 유사한 패턴이 발견된다. 그것은 과거 서유럽국에서 나타난 여러 가지 중요한 특징을 그대로 반영하고 있다는 점이다. 1989년 중동부유럽 국가에서 가격 및 무역자유화 조치가 처음 시작된 이후 정부의 농산물시장 개입은 새로운 국면을 맞게 되었다. 처음에는 자유화에 따른 충격으로부터 소비자와 생산자를 보호하기 위한 응급조치로 정부가 개입하였다가 차츰 내부적으로 보다 일관된 종합정책을 선보이게 되었다.

체제전환기에서 이러한 정부개입의 효과는 국가마다 그리고 상품종류별로 매우 다양하게 나타난다. Swinnen(1996)에 따르면 농업보호 수준이 시간이 흐름에 따라 달라지고 나라마다 다양하게 나타나고 있는 것은 정부의사결정에 영향을 미치는 합리적 정치경제 선택모형에 의해 잘 설명된다는 것이다. 이를 위해서 체제전환기(이행기)를 두 단계로 나누어 볼 수 있다. 첫 번째 단계인 초기 정책개발단계에서는 시장자유화와 무역개방을 추구하다가 차츰 무역장벽을 새로이 도입하는 특징을 가진 한편, 두 번째 단계인 농산물시장조직 확대단계는 농산물시장에 정부의 의도적인 간섭이 심화되는 특징을 지닌다.

① 시장자유화를 위한 노력

초기 이행시기(1989~1991년) 중동부유럽의 모든 체제전환국은 시장자유화 조치의 일환으로 농산물에 대한 소비자가격 통제를 해제하거나 감축하였다. 더불어 생산자에 대한 정부의 직접지불 보조도 삭감 또는 중지하게 되었다. 이들 대부분 국가에서는 1990년에 보조금을 삭감하기 시작하여 1991년에는 거의 모든 보조금 지급을 중지하였다.[40] 결국 표준관세만이 농업생산자 보호의 유일한 수단이 되었다.

대부분 중동부유럽 국가는 1990년 정부개입하에 매우 낮은 수준으로 책정된 기존의 소비자가격을 시장기능에 맡기기 시작하였다. 동시에 정부통제하에 있던 대부분 농업투입재의 가격을 인상하거나 시장청산 수준에서 가격이 결정되도록 하였다. 초기 시작시점은 달랐지만, 모든 중동부유럽국들은 1991년 말까지 비관세장벽을 감축하거나 제거하였고, 따라서 표준수입관세를 통해 나머지 국내 농업보호 조치를 취하게 되었다. 오랜 기간 비관세장벽으로 국내농업을 보호하던 나라들로서 보호무역의 주요수단을 수입관세로 바꾸게 된 것은 매우 중요한 결정이었던 것이다. 이 국가들이 손쉬운 통제의 메커니즘을 버리게 된 것은 개방된 시장과 자유무역환경에 진입하고자 하는 강한 의욕과 약속을 보여준 것이었다.

체코슬로바키아와 폴란드 두 나라는 장벽을 제거하는 데 비교적 앞장선 나라들이다. 따라서 1991년 말부터 수출입 허가는 거의 자동적으로 주어졌고 허가된 사항은 등록목적으로만 사용되었다. 또한 교역물량 제한조치도 일부 예외만 제외하고는 거의 모두 없앴으며, 다만 전부터 양자간 합의된 수출제한이나 자발적 수출제한 조치가 취해졌던 것만 예외로 하였다.

그러나 체코슬로바키아와 폴란드 이외의 나라에서는 비관세장벽의 대상과 범위를 축소시키기는 했지만 주요 농산물에 대해서는 여전히 제한

40) 유일한 예외가 루마니아로서 소비자식품 보조를 생산자를 위한 투입재 보조로 대체하였고 나중에는 농가부채를 탕감하기도 하였다.

적 조치를 유지하고 있었다. 예컨대 헝가리는 범위를 축소시키기는 했지만 정부가 수출입 허가권을 갖고 있었고 루마니아는 농산물에 대해 전면적 수출금지조치를 취하다가 1990년도에 이를 주요 농산물에 한해 수출금지(bans) 또는 할당제(quotas)로 전환하였다. 불가리아도 기본식량에 대해서는 수출을 금지하고 있었다.

② 정부의 농산물시장 개입배경

농산물시장은 역사적으로 볼 때 안정적인 상태를 유지하도록 정부가 매우 노력하는 부분이었고, 이는 거시경제 수준에서 국면조정이 어려울 때일수록 더 요구되는 현상이었다. 따라서 소비자들에게 민감한 특정 농산물에 대해서는 중동부 유럽의 모든 정부가 가격통제권을 갖고 최고가격제를 실시해왔다. 중동부유럽 국가에서 가격통제대상이었던 품목은 빵, 밀가루, 호밀가루, 우유 및 유가공품, 식용유, 설탕, 감자, 사료, 곡물, 그리고 일부 육류였는데, 1989년부터 2년 사이 빵, 설탕, 우유 및 일부 유제품만 가격통제 대상 품목으로 남아 있거나 아니면 전면 자유화될 정도로 큰 변화가 있었던 것이다.

그런데 다수의 중동부유럽 국가에서 수입농산물에 대한 비관세장벽은 그것이 철폐된 지 1년 안에 다시 부활하게 되었던 것이다. 소비자가격이 자유화됨에 따라 국내산 농산물에 대한 수요는 감소하게 되었고, 게다가 생산자를 위한 보조는 감축되거나 철폐됨으로써 생산자가격은 투입재 구입비용에 비해 크게 줄어들었으며, 따라서 농업소득이 급속히 감소하였던 것이다. 이와 동시에 국내산 농산물 및 가공품은 수입농산품에 비해 가격이나 품질 또는 포장면에서 경쟁상대가 되지 못하였다. 전통적 수출시장이 불안한 가운데 서방국가로의 농산물수출도 신통치 못하였다.

국내생산이 위축됨에 따라 생산자들은 정부의 개입을 요구하게 되었고 결국 보호조치가 부활하게 된 것이다. 대다수 중동부유럽국들이 철폐한 지 얼마 되지 않아 다시 부활시킨 비관세장벽들로는 수입면허제, 세금신규부과, 최저수입가격제, 수입물량할당제, 보상수입관세 등이 있다.

국내 생산사정이 변하는 정도에 따라 보호조치의 적용 양태가 달라지는 예도 있다. 불가리아의 경우 수입장벽조치를 취하다가 국내생산이 국내수요를 충족시키지 못하게 되자 수입장벽을 제거하거나 완화하는 쪽으로 방향을 바꾸게 되었다. 다른 중동부유럽 국가들도 점차 같은 양상을 보이기 시작하였다.

비관세수출 억제조치를 취하기 시작한 나라들도 있었다. 중동부유럽 국가에서 생산자들의 요구를 들어주기 위해 점점 수입규제의 강도를 높여가고 있는 한편, 이들 정부로서는 수출을 규제해야 하는 이유도 동시에 갖게 되었던 것이다. 이들 국가에서는 소비자가격이 정치적으로 매우 민감한 사안이었기 때문이다. 그 결과 국내가격이 국제가격보다 낮게 책정되는 문제가 발생하게 되었다. 따라서 농산물이 해외로 흘러가게 되는 요인이 발생한 것이다. 불가리아, 루마니아, 헝가리 및 체코의 밀이 바로 이 경우에 해당된다. 수출을 금지하는 것이 수입을 막는 길이 되고 나아가 부족한 외화낭비를 막는 방안으로 떠오르게 된 것이었다. 국가적 식량안보 논리가 수출억제를 정당화시켰던 것이다. 수출금지조치 대상품목 중 이들 국가들이 특히 관심을 둔 품목은 곡류, 유지작물, 밀가루, 설탕 등이다. 강력한 수출금지조치로는 수출인허가제를 들 수 있고 비교적 약한 조치에는 수수료, 수출관세, 수출할당, 최저수출가격제 등이 포함되어 있었다.

중동부유럽 국가 중 특히 불가리아와 루마니아가 식량안보를 강조하면서 다른 나라에 비해 비교적 소비자가격을 인위적으로 낮게 통제하고 있었다. 이를 위한 전략적 방안으로 수출을 금지한 것이었다. 이 두 나라는 1993년도에 대부분의 곡물과 설탕, 채종작물, 낙농제품 및 일부 축산물을 대상으로 수출금지조치를 크게 확대함으로써 국내 공급부족문제를 해결하고자 하였다. 다만 최근 들어 루마니아의 경우 국내 곡류생산이 호조를 보이자 수출금지조치를 수출할당제로 완화시킨 점이 주목할 만하다. 이와는 달리 체코, 헝가리 및 폴란드에서는 밀, 옥수수 및 사료곡물의 경우 국내생산이 국내수요를 충당할 정도가 되지 못한다고 판단될 때만 수출허가를 보류하는 정도였다.

수출제한조치가 다시 더 강화된 것은 1992년도에 중동부유럽 국가 대부분 나라가 심한 가뭄을 겪었을 때였다. 특히 헝가리는 1993년도에도 가뭄으로 농업생산이 크게 위축되었다. 1995년과 1996년도에는 기상요인과 더불어 곡물의 세계시장가격 상승으로 곡물재고가 줄어들자 수출제한조치는 더욱 심화되었다. 특히 사료곡물의 공급이 부족하여 값이 오름에 따라 중동부유럽 국가에서의 축산물생산이 점차 부담되기 시작하였다.

그런데 과거 경험이나 기대와는 달리 수출금지조치가 생산을 더욱 위축시키게 된 것을 볼 수 있다. 생산자들이 수출제약을 받는 품목 대신 보다 높은 가격을 받을 수 있는 품목으로 생산전환을 시도하였기 때문이었다. 이에 대한 대처방안의 하나로 루마니아는 낮은 가격에 대한 보상차원에서 농민에게 생산 보너스를 지급하기도 하였다.

요컨대 중동부유럽 국가에서 이행 초기에 개발된 농업정책의 특징은 대체로 농업생산자 보호와 무역장벽수단들이었고, 그 다음으로 생산자 또는 소비자 보호를 위한 정책이었다. 앞서 보았듯이 농산물시장에 정부가 개입하면서 비관세수입장벽과 수출장벽과 같은 조치를 취한 것은 단기적인 국내 수급변동과 생산자소득 보호를 위한 임시변통에 불과한 것이었다. 그렇기 때문에 중동부유럽 국가들로서는 종합적인 농업정책수립이 선행되고 그 다음 정부개입의 범위와 역할을 명확히 할 필요가 있게 되었고, 이런 맥락에서 법률체계를 재정비하게 되었다.

③ 새로운 농산물시장 개입을 위한 법체계 및 정책 패턴

먼저 폴란드가 「농촌 및 농업을 위한 기회(Opportunities of Rural Areas and Agriculture) 법안」을 1992년 9월 채택함으로써 정부로 하여금 농업생산 구조조정을 지원할 수 있게끔 하였고, 이어서 1992년 11월 '중기농업부문 조정 프로그램(Mid Term Sector Adjustment Program)'을 만들어 바람직한 가격 및 무역정책환경을 조성함으로써 점차 농산물시장의 가

격안정화를 꾀하고자 하였다. 이러한 조치의 일환으로 「제빵곡물과 우유에 대한 최저가격법(The Law on Minimum Prices)」이 1992년 시행되었다.

헝가리는 1993년 초 「농업시장규제법(Agricultural Market Regulation Act)」을 시행하여 직·간접으로 농산물시장을 규제하기 시작하였다. 특히 직접규제방식으로는 최저보장가격제와 정부수매할당제를 채택하여 밀, 사료용 옥수수, 우유 등이 직접규제품목에 처음 포함되었고, 이어서 돼지고기와 쇠고기가 추가로 지정되었다.

체코와 슬로바키아 공화국은 그전 체코슬로바키아 연방 때부터 실시되어오던 농산물시장 규제를 계속함으로써 시장개입에 의한 정부의 역할을 확고히 하고 있는 상태였다. 1992년 이전에는 정부개입이 주로 국경조치와 수출보조였는데, 1992년 이후 체코에서는 시장규제를 위한 국가기금(the Czech State Fund for Market Regulation)을 통해 낙농제품과 가정소비용 밀에 대해서만 규제활동을 제한하다가 점차 쇠고기, 돼지고기, 계란 및 설탕에 대한 정부직접수매를 보편화하게 되었다. 이 기금은 밀생산 농가의 운영자금을 제공하기도 하였는데, 1994년에는 봄에 타결된 보장가격의 50% 수준까지 선불로 운영자금이 지급되었다.

체코슬로바키아 연방이 분리된 이후 슬로바키아는 1993년 「농업법」에서 주요 품목의 90% 자급도 달성과 농가소득향상을 목표로 삼고서 보다 강력한 보호주의적 정책을 수립하기 시작하였다. 우유에 대해서는 보장수매가격제를, 곡물, 쇠고기 및 돼지고기에 대해서는 보장최저가격제를 채택하였다. 슬로바키아의 철저한 식량안보와 농산물시장 개입에 대한 정부의 강한 의지는 1995년도판 『국가식량안보(*The Food Security of the Nation*)』라는 책에 잘 나타나 있다.

루마니아의 농산물시장에 대한 주요 정부개입수단은 「법 83(Law 83)」으로서 이를 통해 농업생산자를 지원하고 주요식품의 자급달성을 꾀하는 것이었다. 여기에 포함된 것으로는 일부 농산물에 대한 최저가보장정부수매제도 이외에 각종 금융지원을 들 수가 있다. 루마니아 정부가 중요시하는 농산물은 곡물, 우유, 유지작물, 두류, 사탕수수, 감자, 가공용 토마토, 돼지고기 및 닭고기 등이었다. 국내 농산물가격을 낮은 수준에서 안정화하는 동시에 생산자에게 최저보장가격을 유지시키는 이중가격정책을 도입하였던 것이다. 그러나 시간이 흐를수록 생산자를 위한 최저보장가격을 점차 낮출 수밖에 없었다. 따라서 생산자소득 보조를 위해서는 각종 금융지원에 보다 큰 비중을 두게 된 것이다.

불가리아에서는 담배산업이 초기 개입과 규제의 대상이 되었다. 최저가격제가 도입되었고, 담배의 품종과 품질에 관한 규제와 잉여생산물 수매제도 등이 정부개입의 주요 내용이었다. 그런데 1995년도에 농업생산자보호법을 통과시키기는 했지만 루마니아의 경우와 유사한 문제에 봉착하게 된다. 정책의 주요 목표를 식량안보와 소비자가격 안정에 둔 상황에서 정부의 개입이란 특히 밀과 기타 곡물의 경우 생산자가격을 세계시장가격보다 낮은 수준으로 유지해야만 했던 것이다. 따라서 생산자지원을 위한 최대한의 정책수단은 세금감면, 금융보조, 조건불리지역 농업지원, 영농자금지원(수확 전 계약에 의한 보장가격의 50% 수준) 등으로 국한될 수밖에 없었다.

이상에서 본 바와 같이 모든 중동부유럽 국가들이 채택한 법률을 보면 주요 농산물시장에 대한 장기적이고도 포괄적인 정부개입을 확실시하고 있다. 시장자유화 이후 후속 입법을 통해 중동부유럽 모든 국가에서 공통적으로 채택된 생산자지원책은 최저가격 또는 보장가격이었다. 또한 이들 모든 나라에서 최저가격제의 대상이 되는 공통적인 주요 품목은 밀, 기타 곡물, 우유, 설탕 및 육류였다. 개혁 초기에는 최저가격제가 정부의 직접구매를 의미하지는 않았는데, 생산자소득 지원을 위해서는 가격이 최저가격 밑으로 떨어지는 것을 막기 위해 정부수매방법을 택할 수밖에 없었다. 정부가 구입하여 저장한 농산물은 국내공급량이 줄어드는 시점에서 국내가격상승을 막기 위한 방출용으로 사용되었던 것이다.

한편 헝가리의 개혁 초기에 채택된 최저가격제의 특징은 법적인 규제였다. 말하자면 최저가격 이하로 거래되는 것은 불법으로 규정한 것이었는데, 이 제도는 상품의 품질을 고려하지 않았기 때문에 점차 그 실용성을 잃게 되어 폐기되었다. 개혁 후기 농산물가격이 하락하자 보장가격 유지를 위해 정부가 수매하는 방식으로 시장에 개입하였고, 정부 수매량은 사전에 정해진 할당량에 국한되었던 것이다. 전반적으로 볼 때 규정된 최저가격이 실제 시장가격보다 낮았을 뿐 아니라 생산비와 같거나 그보다 낮은 수준이었기 때문에 정부수매의 필요성이 그다지 큰 편은 아니었다. 그러나 대부분의 경우 최저가격에 의한 생산자지원은 국경조치를 통해 국내 생산자가격을 보다 높게 유지시킨 것이었다. 그럼으로써 정부가 개입해서 수매를 하거나 재정지출을 하는 것을 최소화할 수 있었다.

변동수입관세(variable import levies)는 국내가격과 이보다 낮은 국제가격 간의 차이를 메움으로써 국내의 생산자 최저가격을 유지시키고자 부과하는 세금인데, 중동부유럽 국가에서는 이러한 조치가 그다지 실용성을 거두지 못하였다. 체코슬로바키아가 1992년에 처음 이 제도를 시행하여 체코와 슬로바키아로 분리된 이후에도 계속해왔으며, 수입세 부과의 기준이 된 것은 생산자지원을 위한 최저가격이라기보다는 대체적으로 국내생산비를 기준으로 삼고 그 이하로 수입되는 농산물에 관세를 부과하는 정도에 불과하였다. 다만 폴란드의 경우는 1994년 변동수입세 제도를 시행하면서 그 기준을 최저가격에 맞추고자 하였다.

서유럽국이 시행하는 변동수입세 제도와는 달리 이들 국가에서 시행한 변동수입세 부과의 주기는 한 달 이상으로 그리 빈번한 것은 아니었다. 그런 면에서 이들 국가가 택한 변동수입세는 고정수입관세의 또 다른 형태에 불과한 것이었는데, 1995년 이후 변동수입세 제도는 GATT의 우루과이라운드 협상에 근거한 관세화로 대체되었다.

수출보조는 헝가리를 제외하고는 그다지 많이 채택되지는 않는 편이었다. 국내생산비가 국제가격을 웃돌 경우 제품의 경쟁력 강화를 위해 수출보조금을 지급하는 것인데, 불가리아와 루마니아의 경우는 재정궁핍의 이유도 있지만 농산물수출을 억제해야 하는 형편에 있었기 때문에 수출보조금제도는 시행될 수가 없었다. 1991~1995년 기간 동안 헝가리가 중동부유럽 국가 중에서 가장 많은 품목에 대해 수출보조금을 지급한 나라였고 그 다음이 체코였다. 수출보조금을 주는 나라 대부분에서 우유와 낙농제품이 공통적인 지원대상 품목이었는데, 특히 우유에 대해서는 보장가격제도와 병행하여 수출보조금을 지급하였다.

공급억제 또는 생산할당조치는 최근 도입된 정책도구인데 그 대상품목은 설탕과 우유이고, 중동부유럽 국가의 절반가량만 이 제도를 택하였다. 시장가격 지원은 국내 생산증대 효과를 가져오게 되는데, 경우에 따라서는 생산과잉이 될 때도 있었다. 이 경우 공급억제정책이 동원되고 따라서 보장가격 지원을 위한 정부의 재정지출을 제한할 수밖에 없었다. 폴란드와 슬로바키아 및 헝가리에서 이러한 조치를 취한 바 있다. 폴란드의 경우는 1994년「설탕 시장조절 및 설탕산업 소유권법(Law on Sugar Market Control and Ownership in Sugar Industry)」을 채택하면서 설탕지원시스템을 새로이 도입하였다. 이는 시장자유화 이후 중동부유럽 국가로는 처음으로 공급관리제를 시행한 것이었다. 이때 생산할당(Production quotas)의 대상이 된 것은 국내 소비용과 수출용으로 구분되어 관리되었는데, 할당량을 초과해서 생산이 되면 국내소비용의 경우 무거운 세금이 부과되고 수출용의 경우는 수출보조금이 지급되지 않았다.

농업신용보조는 생산자를 재정적으로 지원하고자 모든 중동부유럽국가에서 시행되었다. 체제전환 중 중동부유럽 국가 농업부문에 크게 영향을 미친 요인 중 하나가 금융시장의 자유화였다. 금융기관개혁, 높은 인플레이션, 교역조건의 악화 및 재산권의 불확실성과 같은 요인들과 더불어 금융시장자유화는 농업부문에 대한 신용공급을 크게 떨어뜨리게 되었다. 개혁에 뒤따르는 위험과 불확실성의 증대로 인하여 금융기관이 높은 명목이자율을 부과했을 뿐 아니라 농업용 건물과 토지를 담보로 받아주지 않았던 것이다.

이 같은 농업금융문제에 직면하여 농민들은 정부의 개입을 보다 강력히 요구하게 된 것이었다. 1989~1995년 기간 동안 중동부유럽 국가에서 농업금융보조가 농업부문 국내총생산에서 차지하는 비율이 평균적으로 크게 상승하는 추세를 나타냈다. 금융보조의 형태는 주로 농업투입재

구입과 자본투자를 위한 대출금 이자의 일부를 보조하는 것이었다. 또한 금융보조는 종종 농산물 가공업자나 투입재 제조업자 등에게도 주어졌는데, 금융보조의 혜택이 개별 농민에게보다는 사실상 투입재 공급업자, 농산물 가공업자 또는 대규모 국영농장 후속 경영체에게 주로 돌아갔다는 지적도 있다.[41]

④ 정책도구 요약

중동부유럽 각국에서 체제전환 시기나 농산물가격 및 무역정책개혁의 진전과정이 서로 다르지만 정책의 개발단계, 정책도구의 선택 및 후속 시장개입 방향은 매우 비슷한 양상을 띠고 있다. 이러한 패턴이 시사하는 바는 정부의 시장개입과 정책대안을 결정짓는 요인들도 서로 비슷하다는 것이다.

- 제1단계(초기) 정책개발
  - 시장자유화 및 무역제한조치 철폐
  - 1991년 말까지 대부분의 중동부유럽 국가에서 일부 민감한 품목을 제외하고는 소비재가격이 제약 없이 시장균형에 도달하도

<표 3-13> 중동부유럽 국가의 농산물가격자유화 및 생산자보조 감축/철폐 결정시기

	농산물가격자유화 (1차-최종)	생산자보조 감축/철폐 (부분-최종)
폴란드	1989년	1989~1991년
체코슬로바키아	1990~1991년	1990~1991년
헝가리	1990년	1990~1991년
루마니아	1990~1993년	1990년
불가리아	1990~1991년	1990~1992년

자료: J. Hartel and J. Swinnen, 1997.

41) J. Hartel and J. Swinnen, "Trends in Price and Trade Policy Instruments in Central European Agricultural and Food Markets," *The World Economy*, 21(2), 1997; OECD, op. cit., 1996.

<표 3-14> 체제전환 이후 중동부유럽 국가의 농산물무역 및 가격정책

정책도구		채택국가	시작연도
시장자유화 정책	수입관세화	모든 국가	1990
	수입 및 수출 관련 비관세장벽 철폐/감축	모든 국가	1990~1991
정부시장개입 정책	수입관련 비관세장벽 재도입	폴란드, 체코슬로바키아, 헝가리, 불가리아	1992
	수출관련 비관세장벽 재도입	폴란드, 체코, 헝가리, 불가리아, 루마니아	1992~1993
	변동수입세제도 신설	폴란드, 체코슬로바키아	1992~1994
	금융보조	모든 국가	1989~1994
	정부수매 및 시장가격 지원	모든 국가	1991~1993
	수출보조	폴란드, 체코, 슬로바키아, 헝가리	1990~1991
	생산할당	폴란드, 슬로바키아, 헝가리	1994~1996

자료: J. Hartel and J. Swinnen, 1997; OECD, 1993~1996, 1994, 1995a, 1995b; Rodrik, 1992; USDA/ERS, 1993.

록 허용함.

- 대부분의 생산자 보조도 점차 감축되거나 철폐됨.
- 표준수입관세만 농업생산자 보호의 주요수단으로 사용.
- 곧이어 교역조건이 불리해지자 생산자의 압력에 의해 각종 비관세 무역장벽 조치가 새롭게 등장함.
- 동시에 소비자 후생도 중요시함으로써 임시적 또는 장기적 수출장벽조치도 동원됨.
- 대체적으로 볼 때 무역 및 가격정책의 도입은 경제 여건과 국내생산량의 연간 변동을 감안한 임시방편적 성격이 짙음.

■ 제2단계 정책개발

- 농산물시장 개입이 입법화된 정책의지에 바탕을 둠.
- 1992년도 중반부터 중동부유럽 국가들은 농산물시장에 대한

정부개입의 역할과 범위를 새롭게 다듬어 일관된 정책을 내놓기 시작함.

■ 시장기구를 통한 정책도구의 유형

농업신용보조의 확대, 최저 또는 보장 가격제, 정부수매/판매제도 실시, 생산자를 위한 시장가격보조 확대, 변동수입세 부과에 의한 생산자 보호, 우유와 유제품에 대한 수출보조금 지급, 설탕과 우유에 대한 생산조정제 실시 등.

(3) 체제전환국의 농산물가격 왜곡 현상

중동부유럽 체제전환국에서의 농산물가격 왜곡 정도는 상품별로 시기별로 다른 양상을 보이고 있다. 이들 국가에서 정부가 시장에 개입한 것은 자유화조치와 정부보조금 삭감에 따라 생산자와 소비자 후생 감소부분을 채워주기 위한 임시방편이었는데, 이는 일관성이 결여될 뿐 아니라 불확실한 경우가 많았다. 따라서 이들 정부는 이러한 문제를 해결하고자 내부적으로 일관성이 있는 일련의 정책개발을 시도하기에 이르렀다.[42]

국내농업 보호지표로서 가격왜곡 정도는 정부의 개입에 의해 국내가격과 국제가격의 차이가 발생한 결과이다. 중동부 유럽국의 보호조치, 즉 가격왜곡은 국내가격을 보호하는 것이 주류이기는 하지만 정부의 보호정책 도구에는 신용보조와 같은 다른 조치들도 포함되어 있다.

1990～1995년 기간 동안 중부유럽의 7개국과 동부 발틱(Baltic) 3개국을 대상으로 9개 주요 농산물가격 보호율을 계산한 결과를 보면[43] 시기별로 그 양상을 달리하고 있다. 1990년 중동부유럽 국가의 농산물가격

42) J. Swinnen, "Endogenous Price and Trade Policy Developments in Central European Agriculture," *European Review of Agricultural Economics*, 23, 1996; S. Bojnec and J. Swinnen, "The Pattern of Agricultural Price Distortions in Central and Eastern Europe－An Update: 1990-1995," Policy Research Group Working Paper No.2, Department of Agricultural Economics, Katholieke Universiteit Leuven, Belgium, 1996.

43) S. Bojnec and J. Swinnen, op. cit., 1996.

<표 3-15> 중동부유럽 국가 주요 수출농산물의 생산자보호율(1990~1995년)

(단위: %)

국가별	보호율	1990년	1991년	1992년	1993년	1994년	1995년
불가리아	명목보호율	95.8	−20.7	−29.4	−6.4	−23.0	−18.5
	조정보호율	58.3	27.6	−17.7	−6.4	−29.0	−28.1
체코	명목보호율	61.9	1.5	2.8	24.2	11.2	11.5
	조정보호율	89.6	29.1	16.6	24.2	2.3	−10.9
헝가리	명목보호율	0.8	−8.7	−12.8	24.4	9.6	−4.3
	조정보호율	26.7	5.3	−11.0	24.4	8.1	−10.0
폴란드	명목보호율	−29.2	−15.3	17.1	31.0	4.8	8.2
	조정보호율	16.8	−7.3	17.1	31.0	1.2	−9.7
슬로바키아	명목보호율	15.2	−14.2	−11.7	14.3	11.7	−13.4
	조정보호율	32.7	7.4	−1.5	14.3	5.2	−29.3
슬로베니아	명목보호율	102.3	51.4	58.3	54.5	68.0	76.5
	조정보호율	58.8	38.6	45.5	54.5	63.5	44.3
루마니아	명목보호율	34.3	−1.9	−10.2	54.5	21.6	9.6
	조정보호율	8.7	2.7	25.5	54.5	14.6	−1.3

주: 명목보호율은 대미 달러 명목환율을 적용하여 계산된 것임.
조정보호율은 미국 소비자가격지수와 국내 소비자가격지수로써 환율을 조정하여 계산한 결과임. 소비자가격지수 차이의 기준은 1993년도임.
분석대상 농산물은 다음의 9개 품목임: 밀, 옥수수, 보리, 유채, 사탕무, 우유, 쇠고기, 돼지고기 및 닭고기.

자료: S. Bojnec and J. Swinnen, 1996.

왜곡률 또는 보호율은 세계시장에 비해 약 50% 이상 수준으로 높은 편이었는데, 가격 및 무역 자유화 조치 이후 가격 왜곡률은 1991년도부터 평균적으로 감소하기 시작하여 1992년도에는 거의 영(zero)에 가깝게 되었다. 그러다가 1993년에 다시 증가하였는데, 이는 이들 국가 중 30%가량이 가격과 무역정책을 보호주의적으로 회귀했기 때문이다. 1994년 이후에는 가격왜곡 정도가 다시 줄어들기 시작하여 1995년도에는 약 15% 수준까지 낮아졌다.

1993년 이후 가격보호조치 결과 농업생산자 소득이 증가되기는 했지만 외환정책과 그에 따른 실질환율의 상승으로 상쇄된 것이 특징적이다. 명목환율을 적용했을 때보다 소비자물가지수를 반영한 조정환율을 적용

<표 3-16> 중동부유럽 국가의 주요 수입농산물에 대한 국내생산자 보호율(1990~1995년)

(단위: %)

국가별	보호율	1990년	1991년	1992년	1993년	1994년	1995년
불가리아	명목보호율	204.1	−24.5	−21.5	12.0	−10.9	4.5
	조정보호율	145.7	21.5	−8.4	12.0	−17.9	−7.8
체코	명목보호율	34.8	−14.5	−14.4	2.7	13.0	−1.3
	조정보호율	57.9	8.7	−3.0	2.7	4.0	−21.1
헝가리	명목보호율	42.3	18.9	11.5	51.3	48.8	18.9
	조정보호율	78.8	37.2	14.0	51.3	46.9	11.8
폴란드	명목보호율	−37.4	−20.1	−13.4	11.4	8.1	−2.2
	조정보호율	4.4	−12.5	−13.5	11.4	4.3	−18.3
슬로바키아	명목보호율	53.9	0.1	−0.5	23.0	17.6	3.0
	조정보호율	77.3	25.2	11.0	23.0	10.8	−15.9
슬로베니아	명목보호율	65.4	62.4	55.3	69.6	59.7	60.2
	조정보호율	29.8	48.7	42.8	69.6	55.5	31.0
루마니아	명목보호율	44.2	21.5	−6.8	49.5	33.9	23.7
	조정보호율	16.7	27.1	30.3	49.5	26.3	11.4

주: 명목보호율은 대미 달러 명목환율을 적용하여 계산된 것임.
조정보호율은 미국 소비자가격지수와 국내 소비자가격지수로써 환율을 조정하여 계산한 결과임. 소비자가격지수 차이의 기준은 1993년도임.
분석대상 농산물은 다음의 9개 품목임: 밀, 옥수수, 보리, 유채, 사탕무우, 우유, 쇠고기, 돼지고기 및 닭고기.

자료: S. Bojnec and J. Swinnen, 1996.

했을 때 중동부유럽 국가 생산자들에 대한 실질적 보호율이 낮아진 것이다(<표 3-15>와 <표 3-16> 참조).

(4) 다자간 무역협정과 체제전환국의 농산물가격 및 무역정책

① 외부적 제약으로서 국제협약의 영향

중동부유럽 국가의 농산물가격 및 무역정책에서 정부의 규제와 개입이 보다 강화되는 초기에는 무역협약에 크게 제약을 받지 않은 편이었다. 그러나 최근 들어 지역 또는 양자간 무역협정을 준수하기 위해 이들 정부들은 농업정책을 수정하기 시작하였고 차츰 그 범위가 확대되기 시작하였다. 먼저 가장 잘 알려진 무역협정은 중동부유럽 국가와 유럽연합(EU) 간의 연합협정(the Association Agreements)이다. 이 협정은 경제·사회 및 정치적 협력을 증진시킴으로써 유럽연합으로의 통합 내지는 회원국으로 가입하도록 한다는 것이다. 이 협약에 의하면 중동부유럽 국가와 유럽연합을 점차 자유무역지역으로 만들자는 것으로서 그 첫 번째 단계가 관세삭감과 상품에 대한 호혜적 접근 조치이다.

중부유럽 자유무역협정(Central European Free Trade Agreement: CEFTA)에 따라 회원국들(체코, 헝가리, 폴란드, 슬로바키아, 슬로베니아)은 공산품과 일부 민감하지 않은 농산물에 대해 관세를 점진적으로 철폐하기로 합의한 바 있다. 따라서 모든 CEFTA 동시에 WTO 회원국으로서 비관세장벽을 철폐하거나 관세화조치를 취하였다. 중동부유럽 국가의 무역정책도구의 선택과 실행에 GATT/WTO가 가장 큰 제도적 영향력을 미친다고 할 수 있다.

WTO 회원국인 폴란드, 헝가리, 체코 및 슬로바키아와 같은 나라들은 추가적 관세, 변동수입세, 수입할당제와 일부 면허요구 제도 등을 모두 철폐하였고, 이 같은 수입제한조치들은 모두 관세화조치로 대체되었다. 점진적 관세율 인하와 함께 수출보조금 사용제한조치는 지금까지 과잉생산을 초래하게 한 여타 정책도구들도 더 이상 시행할 수 없게끔 작용하고 있다. 예컨대 헝가리는 수출보조금 지급제한규정을 위반함으로써 예상했던 것 이상으로 운신의 폭이 좁아지게 되었다. 루마니아는 WTO에 가입하면서 개도국 지위를 인정받아 무역정책을 재조정하는 데 시간적 여유를 가질 수 있게 되었다. 유럽연합 가입협상과 차기 WTO라운드는 앞으로 농업보호를 위한 정책수단을 선택할 각국 정부의 재량권을 크게 위축시킬 것으로 전망되고 있다. 이는 다시 말해 앞으로는 국제무역협정이 외부적 제약으로서 각 나라 정부의 농산물시장개입 선택의 폭을 매우 효과적으로 제한할 것이라는 것을 시사한다 하겠다.

② GATT/WTO와의 관계

체제이행국가에서도 범세계적 교역시스템으로의 통합이 무역정책결정의 중요한 요인이 되고 있다.

■ 시장접근

시장접근 규정은 관세화 절차와 최소접근 이행에 관하여 규정하고 있는바 관세율 책정 기준연도가 1986~1988년인데, 중동부 유럽국은 이 기준연도를 적용할 수가 없다. 이들 국가들은 이른바 「국가제안서(national offers)」를 GATT 조인국에 제출함으로써 자유로이 관세를 책정할 수 있게 되었다. 그 결과 관세율에 따른 국내농업보호의 가능성이 네 개의 그룹으로 나뉜다.

관세율 비교적 낮음: 체코 및 슬로바키아
관세율 보통: 헝가리 및 슬로베니아
관세율 높음: 불가리아 및 폴란드
관세율 매우 높음: 루마니아[개도국 지위를 인정받아 가중평균치로 161.5%의 높은 관세율을 책정할 수 있었음(OECD, 1997)]

■ 국내보조

중동부 유럽국은 일반 협정에 따라 1986~1988년 기준으로 2001년까지 총액보조(Aggregate Measures of Support: AMS)를 20% 감축하기로 되어 있었다. 한편 나라별로 AMS 계산 절차와 적용 화폐기준이 달라 혼선이 빚어지고 있는 실정이었다. 체코는 '녹색상자(green box)'에 포함된 보조수단을 택함으로써 기존의 시장보조수단은 제외시켰다. 폴란드와 헝가리는 녹색상자에 시장보조수단을 포함시켰다. 폴란드는 정부규제가격이 세계시장가격보다 낮은 경우에는 그 부(負: negative)의 효과를 AMS 추정액에서 차감하였다.

폴란드는 미 달러화로 총액보조금을 계산하였고, 불가리아와 슬로베니아는 ECU를 사용, 그리고 체코, 슬로바키아 및 헝가리는 자국 통화를 사용하기도 하였다. 또한 인플레가 심한 경우에는 AMS를 재조정할 필요가 있었다. 루마니아는 AMS를 명시하지 않고 대신 비허용보조(non-exempt support measures)를 농업 총 산출액의 10% 까지 인정받았다. 그러나 유럽연합의 기준 AMS가 57%인 것과 비교할 때 폴란드를 제외한 중동부 유럽국의 AMS는 52%로서 낮은 편이었다.

■ 수출보조

슬로베니아를 제외한 중동부 유럽국은 수출보조금에 관한 WTO 의무사항을 이행계획에 포함시키고 있다(OECD, 1997). 그러나 수출보조에 관한 이행계획도 규정에 관한 정보부족 또는 혼동으로 인해 이행계획수립에 많은 차질이 빚어지고 있는 실정이다. 체코의 경우 분유를 유제품 그룹에도 포함시키는 동시에 다른 상품 그룹에도 포함시키고 있었다. 한편 헝가리는 기준연도에 실제로 수출보조금을 지급하던 일부 품목에 대해서는 수출보조금 지급 사실을 빠뜨리기도 하였다. 대부분 국가에서 수출보조금으로 지출된 금액을 자국 통화로 표시했으며, 다만 폴란드가 미 달러화로 불가리아는 ECU로 표시한 것이 예외적이었다. 그런데 자국 통화로 수출보조금을 평가한 경우는 AMS 추정 때보다 심각한 문제를 야기할 수 있다는 문제가 있다. 왜냐하면 인플레가 심할 경우 수출보조금 이행 사항을 재조정하는 WTO 규정이 없기 때문이다.

③ GATT/WTO의 영향

UR협상으로 농업보호 수준은 약간 감소될 전망으로, 대부분의 농산물 세계시장가격이 상승하면서 안정적이 될 가능성이 높은 편이다. 가격상승효과는 주로 수출보조금 감축에 따를 것으로 기대되고, 이런 효과는 타 지역의 자유화확대로 더욱 진전되면서 전 세계적으로 실질소득을 높여줄 것으로 예측되고 있다. 세계시장가격 상승은 그동안 재정빈약으로 보조금(수출보조금)을 지급하지 못하던 나라들이 비교우위를 바탕으로 경쟁력을 얻게 하는 기회를 제공할 것이다.

이상을 바탕으로 보면 중동부 유럽의 농산물 순 수출국들은 GATT/WTO 협정의 수혜자가 될 것으로 전망된다. 한편 계속적으로 순 수입국 입장에 있는 나라들은 두 가지 측면에서 손실을 보게 될 것으로 보인다. 즉, 실질소득 감소와 더불어 수입수요(import demand)가 비탄력적일 경우 외환보유고까지 악화될 수 있기 때문이다. 그러나 구조조정이 아직 끝나지 않은 단계에서 GATT/WTO 협정에 의해 어느 나라가 장기적으로 농업경쟁력을 가질지는 두고 보아야 할 것이다. 이는 중동부유럽 국가의 국내농업정책과 거시경제적 지표가 복잡하게 왜곡될수록 상황이 더욱 복잡해지기 때문이다.

순 수출국이라고 해도 수출보조금을 지급하면서 농업을 보호하였다면 UR협정에 의해 손해를 볼 수도 있고, 순 수입국이라 해도 수입보조금을 지급하면서 역으로 농업을 차별하였을 경우 오히려 UR협정에 의해 이득을 볼 수도 있다. 특히 높은 관세율로써 중동부 유럽국이 국내농업을 보호할 경우 후생 측면에서 오히려 손실이 될 가능성도 있다. 수입세 부과, 수출보조금 지급, 수입할당제 등을 시행하면서 국내 농산물시장을 세계시장으로부터 더 이상 분리시킬 수 없게 하는 관세화조치의 결과 가격의 안정성이 유지될 수 있다는 점을 평가해야 할 것이다.

세계 농산물시장에서 가격불안정 문제가 적절히 해소될 것이라는 기대 속에 수입국과 수출국 모두 자원배분의 효율성을 높일 가능성이 커지게 되었다. 이 상황에서 중요한 점은 중동부유럽국의 WTO 의무사항이 임시방편적인 농업보호조치의 시행에 걸림돌이 된다는 것이다. 하지만 세계 농산물시장과 국내물가가 안정될수록 이들 국가에서의 후생이 크게 향상될 수 있다는 점이 더욱 중요하다고 하겠다.

④ 체제전환국에서의 다자간 무역협정과 자유화 전망

무역자유화의 기본적 당위성은 비교우위의 원리에 의해 지구촌의 자원을 배분함으로써 경제적 후생을 증진시키는 잠재력을 더욱 높인다는 것에 있다. 그러나 지구촌 전체의 총체적 이득이라는 개념은 개별 국가의 정책입안자의 입장에서 볼 때는 너무 추상적인 점이 많다. 무역자유화를 위해 보호조치를 제거하면 누구에게 이득이 되고 누구에게 손실이 되는가? 더 이상 보호조치의 대상이 되지 못한 계층은 어떻게 보상받을 수 있는가? 정책입안자들로서는 자국의 이해관계를 어떻게 대변해야 하는가? 이상의 의문들은 특히 신생 및 체제전환국에게는 매우 중요한 관심이 아닐 수가 없다.

■ 거래비용(transaction costs)의 문제

농산물시장에서의 거래비용이란 노동시장의 경직성, 농촌신용제도의 결여, 불완전한 사유권제도, 계약이행의 취약성, 비효율적인 마케팅 경로 등에 의해 발생되는 경제발전의 저해요인을 말한다. 이러한 거래비용이 교역의 간접적(implicit) 장애요인으로 작용한다. 농업부문의 거래비용이 존재하게 되면 타 산업에 비해 보다 높은 세금을 농업부문에 부과하는 것과 같은 효과를 가져다준다. 이는 곧 농업부문의 상대적 비용과 가격에 영향을 미침으로써 비교우위의 패턴을 왜곡시키게 되는 것이다. 따라서 체제전환국으로서는 비교우위를 바탕으로 경제발전을 꾀하기 위해서 이러한 거래비용을 축소시키는 노력을 해야 할 것이다.

■ 농산물 무역자유화의 수혜자와 피해자

농산물 무역자유화가 전반적인 후생증대 효과를 가져다준다고 하지만 나라별로 보면 손실을 보는 경우도 있다. 피해 예상 국가는 순 수출국으로서 그동안 수출부문에 혜택을 주던 국가이며, 순 수입국으로서는 세계시장가격 상승요인을 상쇄할 만큼 국내자원의 효율성을 높일 잠재력이 없는 국가들이다.

한 국가 안에서도 자원이 재배분되면서 수혜자가 있는 동시에 피해자도 나타나게 된다. 적어도 단기에는 그동안 무역보호의 수혜대상자가 손실을 보게 된다. 이 같은 내부적 변동 결과 빈곤의 정도를 악화시킬 수 있는 여지가 문제점으로 대두되고 있다.

■ 빈곤문제와 무역자유화

지난 50여 년간 전 세계 평균 일인당 소득은 2배가 되었어도 아직 15억의 인구가 빈곤상태에서 생활하고 있다. 그 대부분이 개발도상국의 농민층이라 할 수 있다. 무역자유화를 위한 개혁조치의 결과 한 나라 안에서 누가 혜택을 보고 누가 손해를 보느냐는 정부가 높은 가격으로 농민을 보호하느냐 아니면 낮은 가격으로 소비자를 보호하느냐에 달려 있다고 하겠다. 무역자유화에 따른 경제후생의 순 이득은 국민들을 빈곤으로부터 탈출시키는 균형적인 것이어야 함에도 불구하고 자유화가 빈곤퇴치를 보장하지 못한다는 데 문제가 있는 것이다.

빈곤문제와 더불어 무역자유화에 의해 손실을 보는 계층에 대해서는 국내정책으로써 보완해야 할 필요가 있다. 이러한 국내정책 도구 중 일부는 우루과이라운드 무역협정(URAA)의 '녹색상자(Green Box)' 범주에서 찾아볼 수 있을 것이다.

■ 농산물 무역자유화와 농업정책

농업정책은 농가소득 지원 이외에도 많은 목적을 갖고 수행하게 된다. 나라별로 농업정책의 주된 목표가 다르지만 식량안보, 환경보호, 농촌지원, 이농억제, 농촌경관 보존 등이 농업정책의 주안점이 될 것이다. 그 중에서도 신생국이나 체제전환국의 경우는 농촌-도시 간 이농현상이 가져올 사회적 문제에 더욱 큰 정책적 관심을 갖게 될 것이다. 농산물 무역자유화는 체제전환국 각국의 농업정책에 새로운 의미를 부여하게 될 것이며, 그들의 이해관계가 일치되는 공통점은 다음과 같다.

모든 체제전환국은 무역자유화 시스템을 선호할 것으로 보인다. 식량수입국으로서도 농산물 무역자유화로써 잃는 부분이 있지만 보다 넓게 보면 세계경제와 통합되면서 경제상황이 더욱 호전될 수 있을 것이다. 농업정책이 보다 투명해진다면 대다수의 체제전환국들이 이득을 볼 수 있을 것이다. 일부 체제전환국에서 UR 농업협정의 애매한 조건이나 복잡하고 불투명한 정책도구를 통해 이득을 볼 수는 있지만, 전체적으로 볼 때 투명성 부족으로 오히려 선진국에 이득이 돌아갈 수도 있다는 지적도 있다(OECD, 2001).

2) 체제전환국 농산물시장 자유화 과정의 시사점

시장경제의 도입으로 특징져지는 사회주의권의 경제개혁은 인플레이션과 경기침체 등 과도기적 문제를 공통적으로 안고 있으나, 개혁속도와 정책의 일관성 여부에 따라 앞으로의 전망에 차이가 있다. 이러한 사회주의 경제체제 전환의 특징은 앞으로의 북한 농업체계의 발전방향에 여러 가지 시사점을 주고 있다. 시장경제체제로의 전환을 추진하고 있는 러시아 및 중동부유럽 국가의 경제개혁과 중국 등의 점진적인 개방·개혁정책은 북한의 경제개방·개혁의 필연성과 방향을 예시하고 있다고 볼 수 있다.

(1) 중동부유럽 국가의 시장자유화 평가와 시사점

동구권에서는 1960년대 초 몇몇 국가가 경제개혁의 필요성을 인식함에 따라 경제정책의 분권화 등 보다 확대된 시장기구도입이 시도되었으나 정치적 개혁이 선행되지 않아 경제개혁이 성과를 거두지 못하였다. 대부분의 중동부유럽 국가의 경제개혁은 목표와 이념에서 공통적인 특징을 갖고 있으나 의사결정의 분권화 정도, 변혁을 위한 제도와 정책의 선택 등에서 국가별 특성이 반영되어 경제성과에 차이가 나타나고 있다.

러시아는 장기적인 경기침체를 극복하기 위하여 집권공산당의 주도로 정치개혁을 선행한 경제개혁을 시도하여 개혁 초기에는 사회적 소유의 우월성과 시장적 방법을 가미한 국가계획의 중추적 역할을 강조하였으나, 경제적·정치적 혼란의 가중으로 급진적인 시장경제전환으로 선회하고 있다. 헝가리와 폴란드의 경우 경제난이 여타 구동구제국에 비해 심각했기 때문에 국민들의 불만이 가중되자 집권공산당이 개혁을 주도하는 위로부터의 개혁을 선택하였다. 그러나 이들 국가들도 정도의 차이는 있어도 소비재 과부족 현상과 정부보조금으로 인한 기형적 물가구조에 시달린 국민들의 시위로 공산당체제가 붕괴되는 밑으로부터의 개혁이 진행된 바 있다.

구동구권에서 독자적인 사회주의 시장경제체제와 가장 앞선 경제적 역량을 보유해왔던 유고슬라비아는 1980년대 이후 노동자자유관리제도가 구조적 모순을 드러내면서 침체에 빠져 1985년 이후 정치·경제적 위기로 국민생활수준이 저하되었고, 최근 시장경제전환과정에서 국민의 생활고가 가중되고 있다. 러시아 및 중동부유럽제국은 시장경제로 전환하는 경제개혁의 일환으로 1990년 가격자유화의 범위 확대, 금융·재정 긴축 등 경제안정화정책의 실시와 함께 국영기업의 민영화를 추진하고 부분적으로 사유재산을 인정하는 등 민간부문의 활성화에 주력하였다. 한편으로는 자국 통화의 교환성 확보와 수출증대를 도모하기 위한 평가절하를 실시하고 인플레이션 억제를 위하여 금리를 인상하였다.

준비 없이 이루어진 급격한 시장경제로의 전환은 농산물시장의 대혼란을 초래하였으며, 새로운 체제에 대한 이해가 부족한 상황에서 생산 및 유통부문에서 효율성이 매우 낮을 수밖에 없었다. 체제전환이 된 지 10여년이 지난 지금까지도 대부분의 중동부유럽 국가에서는 농산물 생산량이 체제전환 이전인 1989년에 비해 50~80% 수준에 머무르고 있는 것이 문제점으로 나타난 것이다.

시장경제에 대한 주민들의 높은 기대와 과신은 농산물유통에서 구매력의 절대감소, 실업의 발생 등과 어우러지면서 새로운 선진화된 유통체계의 구축에 실패한 것으로 평가된다. 대부분의 중동부유럽 국가에서 시장 형태는 구체제하의 모습을 답습하고 있으며, 서구식의 물류체계나 도매시장 등의 모습은 아직은 요원하며 상행위 종사자들의 유통에 대한 인식도 미치지 못하고 있다. 시장경제에 대한 맹신은 정책결정에서 수많은 실수를 초래하였으며, 구체제를 유지하는 동시에 새로운 제도를 창출하려는 기본적인 문제에 봉착하여 계속 수정할 수밖에 없었다.

구체제하에서 경험하지 못하였던 기업 및 생산농가의 역할에 대한 이해부족은 일관성 없는 정책결정과 함께 농업부문의 몰락을 초래하였다. 이러한 혼란과정에서 일부 정치세력들은 개혁의 흐름을 방해하고 소비자에 대한 무분별한 지원책을 제시하였으며, 농업부문의 종합적인 개혁을 되돌려 놓기도 하였다. 일부 농촌지역에서는 농산물 '마피아'들이 매점매석과 함께 농산물가격을 조작함으로써 농민들이 큰 피해를 입을 수밖에 없었다.

경제체제의 모순에서 비롯된 러시아와 중동부유럽의 경제체제전환은 사회주의권의 경제개혁과 정치적 민주화의 필연성을 경험적으로 보여주고 있다. 따라서 폐쇄적인 계획경제체제를 지향해온 북한의 개혁·개방에 상당한 압력으로 작용하게 된다. 러시아와 중동부유럽의 경제개혁은 목표와 이념에서 중앙계획을 조정하고 시장기구 도입을 근간으로 하는 체제수렴의 공통적인 방향성을 가지고 있어서 북한의 경제개혁·개방의 방향과 그 형태를 예시하고 있다고 하겠다. 특히 러시아와 중동부유럽의 경제개혁은 경제적 문제가 원인이 되었지만, 정치적 개혁이 선행되어야 경제개혁을 효과적으로 추진할 수 있음을 보여주고 있다. 또한 경제개혁의 과정 속에서 야기되는 인플레와 실업으로 인한 국민생활고의 심각성과 정치적 불안정 등의 부작용이 불가피하므로 대외적 여건과 국내적 상황을 고려하여 개혁의 절차와 속도는 계속 주시하여야 할 것이다.

러시아 및 중동부유럽 국가의 시장경제가 활성화되기 위해서는 급진적 경제개혁이 요구됨에도 불구하고 이로 인한 부작용으로 경제난이 심화되자 오히려 점진적 경제개혁으로 선회할 가능성도 있다. 북한의 경우는 민족분단 등의 정치적 불안정이 경제개혁의 장애요소가 되고 있어서 시장경제체제로의 전환은 경제적인 접근만으로는 한계가 있음을 보여주고 있다.

(2) 중국식 점진적 개방과 북한 가격정책의 비교

① 유사점

중국은 1978년 12월의 당대회에서 경제발전과 현대화를 국가가 추구해야 할 목표라고 선언한 이후 지속적으로 개혁을 추진하였다. 1984년까지의 초기단계에서 중국은 생산력증대를 위해서는 시장경제적 요소도 적극 수용할 수 있다는 논리 아래 가격인상을 비롯해 인민공사 해체, 기업이윤유보제 도입, 경제특구개설 등의 조치를 취했다. 특히 농촌과 상공업을 대상으로 하는 은행을 신설하면서 은행이 여신 등을 통해 기업활동을 감시할 수 있도록 하는 금융개혁도 추진했다.

그러다가 1992년 덩샤오핑(鄧小平)의 남순강화(南巡講話) 이후 농산물 배급제 등 전면적 개혁에 들어가 사회주의적 시장경제체제를 확립하였다. 이 같은 중국의 개혁과정을 북한에 적용하면 이번의 '가격조정' 등을 비롯해 북한이 그동안 취해온 '경제관리 개선' 내용은 중국의 초기개혁 때와 유사한 측면이 있다. 합영법 제정(1984년)이나 나진·선봉 경제특구 설치(1991년) 등도 유사하다. 특히 북한이 이번에 농민시장가격을 반영하는 '가격현실화' 조치를 취한 것은 1979년 중국의 가격개혁 수준을 넘어선 것으로 평가되고 있다. 즉, 실적제 도입, 임금 및 물가 인상, 배급제 폐지 등은 극도로 왜곡된 생산 및 유통 구조를 바로잡아 생산성향상으로 연결시키기 위한 유기적 조치들로 중국이 개혁 개방 초기 시행한 일련의 경제조치와 흡사하다.

북한이 1990년대 중반 도입한 가족생산제는 중국의 식량증대 1차 조치였던 가족청부제를 그대로 벤치마킹했다고 할 수 있다. 가족청부제는 중국이 농업 분야 생산단위였던 인민공사라는 대단위 협동농장을 폐지하면서 그 대안으로 내세웠던 제도로 생산단위를 가족단위로 축소한 것이다. 북한의 가족생산제도 그동안 생산단위를 10명 내외로 구성한 분조관리조에서 4~5명 단위 가족단위로 낮춰 생산의욕과 효율을 높이자는 것이다. 또한 국가 수매비율을 낮추고 대신 농민농장을 비롯한 일반 시장에 내다 팔 수 있는 비율을 확대해 생산성증대를 꾀하고 있다. 중국은 가족청부제를 도입한 후 농업 총 생산액이 개혁 전 연평균 성장률인 3.2%를 크게 상회하며 15% 내외를 기록한 바 있다.

② 차이점

중국은 개혁·개방 시대에 4단계에 걸쳐 가격개혁을 실시하였다. 1단계(1978~1984년)의 출발점은 1979년 11월 양곡, 야채 등 18가지 주요 농·축산물의 수매가격을 24.8% 인상한 것이었다. 이것은 중국이 1962년 이후 17년간 유지해온 수매가를 처음 올린 것이다. 북한이 최근 쌀 수매가를 kg당 80전에서 40원으로 50배 올린 것과 비교하면 인상폭은 적지만 가격개혁의 신호탄이었다. 이어 중국 정부는 1982년 160종의 공산품을, 이듬해에는 350종의 상품가격을 시장의 수요에 따라 기업이 자유롭게 결정하도록 하였다.

2단계(1985~1989년 상반기)는 주요 생산재에 대해 이중가격제를 실시한 시기이다. 중국 경제가 고도성장을 하면서 강철, 시멘트 등 건설재가 크게 부족하자 주요 생산재에 대해 이중가격제를 실시한 것이다. 이처럼 가격자유화 추진으로 인플레이션 등 부작용이 나타나자 중국 정부는 일단 물가안정에 주력한 후, 1992년 국정가격과 시장가격의 이중가격제를 폐지하고 완전히 시장가격 중심의 가격자유화 조치를 단행하였다. 이에 앞서 중국은 개혁·개방 초기에 가격개혁으로 인한 혼란을 막기 위해 국정가격, 시장가격 등 네 가지 가격체제를 유연하게 운영함으로써 개인은 물론 기업의 충격을 최소화하려 하였다.

이에 반해 북한은 쌀 판매가격을 시장기능에 맡겨 현실화한다고 했지만, 중국과 달리 가격개혁이 과연 실효성을 거둘 수 있을지 의문시되고 있다. 가격개혁이 성공하려면 수요와 공급의 원칙에 따른 가격탄력성을 반영해야 하는데, 북한의 최근 조치가 가격자유화가 아니라 단순히 국정가격과 농민시장 간의 가격을 조정한 것에 불과하다면 그 실효성에서 중국과의 유사성이 희박하다고 하겠다. 또한 북한의 가격개혁의 성패는 공급량 확보에 달려 있다고 할 수 있다. 이와 함께 중국의 가격 개혁이 성공할 수 있었던 것은 중국 정부가 상품공급량을 크게 늘림으로써 인플레이션에 강력히 대응했기 때문이라고 전문가들은 지적하고 있다.

중국은 가격개혁을 농업개혁, 경제특구설치 등 다른 분야에서의 개혁과 동시에 지속적으로 추진했으나 북한은 아직 준비단계에 있으며 시행결과도 불확실하다. 중국은 인민공사의 해체 등 농업개혁을 통해 식량생산량을 증가시킴으로써 국정가격과 시장가격의 차이를 점차 줄여나갈 수 있었다. 물론 북한도 농업생산력 향상을 위해 1996년 협동농장의 가족단위 분조에 초과생산물에 대한 처분을 허용했고, 최근 대규모 기계화 국영농장 조성을 추진 중이나 아직 역부족인 상황이다.

한마디로 북한은 중국과 달리 합영법 제정 이래 '산발적으로' 경제정책 수정을 해온 것이고, 이는 개혁에 임하는 양국의 기본방침이 다르기 때문이기도 하다. 중국은 "정치체제는 그대로 두나 경제는 개혁한다"는 확고한 정책기조가 있었으나, 북한은 계획경제의 추진에 따른 문제점을 보완하는 데 그치고 있는 것이다. 결국 북한은 겉으로는 '시장경제 도입'을 부인하지만 시장경제적 요인은 수용하는 셈이다. 그렇다고 중국이 추진했던 개혁방식을 그대로 답습해나갈 것이라고 확신하기는 어려울 것이다.

4. EU 가입[44]과 농촌재건을 위한 교류협력

중동부유럽 국가들의 EU 가입 추진배경에는 정치·경제적인 동기가 자리 잡고 있다. 1990년대 초 불어 닥친 사회주의체제의 해체에 직면하여 유럽연합과 중동부유럽 국가들 사이에는 유럽연합체제로의 통합을

44) 2004년 5월 1일에 정식 가입.

통해 정치적 안정과 경제적 부흥을 모색하고 있다.

서유럽과 역사적·문화적 동질감을 가지고 있는 중동부유럽 국가들은 유럽연합체제에 편입됨으로써 발전된 제도를 흡수하고, 거대한 수출시장을 확보하는 동시에 유럽연합의 지원을 통해 자국의 경제회복을 앞당기기 위해 유럽연합에 가입하고자 하였다. 유럽연합에서도 중동부유럽 국가들을 통합함으로써 유럽의 안정은 물론 이 지역에 대한 경제적 진출에서 우위를 확고히 할 수 있을 뿐 아니라 유럽연합을 명실공히 전 유럽 차원의 국가공동체[45]로 변모시킬 계기가 된다는 의미에서 중동부유럽 국가들의 가입을 원칙적으로 환영하였다.

그러나 수십 년간 다른 체제하에 있던 중동부유럽 국가들을 EU체제에 통합시키는 것은 결코 쉬운 과제가 아니었다. 무엇보다 유럽연합의 회원국들 사이에 신규회원국을 가입시키기 위해서는 재정운용의 개혁이 필요했고, 중동부유럽 국가들의 경우에도 농산물시장 및 가격제도, 그리고 농업구조 등 유럽연합과 격차가 뚜렷한 분야를 단기간 동안 개혁해야만 하였다.

EU는 통합을 본격적으로 추진하기 위해 몇 단계의 준비과정을 마련했

45) 경제공동체는 그 통합 결속도에 따라 두 가지 유형으로 나눌 수 있다. 하나는 중국, 대만과 같이 교류·협력에 의거하여 실질적 경제통합이 이루어지고 있는 경제단위(기능적 경제공동체: functional economic community)이며, 다른 하나는 EU와 같이 제도화된 합의를 바탕으로 한 경제통합체(제도적 경제공동체: institutional economic community)이다.

제도적 경제공동체의 전형적인 사례인 유럽연합은 1957년 로마조약에 의해 역내 무역자유화(FTA) 단계를 거쳐 1968년 관세동맹, 1993년 단일시장, 그리고 1999년 단일통화출범으로 경제 및 통화동맹(EMU)의 단계에 도달함으로써 지역협력체로서 가장 발전적인 모습을 갖추고 있다. 최근에는 체제를 전환하고 있는 중동부유럽 국가들과 자유무역협정을 체결하고 이들의 농업부문을 지원하며 유럽연합의 확대를 꾀하고 있다.

EU의 경제통합과정

통합과정	자유무역지대 (Free Trade Zone)	관세동맹 (Customs Union)	공동시장 (Common Market)	경제·통화동맹 (Economic Union)
단계별 특성	자유무역	공동관세부과	생산요소 자유이동	경제정책 조화
결성연도	1957년	1968년	1993년	1999년

는데, 첫 번째 중요한 결과가 1991년 12월부터 개별적인 중동부유럽 국가들과 차례로 체결되기 시작한 '연합협정(Association Agreement)'이었다. EU는 중동부유럽 국가들과 맺어진 연합협정에서 이 국가들과 쌍무간 정치적 대화의 정례화, 상호교류와 관련한 정부규제의 조정, EU에 의한 기술 및 금융 지원, 그리고 경제교류의 긴밀화를 위한 구체적인 방안 등을 포함시켰으며, 특히 이 협정의 일부인 '경제 및 무역에 관한 잠정협정'에는 협정체결 당사자 사이에 10년 이내에 완전한 자유무역을 실현할 것을 목표로 하고 관세인하 일정 및 무역규제수단의 점차적인 철폐 등을 정하였다.

1993년 코펜하겐에서 열린 EU정상회담은 연합협정을 맺은 중동부유럽 국가들을 '잠재적인 회원국(potential members)'으로 지칭하고, 중동부유럽 국가들의 EU 정식가입 추진을 위한 ① 민주주의, 법치주의, 인권보호를 보장하는 안정적인 제도의 확립, ② 작동하는 시장경제체제의 존재, ③ 단일시장, 기술표준, 환경은 물론 사법제도까지를 포괄하는 'EU 규약'을 내국법으로 수용할 수 있는 가능성 등의 기본적인 조건을 제시하였다. 동시에 EU는 이러한 가입전제조건들을 충족시키는 것을 지원하기 위해 이른바 '가입 전 전략(pre-accession strategy)'[46]을 추진하여 지난

---

46) 이 전략은 크게 세 개의 정책프로그램으로 구성되는데, 각 프로그램의 목적은 다음과 같다.

- PHARE 프로그램(Poland-Hungary Assistance for the Reconstructing of the Economy): 농업분야에서 바로 적용이 가능한 거대한 분량의 유럽연합의 법령은 잠재적인 회원국의 유럽연합에 통합되는 즉시 제 기능을 할 수 있는 적절한 행정구조를 필요로 한다. 따라서 기관형성은 농업부문의 가입을 준비하는 중요한 부분이다. 또한 이 프로그램은 공동농업정책을 담당하는 유럽연합의 공무원과 잠재적인 회원국 공무원 간의 교환을 재정적으로 지원하는 것이다.
- ISPA 프로그램(Instrument for Structural Policies For Pre-Accession): 확대된 농산물 단일시장의 기능을 원활히 수행하기 위한 환경 및 수송하부구조의 개선을 지원한다.
- 농촌재건특별시책(The Special Accession Programme for Agriculture and Rural Development: SAPARD 프로그램): 유럽연합에 가입을 희망하는 중동부유럽 국가의 농업구조조정을 지원하는 프로그램으로 유럽연합의 공동농업정책, 농촌개발 영역의 유럽연합 법령 집행에 기여함을 목적으로 한다.

<표 3-17> 중동부유럽 국가들의 경제성장률 추이 및 전망

	2000년	2001년	2002년	2003년
체코	2.9	3.5	2.5	3.5
헝가리	5.2	3.8	3.5	4.0
폴란드	4.0	1.1	1.0	2.5
슬로바키아	2.2	3.3	3.5	4.0
슬로베니아	4.6	3.0	2.5	3.5
에스토니아	6.9	5.0	4.4	5.5.
라트비아	6.9	7.6	5.0	5.5
리투아니아	3.9	5.9	4.8	5.0

자료: DB Research, 2002.

10여 년에 걸쳐 재정 및 기술적 지원을 제공하였다.

EU 가입을 희망하는 많은 중동부유럽 국가들은 체제전환과정에서 EU가 지향하는 시장경제로의 통합조건을 준수하기 위해 많은 어려움을 겪었으나 가입희망국들과 EU는 서로간의 10여 년에 걸친 협의과정과 조건시행과정을 통해 하나의 시장을 실현시키고 있다. 본 절에서는 농촌재건특별시책(SAPARD 프로그램)을 중심으로 이 국가들이 체제전환과정에서 유럽연합과 연계하여 어떻게 서유럽형 농업·농촌으로 전환을 시도하였는가를 중점적으로 분석하고자 한다.

1) 신규 가입국가들의 거시경제지표

실질 GDP성장률을 살펴보면 중동부유럽 국가들은 대체로 1989년 이래 마이너스성장을 계속해 오다가 체제전환의 성과가 가시화된 1994년부터 회복세로 돌아섰다. 2000년 이후에는 전반적으로 3～6% 대의 비교적 안정적인 성장세로 진입하였다. 중동부유럽 국가들의 경제 사이클은 점차 유럽연합에 수렴되는 경향을 보이고 있는데, 이는 중동부유럽 국가들의 유럽연합경제에 대한 높은 의존도를 반영하고 있는 것이다.

물가수준은 시장경제로의 전환 이후 가격자유화 조치로 체코, 헝가리, 슬로바키아 등 몇 개국을 제외하고는 대부분 하이퍼 인플레이션 현상을

<표 3-18> 중동부유럽 10개국의 경제력 비교(1999년 기준)

	인 구	GDP	GDP 수준	일인당 GDP	경제 성장률	인플레 이션율	실업률	경상 수지	외채	FDI 유입
단 위	100만 명	10억 달러	'89=100	달러	%	%	%	억 달러	억 달러	억 달러
헝가리	10.0	48.9	99	4,853	4.5	10.1	7.0	−20.8	292.8	14.1
폴란드	38.7	152.9	122	3,987	4.1	7.3	13.0	−116.4	590.0	66.4
체코	10.3	53.5	95	5,189	−0.2	2.1	9.4	−10.6	226.2	49.1
슬로바키아	5.4	19.7	100	3,650	1.9	10.6	19.2	−10.8	104.7	7.0
슬로베니아	2.0	20.0	109	10,020	4.9	6.1	7.4	−7.8	54.9	1.4
에스토니아	1.4	5.1	77	3,564	−1.1	3.3	12.3	−2.9	28.7	2.2
리투아니아	3.7	10.6	62	2,880	−4.2	0.8	14.1	−11.9	43.4	4.8
라트비아	2.4	6.2	60	2,582	0.1	2.4	14.4	−6.5	38.0	3.3
루마니아	22.3	34.0	76	1,517	−3.2	45.8	11.5	−13.1	92.3	9.5
불가리아	8.1	12.4	67	1,513	2.4	0.7	16.0	−6.8	99.9	8.1
전 체	104.3	363.3	97	−	−	−	−	−	−	166.0

자료: EBRD, Transition Report, 2000.

보여왔으나 1990년대 중반 이후 이 현상은 해소되어 현재는 연 10% 이내의 관리 가능한 수준으로 안정되었다. 그러나 불가리아, 루마니아, 터키는 두 자리 수 이상의 높은 물가상승률을 보이며 여전히 불안한 상태이다.

실업률은 지속적으로 감소세를 보이고 있으나 여전히 두 자리 수의 높은 수치를 기록하고 있다. 헝가리, 슬로베니아, 체코 등은 6~8%대로 비교적 안정적이다. 국가재정면에서 보면 국영기업에 대한 보조금 철폐 등 재정지출의 축소와 세제개혁에 힘입어 전반적으로 개선되는 추세에 있으며, 대부분 국가의 누적부채는 GDP 대비 60% 이내로 견실한 수준이다. 경상수지는 전반적으로 적자기조를 보이고 있는데, 경상수지적자를 보전하기 위해 국유기업의 민영화를 통해 국제자본의 유입과 투자환경개선을 통한 FDI 유치를 꾀하고 있는 실정이다.

2) 기존 회원국과 신규가입국 간의 경제적 격차

체제전환 이후 중동부유럽 국가들의 GDP는 감소국면에 들어섰다가 1999년에야 비로소 1989년 사회주의체제 붕괴 이전 수준까지 도달할 수 있었다(1989년 대비 97% 수준). 이들 중동부유럽국의 경제가 1989년 수준까지 회복되는 데 약 10년의 세월이 걸린 셈이다. 1999년 중동부유럽 10개국의 GDP 총 규모는 3,633억 달러로 유럽연합 15개국 합계(8조 5,000억 달러)의 4.3%에 불과하다. 중동부유럽 국가 중에서 GDP 규모가 가장 큰 폴란드도 1,529억 달러로 유럽연합 내 11위 규모인 핀란드(1,294억 달러)를 약간 상회하고 있을 뿐이다. 그러나 인구면에서는 중동부유럽 국가들의 합계가 1억 400만 명으로 유럽연합 합계 3억 7,500만 명의 27.9%를 차지, 경제규모와는 대조적으로 상당한 비중을 차지하고 있다.

일인당 GDP(1999년 기준)는 중동부유럽 10개국 평균이 3,490달러로 유럽연합 평균치인 22,672달러의 15.4%에 불과하다. 중동부유럽 국가들 중 일인당 GDP가 가장 높은 슬로베니아조차도 10,000달러(EU 평균의 44%)에 불과해 유럽연합 회원국 중 최하위인 포르투갈과 그리스(각각 11,376달러, 11,740달러)에도 미치지 못하고 있다.

현재의 경제성장률 추이가 유지된다고 가정하면, 중동부유럽 국가의

<표 3-19> 중동부유럽 국가들의 유럽연합 가입 이후 경제력 차이

	일인당 소득(유로)	실업률(%)	인구(100만)
EU-15개국	23,895	7.7	379
EU-25개국	20,315	7.9	454
기존 회원국 상위	48,329(룩셈부르크)	2.4(룩셈부르크)	82.1(독일)
하위	17,013(그리스)	11.3(스페인)	0.45(룩셈부르크)
신규가입국 상위	16,813(슬로베니아)	5.5(헝가리)	38.7(폴란드)
하위	7,916(라트비아)	18.5(폴란드)	0.35(몰타)

자료: DB Research, 2002.

<그림 3-3> 중동부유럽 국가의 농지이용 현황(1,000ha)

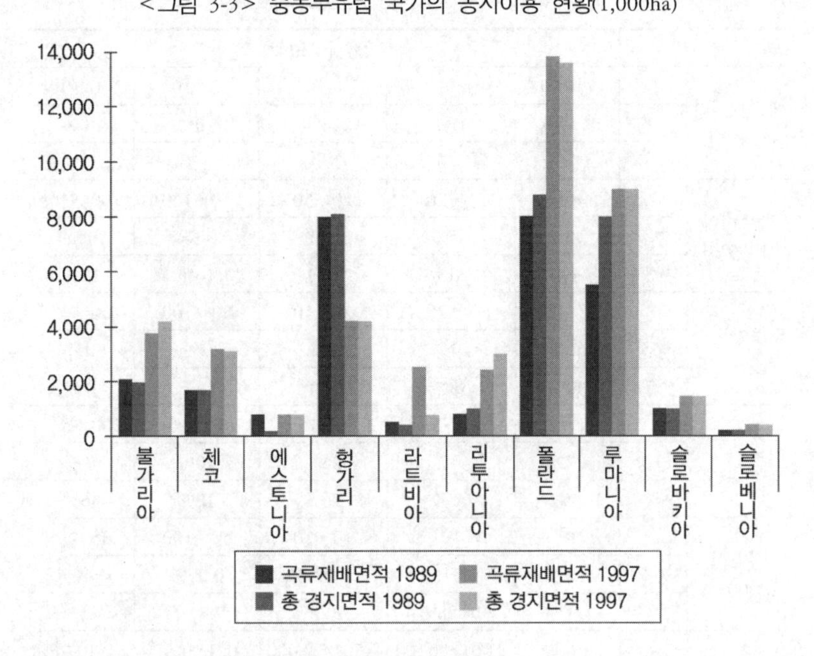

자료: EC(European Commission), *Special Pre-accession Assistance*, 2000.

일인당 GDP 평균치가 유럽연합 평균치의 70% 수준으로 도달하기 위해서는 31년, 유럽연합 평균수준에 도달하기 위해서는 43년이 요구된다. 이와 같이 유럽연합이 중동부유럽으로 확대되는 것은 경제력 격차가 큰 다수의 나라를 대상으로 하기 때문에 그 격차를 좁히는 데는 많은 시간이 소요될 것으로 예상된다.

3) 중동부유럽 국가의 농업 및 농촌

중동부유럽 국가들의 농업부문은 체제전환기를 맞은 1990년대 초반 가격 및 무역자유화, 민영화, 보조금제 폐지, 그리고 전통시장의 상실 등으로 인하여 극적인 변화를 맞고 있다. 그 결과 농업생산량은 급격히 감소하였으며, 단기소득을 창출하기 위해 생산부문의 자산을 매각하는 등

<표 3-20> 중동부유럽 국가의 영농규모

국 가		영농규모(ha)				
에스토니아 (1999년)		5 이하	5~20	20~50	50~100	100 이상
	농장	12%	41%	28%	10%	10%
	농경지	0%	6%	12%	9%	73%
라트비아 (1999년)		5 이하	5~20	20~50	50~100	100 이상
	농장	30%	45%	19%	4%	1%
	농경지	4%	28%	32%	16%	19%
리투아니아 (1998년)		5 이하	5~20	20~50	50~100	100 이상
	농장	66%	24%	8%	2%	0%
	농경지	30%	38%	17%	15%	0%
폴란드 (1998년)		1~2	2~5	5~10	10~15	100 이상
	농장	22%	34%	25%	10%	8%
	농경지	5%	16%	26%	18%	36%
헝가리 (2000년)		1 이하	10	10~50	50~100	100 이상
	농장	98.89%	0.31%	0.22%	0.09%	0.49%
	농경지	4.02%	16.28%	21.28%	7.87%	50.55%
슬로바키아 (1999년)		1,001	1,001~1,500	1,501~2,000	2,001~2,500	2,500 이상
	농장	44%	0%	33%	8%	16%
	농경지	16%	0%	32%	12%	41%
루마니아		5 이하	5~20	20~50	50~100	100 이상
	농장	82%	18%	0%	0%	0%
	농경지	38%	49%	0%	0%	13%
불가리아		0.5 이하	0.5~1.0	1.0~5	5~10	10 이상
	농장	70%	13%	15%	1%	0%
	농경지					

자료: 각국 통계.

이른바 탈자본화 현상이 폭넓게 발생하였다.

(1) 농업부문

체제전환의 초기에는 집단농장의 사유화 과제가 크게 부각되었다. 공식적인 업무는 현재 거의 완료된 상태이나 토지(임대차)시장의 설립과 소유권결정

문제에 대한 최종완수작업은 아직까지 진행 중에 있다. 체제전환 과도기에 나타난 투입요소 급감과 보조금 철폐는 농산물생산에 어려움을 가중시켰으나 현재 중동부유럽 10개국의 작물생산량은 재배면적의 증가와 일부 작물의 단수 회복으로 인해 대체로 거의 과도기 이전 수준을 나타내고 있다. 그러나 일부 국가에서는 아직도 1989년 생산수준을 하회하고 있는 실정이다. 또한 슬로바키아를 제외한 모든 나라에서 농업의 비중이 감소하였다.

축산부문은 자유시장 경제체제로의 전환과 동시에 생산자들은 재고물량의 증가에 의하여 극심한 비용·가격 압박을 받아 더욱 큰 어려움에 봉착하였다. 육우와 면양의 사육두수는 대략 1989년의 절반 수준을 나타내고 있는 반면 젖소, 양돈, 그리고 가금류 사육두수는 약 30%가량 감소한 상태이다. 현재 중동부유럽 국가의 육우 사육두수는 유럽연합과 비교하여 20% 수준이며 젖소는 약 38%, 양돈 34%, 그리고 면양은 17% 수준이다.

작물 및 축산부문은 점차적으로 단수가 증대될 것이라는 기대 속에, 중동부유럽 10개국의 농산물 잉여물량은 2005년까지 700만~800만 톤에 달할 것으로 추정된다. 이 지역의 경작 가능한 총면적은 유럽연합의 55% 수준이다. 유럽연합 확대 이후 중동부유럽 10개국의 공급과잉 농산물은 현재 3,000만 톤으로 예상되며, 이것의 대부분은 국제가격으로 수출될 것으로 예상된다. 생산량 회복은 작물부문보다는 축산부문에서 더욱 더딘 행보를 보일 것이다. 그 이유는 축산부문의 재건이 시설 및 투자에서 작물부문보다는 오랜 시일이 소요되기 때문이다.

농업부문의 고용을 살펴보면, 중동부유럽 국가에서는 농업부문 종사자의 비율이 높다. 2001년에 유럽연합 15개국의 평균은 4.1%인 반면에 중동부유럽 국가의 평균은 20.8%이다. 국가별로 그리고 지역에 따라 격차가 크다. 농업부문 종사자의 비율이 높은 나라는 루마니아(44%), 불가리아(26%), 폴란드(19%), 리투아니아(17%), 레트란드(15%), 헝가리 동남부(10%) 순이다.

중동부유럽 10개국의 농업부문 종사자는 대략 950만 명이나 유럽연합은 750만 명에 불과하다. 중동부유럽 국가의 농업생산성이 비록 유럽연

<그림 3-4> 중동부유럽 국가의 축산현황(1,000두)

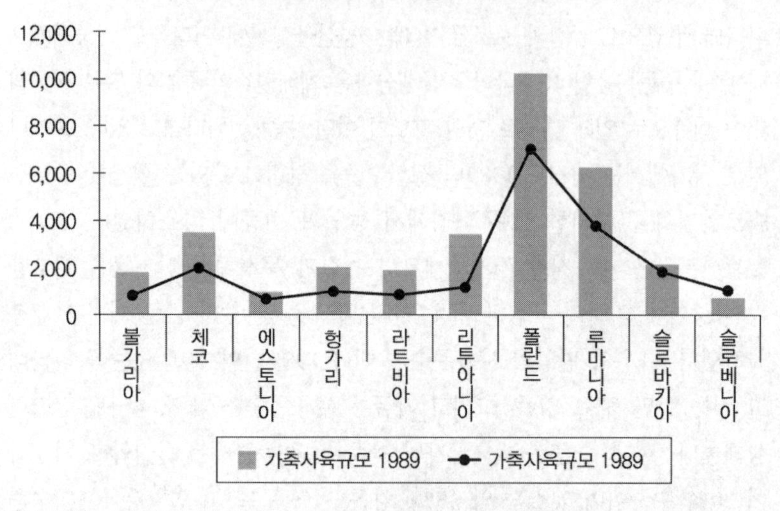

자료: EC(European Commission), *Special Pre-accession Assistance*, 2000.12.

합에 비하여 단지 11% 낮은 수준에 불과하지만, 유럽연합의 확대로 농업부문의 고용은 두 배 이상 늘어나게 된다. 농업부문의 종사자가 많음에도 불구하고 농촌지역의 실업과 불완전고용 역시 높은 실정이다. 농업부문이 보다 경쟁력 있기 위하여 생산성 제고가 필수적이지만 유럽연합 수준으로 생산성을 향상시키면 400만 명의 인력이 농업부문에서 떠나야 할 것이다. 따라서 농촌지역의 경제사업 다각화는 최우선적으로 해결되어야 할 과제이다.

농산물무역은 유럽연합 회원국과 중동부유럽 가입신청국 모두에게 중요한 사안이다. 이들 가입후보국들에게 유럽연합은 매우 중요한 교역국인 동시에 유럽연합의 입장에서는 이 국가들은 미국 다음으로 두 번째로 큰 무역상대국이다. 중동부유럽 국가의 농식품부문 대EU 무역적자는 1999년에 7억 6,000만 유로에 달하였다. 중동부유럽 국가의 대EU 생축 및 육류수출은 사육두수 감소에도 불구하고 여전히 수출액의 25% 이상을 점하고 있다. 채소는 두 교역당국에 중요한 수출품으로서 1997년 기준으로 대EU 그리고 대중동부유럽국가의 야채수출은 각각 11%와 9%였다.

<그림 3-5> 중동유럽 국가의 농업인구비율

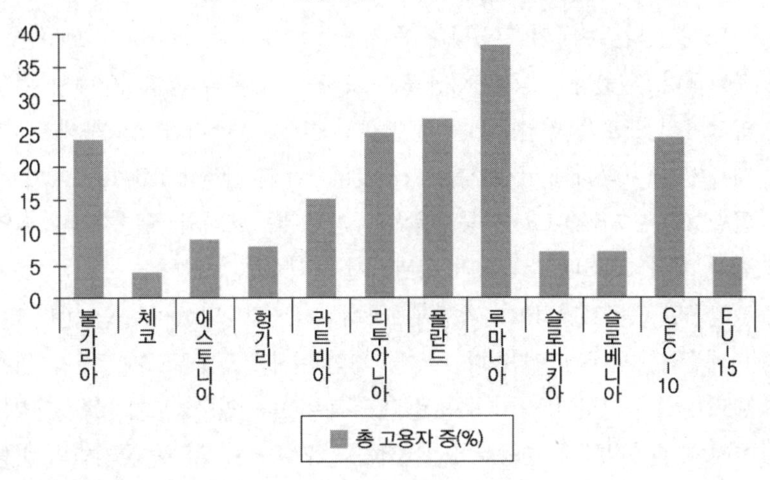

자료: EC(European Commission), *Special Pre-accession Assistance*, 2000.12.

<표 3-21> 중동부유럽 국가의 농업노동력

(단위: 1,000명)

국가	1995년	1996년	1997년	1998년	1999년	변화율(1995~1999년) (%)
에스토니아	56	52	45	44	44	−22
라트비아	201	195	172	164	154	−23
리투아니아	390	399	363	355	335	−14
폴란드	3,260	3,480	3,370	3,282	2,985	−8
체코공화국	312	301	276	264	238	−24
슬로바키아	201	191	183	160	157	−22
헝가리	295	302	288	279	270	−8
슬로베니아	92	89	108	109	93	1
루마니아	3,187	3,249	3,320	3,384	3,349	5
불가리아	770	768	769	796	817	6
가입후보국 전체	8,764	9,027	8,893	8,835	8,441	−4

자료: 각국 통계.

(2) 농촌지역

12개 가입후보국의 일인당 소득은 EU 15개국 평균의 38%(2000년)에 불과했다. 일인당 소득과 성장률은 도시와 EU와의 국경지역에서 가장 높으며, 단조로운 산업구조를 가진 산업지역과 농촌지역[47]이 문제지역이다. 가입후보국의 평균실업률은 13%(2001년)인 반면에 EU 15개국의 평균실업률은 7.6%이고, 중동부유럽 국가에서는 도시와 국경지역의 실업률이 낮다. 그러나 소득과의 상관관계는 확실하지 않다.

인구밀도를 보면 12개 가입후보국은 km^2당 97명(2000년)인 반면 EU 15개국의 평균은 119명이다. km^2당 50인 이하로 인구밀도가 낮은 지역은 발트제국, 불가리아, 루마니아, 폴란드 북부이다. 인구밀도가 낮은 지역은 투자에서 불리한데, 중동부유럽에서는 인구밀도가 낮은 농촌지역의 비율이 높은 편이다. 1990~2000년 동안 중동부유럽 국가들의 농촌지역 인구는 평균적으로 매년 0.27% 감소하였다(EU 15개국: 0.23%). 그 원인으로는 낮은 출산율과 높은 사망률, 그리고 도시로의 이주 등을 들 수 있다.

인적 자본은 농촌지역의 구조적인 적응을 위해 필수적이다. 가입후보국의 일반적인 교육수준은 EU-15와 비슷하나 농촌지역에서는 교육구조가 불리하다. 노인과 농업노동력은 교육수준이 낮고, 젊은이들은 너무 전문화되었다.

4) 농업 및 농촌지역의 발전을 위한 유럽연합의 농업 및 지역정책

(1) 공동농업정책(CAP: Common Agricultural Policy)

유럽연합은 공동농업정책을 통해 역내 농산물가격을 국제가격보다 높게 설정하여 농가의 소득을 유지하는 가격지지제도와 함께, 농산물수출에 대해서는 국제가격과의 차액을 보상하는 조치를 통해 농산물의 공동시장을 유지하는 정책을 시행하고 있다. OECD에 따르면, 유럽연합의

47) 농촌지역에 대한 통일된 정의가 없다. OECD는 km^2당 150인 이하, EUROSTAT는 도시화 정도에 따라 정의하고 있다.

<그림 3-6> 중동부유럽 국가의 농산물 수출입 비중

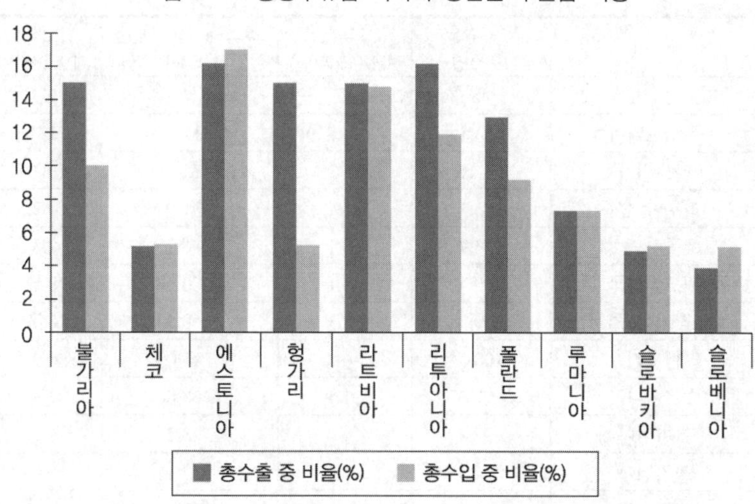

자료: EC(European Commission), *Special Pre-accession Assistance*, 2000.12.

농산물은 농업보호정책으로 국제가격 대비 20% 정도 높은 수준이다. 현재 중동부유럽 국가들은 유럽연합 회원국들과 비교할 때 농업이 경제에 차지하는 비중이 상대적으로 높고 가격경쟁력 또한 갖추고 있다. 따라서 중동부유럽 국가들이 유럽연합에 가입함으로써 저렴한 중동부유럽산 농산물이 EU시장에 유입될 경우 농업국들과 공업국들 간의 이해관계대립이 불가피하다.

현재 공동농업정책으로 지출되는 금액은 약 400억 유로로 유럽연합재정의 약 45% 수준이다. EU 재정부담에서 단일항목으로는 최대규모이다. 그러나 유럽연합 내부에서는 농업의 비효율성 조장, 농산물의 과잉공급, 불공평한 소득분배 등의 문제점으로 강한 비판이 제기되고 있다. 농업부문의 소득보전 목적의 재정지출 문제도 불균형이라는 지적이다.

(2) 지역정책(Regional Policy)

유럽연합은 역내 지역간 소득격차를 줄이기 위해 저개발지역에 대한 인프라 정비나 구조조정에 대해 재정을 지원하고 있다. 유럽연합 내부의 지역간 불균형이 심화됨에 따라 1975년에 유럽지역개발기금(ERDF)

<표 3-22> 중동부유럽 국가의 주요지표

국 가	인구밀도 (1998년)	농업노동력 비율(1999년)	EU 평균에 대한 일인당 GDP 비율	실업률 (1999년)
	인/km^2	%	%	%
에스토니아	33.3	8.8	37.2	11.7
라트비아	37.9	17.2	27.7	13.7
리투아니아	56.7	21.4	31.0	10.2
폴란드	123.7	18.1	36.1	12.3
체코공화국	130.4	5.1	60.3	8.5
슬로바키아공화국	109.9	8.1	48.6	16.4
헝가리	108.5	6.8	49.0	6.9
슬로베니아	97.6	11.5	68.8	7.3
루마니아	94.4	44.0	28.2	6.2
불가리아	74.3	24.4	22.3	17.0
EU-15	117.4	4.5	100.0	9.4
독일	229.8	2.9	107.7	8.9
그리스	79.9	17.8	66.0	11.7

자료: European Commission(2000b); European Commission(2001b).

이 설립된 것을 시작으로 목적별로 여러 가지 기금이 설립되었는데, 이를 총칭해 구조기금(Structure Fund)이라고 부른다. 유럽사회보장기금(European Social Fund: ESF), 유럽농업지도보장기금(European Agricultural Guidance and Guarantee Fund: EAGGF), 유럽지역개발기금(European Rural Development Fund: ERDF) 등이 그 대표적인 예이다.

구조기금에 의한 지역정책은 1980년대의 유럽연합 확대에 수반되는 역내 지역간 소득격차 심화과정에서 더욱 강화되었으며, 1993년에 유럽연합이 정식으로 출범함에 따라 경제통화통합 실현을 위해 결속기금(Cohesion Fund)도 설립되었다. 환경과 전 유럽 교통망을 위한 대규모 프로젝트의 촉진이 그 예이다. 농촌지역발전을 위한 지역정책 대상은 낙후지역 보조, 재식림, 농업환경조치, 농가에 대한 투자보조, 조기은퇴, 영농후계자 육성, 교육, 산림, 가공과 판매, 농촌지역의 적응과 발전 등이다. 중동부유럽 10개국의 소득 수준이 유럽연합의 평균소득에 크게 못미쳐

<표 3-23> 중동부유럽 국가의 농업지역 주요지표

국 가	국토면적(km²)	농촌지역면적/국토면적(%)	농촌지역 인구비율(%)
불가리아	110,910	81.4	43.6
체코공화국	78,866	54.3	75.9
에스토니아	45,227	31.0	30.0
헝가리	93,030	67.0	73.5
라트비아	64,582	39.0	31.0
리투아니아	65,300	54.0	31.8
폴란드	312,680	59.0	38.1
루마니아	238,391	89.0	45.1
슬로바키아공화국	49,035	50.0	30.0
슬로베니아	20,256	43.0	57.3

자료: FAO, Statistical Database and European Commission, DG 6(2000).

중동부유럽 국가들이 가입하게 되면 유럽연합 일인당 평균소득이 저하되는 결과가 초래되어 구조기금 수요가 급증해 현행 제도로는 현실적 한계에 직면하게 될 전망이다.

5) 유럽연합의 확대와 중동부유럽국 농업부문 통합전략

농업분야는 유럽연합 가입을 신청한 중동부유럽 국가들의 경제와 정치 안정과 직결된 매우 근본적인 요소라고 할 수 있다. 가입후보국들은 가입협상 초기보다는 많은 발전을 이루었지만 농업현대화와 공동농업정책에의 편입은 가장 어려운 과제 중 하나였다.

<표 3-24> EU의 재정항목 비중

항목	비중(%)	항목	비중(%)
공동농업정책	45.2	구조정책	35.4
대내 정책부문	6.9	행정지출	4.4
일반보조금	5.3	기타	2.8

자료: DB Research, 2002.

(1) 유럽연합의 농업부문 통합전략

① 유럽협정

유럽연합은 가입후보국들의 가입과정을 용이하게 하기 위하여 일련의 협정을 맺었다. 유럽연합과 가입후보국들은 유럽협정을 체결함으로써 무역장벽을 제거하였다. 유럽협정은 농산물무역에서 양국간 교역을 점차적으로 자유화시키고 가입후보국들을 공동시장에 완전하게 참여시키기 위한 중요한 수단으로, 농산물과 식품의 교역은 부분적으로 본 협정에 의해 규정되었다.

② Agenda 2000

1999년에 유럽의회는 유럽연합을 확장하는 데 필요한 중요 정책분야에 대한 개혁안들을 통과시켰다. 그 개혁안은 공동농업정책, 구조기금, 그리고 내부정책 및 2000~2006년 시기의 유럽연합 재정계획을 포함하고 있다.

의결된 농업개혁의 주요사안은 국제시장에서 유럽 농업의 경쟁력을 개선한다는 내용이다. 2000년 이후에는 곡물과 쇠고기의 보조가격, 2005년 이후에는 우유 보조가격의 지속적 감축을 전제조건으로 하고 있다. 이러한 조치들은 유럽연합의 가입후보국들과 기존 회원국 간의 가격을 동일한 수준에 이르게 할 것이며, 가입후보국에게 공동농업정책의

<표 3-25> 가입후보국(10개국)에 대한 농업지출(직접지불) 추정치

[단위: 100만Euro(1999년 불변가격)]

	2004년	2005년	2006년
총 직접지불	–	1,173	1,418
시장지출	516	749	734
농촌개발	748	1,187	1,730
총 계	1,264	3,109	3,882

자료: Europaeische Kommission(2002): EU-Landwirtschaft und Erweiterung.

도입을 수월하게 해줄 것이다. 이 외에도 2000~2006년까지의 유럽연합 확대를 지원하기 위한 재정계획안이 승인되었다.

③ 유럽공동농업정책에의 통합

2004년에 신규회원국의 가입과 함께 유럽연합이 확대됨에 따라서 집행위원회는 농업협상(31개 협상사항 중 7장)의 공동농업정책과 관련된 일련의 문제에 대하여 전략을 수립했다. 집행위원회는 가입후보국의 농촌지역의 전환문제를 완화하고 농업부문의 구조조정을 촉구하기 위해서 강화된 농촌개발정책을 통하여 재정지원을 확충하도록 제안하였다.

이러한 전략은 1999년 베를린 유럽이사회(European Council)가 동의한 유럽확대에 따른 지출한도와 WTO 도하개발의제(Doha Development Agenda)에 대한 유럽연합의 농업협상 입장과 함께 유럽연합의 WTO 공약과 일맥상통하는 것이다.

1992년의 농정개혁과 Agenda 2000에서 채택된 보조가격 감축에 따라 유럽연합 15개국의 농민들에게 직접지불제가 시행되고 있다. 직접지불제는 처음에는 보조가격 감축에 대한 보완책으로 도입되었음에도 불구하고 도입 후 10년이 지난 지금은 그 보완적 성격은 상실하고 대신에 단순한 직접소득지불제로 되었다.

집행위원회는 즉각적으로 100%의 직접지불제를 도입할 경우 기존의 농업구조가 그대로 유지되고 현대화 및 구조조정과정에 장애가 된다는 판단에 따라 향후 10년 동안의 전환기간을 두어 점진적으로 직접지불제를 도입할 것을 가입후보국에게 제안하였다. 즉, 2013년에 100% 도달하는 것을 목표로 2004년, 2005년, 2006년에 각각 25%, 30%, 35%의 비율로 직접지불의 비중을 확대할 것이다. 제안에 따르면 이런 보조는 각 국가의 재정에서 충당되어야 한다. 하지만 가입후보국들은 곡물 개입(cereal intervention)과 같은 공동농업정책(Common Agricultural Policy: CAP)의 시장조치에 언제든지 참여할 수 있다.

준생계농(semi-subsistence farm)을 유지시키는 특별조치에 따라 유럽연합에 가입하게 되는 신규회원국들은 많은 준생계농을 보유하고 있다. 이들은 자가소비를 위해서 생산할 뿐만 아니라 생산한 농산물의 대부분을 판매한다. 이들을 경제적으로 지속 가능한 농가로 전환하는 데 지원하기 위해서 준생계농에 대한 특별조치가 요구된다. 이를 위해서는 최대 750Euro의 일률 보조가 요구되며, 미래 경제성을 입증하는 사업계획서를 제출하는 것을 조건으로 보조가 지불되어야 한다. 일시적인 소득지지는 추가 구조조정이 이루어짐에 따라서 발생할 수 있는 현금제약이나 농가생계의 어려움을 완화시키는 데 도움이 될 수 있다.

가입 이전의 허용보조 수준이 공동농업정책에 근거한 직접지불 수준보다 높은 국가의 경우, 농민들은 우려하던 경제적인 문제에 직면할 수 있다. 이에 따른 바람직하지 못한 효과를 회피하기 위해서 가입후보국들은 총 지지 수준이 기존 유럽연합 회원국들의 직접지불 수준을 초과하지 않는다는 것을 전제로 가입 이전에 적용 가능한 수준의 직접지불을 이행할 수 있도록 선택권을 부여받게 된다.

유럽연합은 가입후보국들의 가입과 함께 다양한 농촌개발전략을 추진하고 소요되는 재원을 마련하는 데 최대 80%까지 공동 부담하게 될 것이다. 농촌개발조치는 다음과 같다. 농가의 조기은퇴조치, 조건불리지역(less favoured areas) 및 환경제한지역에 대한 지원, 농업환경계획(agri-environmental programmes), 농경지의 식림화, 준생계농에 대한 특별조치, 생산자단체 설립, 기술지원 등이다.

추가적인 농촌개발조치(신규농업인에 대한 보조 및 교육훈련, 기타 산림조치, 농촌지역개발, 가공 및 유통경로 개선 등)에 대한 지원은 유럽농업지도보증기금(European Agricultural Guidance and Guarantee Fund: EAGGF) 가운데 지도부문의 구조기금(Structure Funds)에서 충당될 것이다.

④ 농촌재건특별시책(SAPARD)

농촌재건특별시책(SAPARD)은 구사회주의 국가로서 유럽연합에 가입 신청한 후보국의 농업과 농촌분야의 구조조정을 위한 지원프로그램이다.

이들 중동부유럽 가입신청국들이 공동농업정책에 관한 EU 법규를 이행하고, 지속 가능한 농업부문과 농촌지역과 관련된 특수한 문제점들을 해결하는 것이 우선과제이다. 이 프로그램은 또한 가입신청국들에게 사업의 선택에서 최종지불까지 투자관리에 대한 모든 책임을 지움으로써 재정관리의 새로운 지평을 열었다.

2000~2006년 사이의 7년 동안 가입 전 지원 총예산의 17%가 SAPARD에 책정되어 있으며, 중동부유럽 국가들은 2000년부터 유럽연합 가입시까지 SAPARD의 지원을 받을 수 있다.

6) 농촌재건특별시책(SAPARD)의 지원 가능 부문

농촌재건특별시책(SAPARD)은 가입신청국들이 재정지원을 받을 수 있는 포괄적인 목록을 제시하고 유럽연합이 확대되는 과정에서 실질적인 당면과제에 대처해나가고 있다. 이 프로그램의 각 프로젝트는 가입신청국 농촌지역의 구체적인 문제점에 맞게 다듬어지게 되는데, 농가에 대한 투자지원, 농수산물 가공 및 유통개선, 농축산물의 방역관리, 식료품의 품질, 소비자보호, 환경친화적인 농산물생산, 농외소득의 개발, 농가구 호 및 농가경영 서비스 지원, 생산자단체 육성, 마을구조 개선 및 농촌유산의 보존 및 관리, 토양개량 및 경지정리, 토지등기제도의 확립과 현대화, 직업훈련의 개선, 농촌하부구조의 개선, 농업용수의 관리, 농촌지역의 조림, 임업농가의 투자, 임산물의 가공 및 유통, 기술적 지원 프로그램의 준비(사업계획)와 감시를 지원하는 연구, 정보, 그리고 홍보활동을 포함하고 있다.

농촌재건특별시책 관리규정[48]은 대체적으로 유럽연합의 기존회원국에 대한 공동체의 농촌개발 지원규정을 따르고 있다. 다만 가입신청국의 사정에 따라 기존의 회원국에 적용되는 규정이 그대로 적용되지는 않았는데, 결국 영농후계자 육성이나 조기은퇴 및 조건불리지역에 대한 조치는 농촌재건특별시책에 적용될 수 없게 되었다.

48) 1999년 12월 22일 규정, 2759/1999를 채택하였음.

또한 유럽연합 기존 회원국의 경우와 다른 사항에 대해서는 지원조건을 명시하였다. 농가에 대한 투자의 경우 농가는 지원결정시의 환경, 위생 및 가축위생과 관련된 국가별 최소기준에 도달하여야 한다. 만일 그 최소기준이 최초로 설정되었다면 투자가 완료된 시점까지는 농가의 수준이 그 기준에 도달하여야 한다. 농수산물의 가공 및 유통구조의 개선에 있어 수산업에 대해서는 가입 전 재정지원책이 없기 때문에 수산물의 가공 및 유통개선을 위한 투자도 지원된다. 농업-환경에 대한 투자는 농업환경개선 시책을 정부 및 농가 차원에서 개발하도록 하는 시범사업의 성격을 지니고 있다. 생산자단체를 위한 지원은, 기존 회원국에는 이러한 프로그램이 없으나, 가입신청국의 특수상황을 고려하여 SAPARD 프로그램에 포함되었다. 임업에 대한 투자는 자연재해나 화재로 인한 삼림복구를 제외하고는 회원국과 유사한 지원을 받게 된다.

7) 농촌재건특별시책(SAPARD)의 주요내용

가입신청국들은 각기 자국의 여건에 알맞은 농업·농촌개발 프로그램을 수립하여 농촌재건특별시책(SAPARD) 규정이 발효되기 6개월 전인 1999년 12월 29일까지 계획안을 제출토록 되어 있었다. 제출된 계획안은 집행위원회의 검토와 수정작업을 거쳐 2000년 4월과 5월에 채택되었으며, 2000년 10월과 12월 사이에 인준되었다.

모든 가입신청국 프로그램의 내용 중 가장 많은 부분은 농산물가공 및 마케팅, 농가에 대한 투자, 농촌 하부구조에 대한 투자 등 세 가지가 있다. 가입신청국을 통틀어 농산물 가공 및 마케팅에 대한 투자지원은 공동체지원금의 26%에 달한다. 그 다음으로는 농가 및 농촌 하부구조에 대한 투자지원으로서 각각 20%를 약간 넘는 수준이다. 농외소득 개발이 11%로서 그 뒤를 잇고 있다. 다른 9개의 사업은 4%를 넘지 않는다. 농업·환경에 대한 지원대책은 SAPARD의 의무사항이 아니지만 슬로베니아를 제외한 모든 신청국에 이 프로그램을 시범사업으로 채택하였다. 한편 농가구제사업(farm relief) 및 농가관리 서비스 그리고 토지등기체제 확립과 개선을 위한 계획은 어느 나라의 프로그램에도 포함되어 있지 않았다.

(1) 농업경영 개선을 위한 투자(Investment in Agricultural Holding)

10개국의 모든 SAPARD 프로그램에는 농가를 위한 투자지원사업이 포함되어 있다. 이 사업을 위해 7억 9,700만Euro가 투입되며, 이는 공동체 지원금 총액의 22%를 차지한다. 10개국 전체 재정지원 규모를 볼 때 이 사업은 두 번째로 큰 규모이다. 그러나 몇몇 가입신청국에서는 이 사업의 비중이 가장 큰 것으로 나타났는데, 리투아니아(47%), 에스토니아(43%), 불가리아(31%), 헝가리(28%), 그리고 슬로바키아(28%) 순이다.

이 사업의 목적은 농가의 경쟁력을 증진시키는 것으로서 농가 주요자산의 효율성 개선, 기술수준의 향상, 농기업의 경쟁력 제고와 시장력 증가, 생산품의 질적 조건 향상, 동물위생과 복지관련 분야의 EU 수준 접근, 작업장의 보전 노력, 새로운 고용기회의 창출, 농사에서 배출되는 질산비료에 의한 오염 감소 및 수질오염의 방지, 환경농업의 EU 수준 접근 등이 주요 사업내용이 된다. 동시에 고정자산의 확충과 생산물의 질적 향상 그리고 시장수요에 부응하는 생산조직의 유연성과 함께 농업생산활동의 다변화를 꾀하고 있다. 이 투자지원사업의 대표적인 예로는 농가건물의 건축 또는 개축, 농기계 및 설비 구입, 가축분뇨 처리시설 및 사료저장시설 확충, 우유 또는 육가공 시설의 건축 또는 개축을 들 수가 있다.

(2) 친환경적 농업생산방식과 조림(Agri-Environmental Measures and Afforestation)

이 사업은 친환경 농업의 프로그램 실행을 위한 농가(farmers) 그룹을 대상으로 한 준비로, 일반적인 목적은 경관보호와 관계된 농업생산방식

<표 3-26> SAPARD 프로그램이 지원한 시책별, 국가별 내용

Measures	Unit	Bulgria	Cach Rep.	Estonia	Hungary	Livia	Liyuania	Poland	Romaia	Slovakia	Slovonia	All ACs
1. 농가에 대한 투자 지원	%	31	16	43	28	23	47	18	15	28	35	22
2. 농수산물 가공 및 유통 개선	%	24	25	18	21	28	21	38	17	26	40	26
3. 식품위생 및 소비자보호	%								3			1
4. 환경친화적인 농업생산	%	2	3	1	4	5	1	1	1	3	4	2
5. 농외소득 개발	%	6	16	18	15	24	8	12	10	11	14	11
6. 생산자단체	%	1		7					2	5		1
7. 마을구조 개선	%	8	11	4	9							2
8. 토양개선 및 경지정리	%		20			2				10		1
9. 직업훈련	%	4	2		2	4	2	2	5	2		3
10. 농촌 하부구조 개선	%	6	5	12	12	12	16	28	28	4	10	21
11. 농업용수관리	%	5							3			1
12. 조립	%	8		1		3	4	1	10	8		5
13. 기술지원	%	4	1	2	1	2	2	1	5	3	1	3
		100	100	100	100	100	100	100	100	100	100	100
총 지원금액		363.8	154.0	84.7	265.6	152.5	208.2	1177.4	1051.4	127.7	44.2	3629.6
국가별 비율		10	4	2	7	4	6	32	29	4	1	100

과 농업생산의 강화로부터 환경적 위협의 제한과 지침 및 평가, 경관 구조의 최적화를 고려한 사유농지의 조림확대와 부식과정, 온실가스 감소를 겨냥한 활동, 지침과 사업정책의 결과를 바탕으로 한 조림프로그램과 친환경 전개, 선정된 시범지역 내의 희소 종(species)과 산지의 보호, 그리고 아름답고 다양한 농촌경관의 유지에 있다.

친환경농업사업에는 8,300만Euro를 책정했는데, 이는 공동체출연금의 2%에 해당하는 금액이다. 회원국의 경우와는 달리 이 사업은 신청국의 의무사항은 아니나 슬로베니아를 제외하고는 모든 신청국이 이 프로그램을 채택하였다. 이 사업은 단지 시범사업으로 지원될 수 있다는 집행위원회 규약 4조 No.2759/1999에 근거한 것이다.

이 사업을 채택한 9개 신청국은 2001년 또는 2002년 한 해의 예산만으로 친환경농업사업을 시작하기로 합의하였는데, 그 이유는 가입신청국 농업의 환경조건이 공동체회원국 수준과 너무 차이가 나기 때문이다. 즉, 공동체 내에서 적용되고 있는 조건들을 그대로 가입신청국에 옮겨 놓을 수 있는 상황이 아니고, 그렇기 때문에 사업의 내용설정이나 사업수행을 위해서는 상당한 준비작업이 필요한 것이 주된 원인이었다.

(3) 직업교육(Vocational Training)

이 사업은 농민들에게 생산활동 재교육과 함께 경쟁력 있는 농가경영을 지속할 수 있는 기술획득의 기회를 부여하는 것을 목적으로 한다. 그리고 농업인의 능력, 농업, 임업인과 그들의 변화를 촉진시키는 것이 또 다른 목적이다. 전통적인 농업생산이 아닌 경제활동을 실행하는 지식과 기술수준의 향상, 농·임·수산자원의 관리가 가능한 지식과 기술수준의 향상, 경관보전, 농촌환경 개선, 가축위생 개선 등을 위한 관리기술의 응용능력을 배양, 시장경쟁력의 기본조건인 인적자원 개발 등으로써 농업분야의 전문적인 직업교육이 이 사업내용에 포함된다.

에스토니아와 슬로베니아를 제외하고 모든 가입신청국에서 직업훈련사업이 채택되었다. 이 사업을 위해 배정된 지원금은 공동체 총 출연금의 3%인 1억 1,700만Euro이다. 이 사업의 수혜자에는 농민과 농림업 관련 종사자뿐만 아니라 농업이나 임업을 그만두는 사람들도 포함된다. 예컨대 농민이 농촌관광사업으로 직업전환을 하고자 할 때 훈련지원 대상이 된다. 그러나 가공이나 마케팅 종사자는 이 사업의 지원대상에서 제외된다.

(4) 농수산물 가공 및 유통 개선(Improvement of the Processing and Marketing of Agricultural Products)

이 사업은 10개 가입신청국 모두가 채택하였고 총 투자규모에서 가장 큰 사업이며, 9억 5,400만Euro가 투입되고 공동체의 예상 부담금의 26%에 달한다. 이 사업이 가장 큰 규모로 채택된 국가는 체코(25%), 라트비아(26%), 폴란드(38%) 그리고 슬로베니아(40%)이며, 그 외의 신청국에서는 두 번째로 큰 규모의 사업으로 나타났다. 불가리아(24%), 에스토니아(18%), 헝가리(21%), 리투아니아(21%), 루마니아(17%), 그리고 슬로바키아(26%)이다.

이와 같은 비중은 신청국에 있어 농업·식품 산업의 재건 또는 건설을 위해서는 가공 및 마케팅이 매우 핵심적인 사업임을 나타내고 있다. 더욱이 공동체기준에 부합하는 생산물품질 관리를 꾀함으로써 공동체 수준의 농업경쟁력을 갖추고자 추진하는 사업이다.

사업추진 대상과 참여신청국은 과일 및 채소 부문에서는 불가리아, 헝가리, 라트비아, 리투아니아, 폴란드, 루마니아, 슬로바키아, 포도주에서는 불가리아, 헝가리 및 루마니아, 곡류에서는 라트비아, 리투아니아, 루마니아이다.

대표적인 사업내용은 건축물 신축 또는 개축, 공동체기준 도달을 위한 식품가공시설물 투자, 컴퓨터 소프트웨어를 포함한 기계 및 설비의 도입, 냉장 시설을 포함한 보관창고 및 세척시설 확충, 분뇨 및 부산물처리시설 및 생산공정 및 품질관리 시스템 확충 등이다.

이 사업의 지원대상은 EU의 축산물위생 및 동물복지규범과 일치하도록 가공기업의 시설이나 장비를 현대화하는 영역, 위생이나 품질, 포장, 라벨링이 EU의 요구조건을 충족시키는 생산라인의 대체나 현대화, 부가가치를 증가시키는 기술의 도입과 방출수, 가스나 먼지의 방출로 인한 불쾌감의 감소가 가능한 투자, 쓰레기나 부산물의 관리에 대한 투자, 식품가공 안전시스템(HACCP)의 실행 등이다.

(5) 농외소득 개발(Economic Activities Providing Alternative Income)

이 사업에는 농촌경제에 있어 경제활동의 다양화를 위한 프로그램이 포함된다. 4억 1,600만Euro가 투입됨으로써 SAPARD의 공동체출연금의 11%가 지원되는 셈이다. 이 사업의 주 목적은 농업부문이 다양한 수입원을 가질 수 있도록 유도하는 것이다. 이런 다양한 활동으로 말미암아 농촌의 고용기회가 확대될 수 있다.

신청국의 농촌지역에는 경제활동의 다변화 가능성이 매우 큰 편이다. 직물, 목각 및 도예와 같은 수공업의 개발과 확장, 농촌관광, 그리고 중소기업 활동이 그 예이다. 불가리아, 리투아니아 및 루마니아에서는 양식업과 어업활동이 포함되기도 했다. 체코와 슬로바키아는 농촌의 역사 및 문화적 가치 발굴사업을 채택하였으며 농가건물을 사업장으로 개조하는 사업을 계획하였다. 라트비아와 체코는 재생가능 에너지사업도 채택하였다. 농기계서비스 순환사업은 루마니아의 프로그램에 포함되었다. 에스토니아에서는 농업생산자, 산림보유자 및 농촌주민을 위한 서비스사업에 대한 투자지원도 채택하였다.

(6) 마을구조 개선 및 농촌문화유산의 보전 및 관리
(Renovation of Villages)

농촌개발전략의 일환으로 불가리아, 체코, 에스토니아, 헝가리는 이 사업을 SAPARD 프로그램에 포함시켰다. 전체적으로 7,200만Euro(공동체 예상 출연금의 2%)가 투입되는데, 체코의 경우는 자국 프로그램 예산총액의 11%, 헝가리는 4%의 예산 규모를 책정하였다.

이 사업의 주 목적은 보다 나은 농촌생활 환경을 조성하는 것이며, 또 다른 목적으로는 농촌의 유산(문화유산, 건축물 및 기념물)을 복원 및 보존하는 것이다. 이 사업의 구체적인 활동내용은 도로 및 공공장소 복구, 마을경관 개선, 유적지 및 고전건축물 복원·보호, 시장을 포함 경제활동 거점 마련을 위한 신도시 설비 확충, 안내소 설치, 지방 문화·위락센터 신축, 공원 및 정원과 같은 관련시설 확충 등이다.

(7) 농촌 하부구조 개선(Improvement of Rural Infrastrucrure)

총 7억 5,900만Euro, 즉 공동체출연금의 21%가 이 사업에 투입된다. 폴란드와 루마니아는 각기 28%의 예산을 배정하여 농촌하부구조 개선사업에 착수할 계획이다. 폴란드에서는 농촌지역의 기술적 하부구조 미비현상이 발전의 주요 저해요인으로 작용하고 있다. 예를 들어, 1998년 농촌가구의 50%만이 가구당 한 대의 전화를 보유하고 있었고, 농촌가구의 5.8%만이 하수구시설을 갖고 있는 실정이었다. 뿐만 아니라 전기보급률도 매우 낮아 이 문제의 해결이 시급한 상황이었다. 루마니아의 경우 농촌인구의 대부분이 상수도 혜택을 받지 못하는 실정이며 그들이 의존하는 우물물도 수질이 매우 낮은 형편이었다.

이와 같은 상황에서 SAPARD 프로그램에서 하부구조와 관련하여 다음 네 가지 투자사업이 추진될 전망이다. ㉠ 용수 및 폐수 관리, ㉡ 도로, ㉢ 전기공급, ㉣ 농촌 전화공급이다. 발틱연안국에서는 농가와 농촌사업장과의 연결도로 확충사업에 비중을 두고 있다. 체코(재생 가능 에너지공급원의 확보와 함께), 에스토니아, 헝가리, 리투아니아, 폴란드는 전기공급망의 확충사업을 우선시하고 있다.

(8) 기타 시책

■ 농업생산자조직의 육성(Setting up Producer Group)

이 사업은 농업생산자들이 공동으로 출하하는 생산물이 일정 수준의 기준에 부합되도록 지원하는 것으로 농업생산자조직의 육성은 생산자의 시장력과 공정가격 전개를 위해 중요하다. 불가리아, 헝가리, 루마니아, 슬로바키아가 이 사업을 채택하였다. 총 4,700만Euro가 책정되었다(SAPARD를 위한 공동체 예상 출연금의 1%에 해당됨). 참여가입신청국별 예산비중과 금액은 불가리아 1%(4.7백만Euro), 루마니아 2%(23.6백만Euro), 슬로바키아 5%(8백만Euro) 및 헝가리 7%(26백만Euro)이다.

이 사업은 생산자와 가공업자 사이의 안정적 사업계약으로 가격을 예상 가능케 하여 질을 향상시키고, 구성체의 운영경비를 보조하여 생산자단체 육성을 촉진시키며, 수익성증가(margin) 및 시장 투명성 촉진, 생산기준의 채택으로 농업생산과 처리, 가공능력의 향상, 모든 마케팅 단계와 생산지역으로부터의 출하시 표준화, 경작실습, 쓰레기 관리, 생물의 다양성과 농촌의 경관 유지를 포함한 환경요구에 순응, 지속적인 고품질 농산물생산 유도로 시장력 증가, 지속적인 사업의 전개, 임시적인 고용창출 유도 등의 성과를 가져왔다.

■ 토양개량 및 경지정리(Land Improvement and Reparcelling)

이 사업은 개별사유 필지가 큰 단위로 통합되어 있어 아직 이를 토지소유자가 농사에 이용하지 못하고 있는데, 이는 토지시장의 발전 및 토지의 투자, 반환과정의 완료를 가로막고 있어 이의 개선을 주 목적으로 하고 있다. 그리고 합리적인 토지관리를 위한 조건, 경관(landscape)의 생태안정성 증가와 보호를 위한 모든 평가의 실행을 또 다른 목적으로 한다. 따라서 소유권 이전의 완료, 사유화농업의 허용, 가능한 최선의 방법에 의한 토지자원의 조직화, 토지보호와 경관향상을 목적으로 토지투자 유도, 토지시장개발을 위해 요구되는 소유권의 운용실태 확인, 생태학적 안정성의 개선 등을 꾀하고 있다.

참가국은 체코, 라트비아, 슬로바키아로서 공동체 예상 출연금의 1%인 4,600만Euro가 투입되었다. 이들 국가에서는 토지의 병합과 필지정리가 급선무였다. 주요 현안문제로는 필지분산문제, 다수에 의한 토지공동소유 문제, 토지등기의 불완전성 및 필지의 접근 불가능 문제 등을 들 수가 있다. 이 사업을 수행함으로써 토지관리조건이 개선되고 나아가 농장경영의 효율성을 높일 수 있게 될 것이다.

■ 농업용수관리(Agricultural Water Resources Management)

불가리아와 루마니아에서 SAPARD 프로그램 사업으로 이를 채택하였다. 공동체출연금의 1%인 5,000만Euro가 지원되는데, 불가리아에 2,000만Euro, 그리고 루마니아에 3,000만Euro가 배정되었다. 이 사업의 주 목적은 수자원의 지속적 관리와 농촌환경개선이다. 이 목적을 위해 관개, 배수 및 홍수예방대책이 마련되어야 할 것이다. 이 사업내용으로는 관개시설의 현대화, 홍수시 농지유실 방지를 위한 제방구축, 댐건설과 관개망(irrigation networks) 구축 등이 있다.

■ 식품위생 및 소비자보호(Improvement of the Structures for Quality, Veterinary and Plant-health Control, for the Quality of Foodstoffs and for Consumer Protection)

이 사업을 위한 공동체출연금은 2,800만Euro로서 SAPARD 프로그램에 할당된 공동체출연금의 1%에 해당된다. SAPARD 프로그램하에 이 사업을 받아들인 나라는 루마니아뿐으로서 SAPARD 출연금의 3%를 사용하게 된다. 루마니아는 이 사업으로 가축위생분야, 식물환경 및 품질관리분야의 실험실을 군 단위에서 설립하거나 기존의 실험실을 현대화하고자 한다.

■ 농촌지역 삼림녹화, 삼림자산투자 및 임산물 가공 및 유통(Forestry)

불가리아, 에스토니아, 라트비아, 리투아니아, 폴란드, 루마니아 및 슬로바키아에서 채택된 사업이다. 공동체출연금의 6%인 1억 6,700만Euro가 배정되었다. 이 사업의 주요목적으로 농촌지역 산림녹화, 기존 산림지역에 대한 투자, 수확 효율성 제고, 임산물의 가공과 유통 개선 및 임업 하부구조 개선을 들 수 있다.

■ 토지등기업무의 근대화(Establishment and Updating of Land Register)

향후 경제발전을 위해서는 모든 가입신청국에서 이 사업은 중요한 의미를 가진다. 이 사업은 이미 가입신청국에서 PHARE 프로그램의 지원 또는 세계은행과 PHARE 프로그램의 공동지원을 받아 진행 중에 있다. 따라서 이 사업은 SAPARD 프로그램에 포함되지 않았다.

■ 농가구제 및 농가경영 서비스 지원(Setting Up Farm Relief and Farm Management Services)

가입신청국에서는 이 사업을 우선순위에 올려놓지 않았기 때문에 인준된 프로그램에는 포함되지 않았다.

■ SAPARD 규약 사업의 기술지원(Technical Assistance)

SAPARD 규약 2조 15항에는 각 프로그램 사업에 대한 기술적 지원 내용을 규정하고 있다. 전체적으로 볼 때 기술지원사업은 공동체 총 출연금의 3%를 차지한다. 국가별로 비중은 다르지만, 체코와 폴란드는 각각 1%, 루마니아는 5%의 지원금 배정비율을 정하였다.

SAPARD 프로그램에는 기술지원과 관련 적어도 다음 네 가지 지출항목을 포함하고 있다. 홍보(Information and publicity)는 2000년도 말을 목표로 집행위원회가 각 신청국에게 프로그램 홍보관련 활동계획 수립을 요구하였다. 또한 시책은 감독대상이 되며 감독위원회의 준비와 회의개최 관련비용을 지원하게끔 되어 있다. 모든 프로그램은 중간평가를 받아야 하며, 전문가로부터 프로그램의 감독 및 관리 정보시스템에 관한 조언을 구하도록 되어 있다.

(9) 농촌재건특별시책(SAPARD)의 문제점

농촌재건특별시책(SAPARD)의 다양한 분야 중 많은 자금들이 농가나 가공 및 유통부문에 투입되었다. 이러한 투자는 경제적으로 효율적일 수도 있지만 정책적으로 유도된 투자이기 때문에 정책실패의 위험이 높은 것으로 판단된다. 농촌 하부구조 개선은 전체 예산에서 차지하는 비중이 꽤 높았지만 아주 작은 규모로만 투자되었고, 공공재적인 부문도 너무 적게 투자되었다. 농축산물의 품질과 위생관리구조 개선 및 소비자보호는 세계적인 추세임에도 불구하고 많은 나라에서 채택하지 않았으며, 투자도 적었다. 또한 토양개량 및 경지정리는 농지시장의 작동을 개선해서 토지의 재배분을 촉진하는 기능을 하지만 이에 대한 가입국들의 관심은 낮은 편이었다. 대부분의 신규가입국들이 영세한 영농규모를 가지고 있는데도 불구하고 새로운 생산자단체에 대한 육성시책은 너무 투자가 적어 규모의 경제 실현과 시장교섭력의 강화에 어려움이 있었다. SAPARD 시행규정은 서유럽국가들의 기준을 원용한 경우가 많아 경험이 일천한 신규가입국들이 충족시키기에는 어려움이 많았다.

제4장
북한 농업개혁의 과제

1. 북한 경제 및 농업 분야의 초기조건

특정한 국가의 효율적인 경제체제전환을 위한 정책을 상정할 경우에는 무엇보다 해당 국가의 특수성, 즉 초기조건이 고려되어야 한다. 북한 경제의 초기조건을 파악하는 것은 북한의 경제체제의 변화 가능성과 방향을 보다 구체적으로 전망하기 위한 출발점이 될 수 있다.

경제체제론적인 정의에 따라 북한의 경제체제를 규정하면, 북한 경제는 구동구권의 대부분의 국가들과 유사한 '사회주의 계획경제체제(socialistic planned economy)'라 할 수 있다. 사회주의 계획경제체제의 가장 기본적인 특징은 자원의 배분과 생산, 분배에 이르는 국민경제의 전체적인 재생산과정이 국가의 계획과 지시에 의해 실현되는 점과, 생산수단에 대한 소유권이 국가에 속한다는 점인바, 북한 경제 역시 이 두 가지 기본적인 특징을 그대로 가지고 있다.

북한의 경제체제는 이와 같은 기본골격에서 구사회주의 국가들의 사회주의 계획경제체제와 동일할 뿐 아니라, 이러한 체제를 유지하기 위한 하부구조도 매우 유사하다. 우선 북한 경제에서도 전체 생산단위들에 대한 계획·지시와 이를 통한 생산활동의 효율화를 극대화하기 위해 개별

기업들을 연방·합병하는 재조직화가 매우 중요시되고 있다. 또 사회주의 계획경제체제의 중요한 특징 중 하나인 화폐기능의 제한성 및 이를 유지하기 위한 장치들인 생산소비분야간 화폐유통의 격리, 단일은행체제 등은 북한에서도 그대로 시행되고 있다. 경제발전전략에서도 북한은 대부분의 사회주의국가들과 마찬가지로 중공업을 우선으로 하는 발전전략을 채택했다는 점에서 북한의 경제체제가 사회주의 계획경제체제의 일반적인 전형에서 크게 벗어나지 않았음을 말해준다.

북한의 특징적인 경제운용제도로서 농업분야의 '청산리 방법'과 공업분야의 '대안의 사업체계'를 들 수 있다. 이와 같은 제도들은 개별 생산단위(협동농장 또는 기업소)의 당위원회를 경영상의 최고지도기관으로 삼고, 정치적인 선동과 고무를 통해 생산과정에서 대중의 자발적인 참여를 유도하는 방식으로서, 구동구권 국가들에서 생산단원(기업)의 운용에서 일반적 원칙이던 지배인(경영자) 단독책임제도와는 다른 방식이라고 볼 수 있다. 그러나 위와 같은 북한의 경제관리제도는 개별 생산단위들의 생산활동을 중앙의 계획과 통제에서 벗어나게 하려는 것은 아니었기 때문에 북한의 경제체제를 사회주의 계획경제체제의 국가들과 본질적으로 차별화할 수는 없다.

1) 경제구조의 왜곡

경제구조의 왜곡 정도는 경제체제의 전환과정에 영향을 미치는 가장 기본적인 제약조건이다. 경제구조의 왜곡 정도가 심할수록 체제전환의 과정에서 더 많은 구조조정을 필요로 하며, 이러한 경우 급진적인 체제전환정책을 적용할 경우 상대적으로 더 심한 경제적 충격을 야기하게 된다.

북한의 산업구조를 구동구권 국가들과 비교할 경우 그 비교시점이 문제가 된다. 경제체제전환의 초기조건으로서 구동구권의 경우 1980년대 말의 산업구조를 원용하지만, 북한의 경우는 1990년대의 경제침체기를 거치면서 산업구조가 크게 변모하였는바, 1980년대 말과 1990년대 말

중에서 어느 시점이 경제체제전환의 초기조건으로서 북한의 산업구조를 대표하는지를 구분할 필요가 있다.[1] 1990년대를 거치면서 나타난 산업구조변화가 정상적인 구조조정의 결과로 발생한 것이 아니라, 1990년대의 특수한 사정으로 인해 광공업분야의 가동률이 상대적으로 크게 떨어진 데서 온 것이라면, 정상적인 가동률하에서의 생산능력을 기준으로 한 1980년대 말의 산업구조가 경제체제전환을 위한 초기조건이라는 의미에서 오히려 더 적합할 수도 있다.

1980년대 말을 기준으로 한 북한의 산업구조는 구동구권 평균과 비교해 광공업의 비중이 약간 낮은 대신 농업부문의 비중이 약간 높을 뿐이다. 그러나 1990년대 말의 생산량을 기준으로 한 북한의 산업구조는 구동구권보다는 오히려 경제개혁 초기의 중국과 유사한 형태라고 볼 수 있다. 그러나 1980년대 말과 1990년대 말을 통틀어 동일하게 유지되고 있는 북한의 산업구조상의 특징은 제조업부문에서 차지하는 중공업의 비중이 경공업에 비해 월등히 높다는 점이다. 이는 대부분의 구사회주의 국가들과 마찬가지로, 북한의 제조업에서 차지하는 중공업 대 경공업의 비중은 약 2 : 1로서 이러한 비중은 1980년대부터 계속 유지되어오고 있다.

그동안 북한의 무역은 시장가격체계에 의해 뒷받침되지 않은 왜곡된 구조를 가지고 있었다. 북한의 무역은 1980년 말까지 구사회주의 국가들과의 무역에 편중되어 왔으며,[2] 대부분의 품목들은 세계시장가격보다 낮은 우호가격이 적용되고 있었다. 이 중에서 특히 소련이 북한에 낮은 가격으로 제공하던 원유는 북한 경제의 가동률을 유지하는 데 매우 중요

---

1) 북한 경제가 안정화된 1970년대 초부터 1980년대 말까지 20여 년에 걸쳐 북한에서는 광공업의 비중이 약 60%, 농업과 서비스업의 비중이 각각 20% 내외였으나 1990년대의 경제침체기를 거치면서 광공업과 농업, 서비스업이 각각 35%, 30%, 35%의 비중을 가지는 커다란 구조적인 변화가 발생하였다.

2) 1980년대 말에 중국과의 교역이 10%를 조금 넘는 수준이었고, 서방선진국들 전체와의 교역 비중은 15%에 불과한 수준인 반면에 구소련과의 무역이 북한의 전체 교역량에서 차지하는 비중은 약 50%에 달할 정도로 절대적으로 중요한 위치를 차지하고 있었다.

한 역할을 했다. 그러나 1990년대에 들어서면서 사회주의권 국가들 사이의 우호무역이 사라지고 경화결제가 시작되면서 북한의 사회주의권 국가들과의 교역은 급격히 감소하였다. 1990년대 말에 이르면 중국, 일본 등을 비롯한 아시아국가들과의 교역 비중이 북한의 전체 교역의 2/3를 넘게 되고, 서유럽국가들과의 교역 비중도 크게 늘어난 결과, 아시아 및 유럽 국가들과의 무역 비중은 북한 전체 무역량의 거의 대부분(97%)을 차지하게 되었다.

북한의 국정가격과 자유시장(농민시장 및 암시장)가격과의 차이는 북한 경제에서 가격구조의 왜곡 정도를 간접적으로 판단하는 지표가 될 수 있을 것이다. 1996년을 기준으로 북한에서 대표적인 소비재들의 자유시장 가격은 국정가격보다 최소 6.8배(자전거)에서 최대 435배(쌀)까지 비쌀 정도로 두 가격 사이에는 엄청난 차이가 있다. 대체로 국정가격과 자유시장가격의 차이는 공산품에서보다 농산품(식료품)에서 훨씬 더 큰데, 이는 농산품 중에서도 특히 쌀과 옥수수 같은 곡물들이 단지 소비의 대상일 뿐 아니라 환금성이 높은 물물교환의 대상이기 때문이다. 또 국정가격과 자유시장가격의 차이는 1980년대에 비해서 1990년대 중반에 훨씬 커졌는데, 이것은 1990년대 경제사정이 일반적으로 악화된 사실을 반영하는 것으로 보인다.

2) 시장경제의 경험 여부

구동구권 국가들에서 시장제도가 존속했던 대표적인 예로는 1970년대 이후 헝가리를 들 수 있는데, 부분적 가격자유화 조치와 민간상업은행의 도입이 이루어졌다. 이와 유사한 시장경제개혁의 예는 사실상 구동구권의 거의 모든 국가들에서 찾아볼 수 있는데, 루마니아는 독재체제하에서도 이미 1970년대 초반에 국제통화기금에 가입하여 적어도 대외경제관계에서는 서방국가들에 대해 일찍부터 활발한 개방정책을 시행한 경험이 있다. 구소련에서는 스탈린 사후인 1960년대 초반에 개별 기업들의 자유로운 투자행위를 허가하는 등 국가계획체제에서 일탈하는 경제개혁 정책이 시도되기도 했다. 이러한 단편적인 시장경제의 경험들은 구동구권 국가들이 1990년대 들어 본격적으로 경제체제를 전환하게 되면서, 각국의 경제주체들이 새로운 체제에 보다 빨리 적응하도록 하는 밑바탕이 되었다. 사회주의 계획경제체제가 계속된 기간이 대부분 70여 년에 이르는 구소련국가들에 비해 2차 세계대전 이후 사회주의화된 중동부유럽의 국가들은 일반적으로 시장경제체제로의 전환에 유리한 조건을 가지고 있었다.

북한 정권은 1948년 수립과 동시에 전국적인 생산수단의 국유화조치를 통해 사회주의 계획경제의 길로 들어섰으므로 시간적으로는 중동구 국가들과 비슷한 사회주의 계획경제체제의 경험을 가지고 있다고 보아야 한다. 이후 오늘날에 이르기까지 북한에서도 여러 차례의 경제개혁이 시도되었던 것은 사실이나, 적어도 1970년대 말까지 북한에서 행해진 경제개혁은 시장요소의 도입이 아니라 주로 생산집단의 조직, 관리 및 대중동원의 방법에 중점이 두어졌으므로 오히려 사회주의 계획경제를 더욱 효율화하는 것을 목표로 하였다고 볼 수 있다. 1980년대 이후부터 북한에서 진행된 경제개혁으로 가장 중요한 변화는 대외개방정책이었는데, 합영법의 도입, 나진·선봉 자유무역지대의 설치, 대외무역을 전담하는 특수은행의 설치와 같은 것들이 그 대표적인 예이다. 이러한 정책들은 대외경제관계와 관련하여 특정 기업이나 특정 지역에 시장경제체제의 작동을 가능케 하는 효과가 있었음이 분명하지만, 북한 경제 전반에 시장경제의 경험을 확대시키는 효과는 거의 없었던 것으로 보인다.

위와 같은 사실로 볼 때, 현재까지 북한 경제 전반에 대해 시장경제체제와 유사한 경험을 축적시켜주는 유일한 통로는 불법적인 또는 반합법적인 유사시장(pseudo-market)이나 암시장과 같은 지하경제의 현상이 거의 유일한 것으로 보인다.[3] 오늘날 북한 전역에 광범위하게 확산되어 있

---

3) 이 책에서는 2002년의 「7·1조치」를 포함하여 2004년 초까지만의 변화만을 고려하고 있다. 최근 들어 개인경작제의 확대나 농민시장의 종합시장으로의 개편, 다

<표 4-1> 북한 경제의 초기 여건

<table>
<tr><th colspan="2">초기 여건</th><th>북한의 특징</th><th>구동구권과의 비교</th></tr>
<tr><td colspan="2">경제체제</td><td>▪ 사회주의 계획경제체제
▪ 대중동원 및 일인영도체제가 강조됨</td><td>▪ 동구권 일부 국가(루마니아, 우즈베키스탄, 벨로루시 등)와 유사함</td></tr>
<tr><td rowspan="3">경제 구조</td><td>산업구조</td><td>▪ 중공업 위주의 산업구조
▪ 1990년대 이후 공업가동률의 격감으로 광공업의 생산비중이 급속히 감소</td><td>▪ 1980년대 말까지 동구와 유사
▪ 1990년대 이후 중국형과 유사</td></tr>
<tr><td>무역구조</td><td>▪ 1990년대 이후 사회주의국가들과 우호무역이 사라짐</td><td>▪ 구동구권 국가들보다 무역구조로 인한 왜곡요인이 적음</td></tr>
<tr><td>가격구조</td><td>▪ 국정가격과 자유시장가격의 현격한 차이가 존재</td><td>▪ 구동구권 국가들보다 가격구조의 왜곡이 심함</td></tr>
<tr><td colspan="2">시장경험</td><td>▪ 거의 없음</td><td>▪ 구소련국가들과 비교 가능</td></tr>
</table>

는 것으로 알려진 이 같은 지하경제 현상이 북한 경제에 어느 정도로 시장경제의 경험을 가르쳐주는 역할을 할지는 분명치 않다. 그러나 구동구권의 모든 국가들에서도 이미 구체제하에서 이 같은 지하경제활동들이 점차 공식적인 비계획부문으로서 자체 계획체제에 편입됨으로써 지하경제의 존재가 결코 사회주의 계획경제체제의 체제전환에 중요한 원인으로 작용하지 않았다는 점은 일단 북한에 대해서도 그대로 적용될 수 있을 것으로 판단된다.

이상에서 논의한 바를 정리하면, <표 4-1>에서 볼 수 있듯이, 북한은 과거의 동구권국가들과 근본적으로 동일한 사회주의 계획경제체제를 유지하고 있지만, 이러한 체제를 자본주의 시장경제체제로 전환하기 위한 초기 조건에서는 상당히 다른 모습을 보이고 있다.

전반적으로 북한은 경제체제전환을 위한 초기 조건에서 평균적인 구동구권 국가보다 더 불리한 조건을 가지고 있다고 평가할 수 있다. 특히

양한 판매행위의 허용 등이 보도되는 등 북한 내부의 급격한 변화에 대한 보도가 잇따르고 있으나 이 글에서는 시간적 범주를 2004년 초까지로 제한한다.

산업 및 가격구조의 심한 왜곡이 시장경제체제로의 전환과정에서 중대한 장애요인으로 작용할 것이다. 또한 시장경제체제의 경험이 사회주의의 역사가 비슷한 중동부유럽 국가들에 비해서 부족하다는 점도 시장경제적인 개혁 효과가 신속하게 나타나는 데 불리한 요소이다.

3) 북한 농업의 초기조건[4]

앞에서 각국의 역사 속에 담겨 있는 초기 조건이 체제전환기의 농지사유화 및 농업경영구조 개편방향과 불가분의 관계에 있음을 살펴보았다. 따라서 북한 농업의 개편방향 역시 북한이 지니고 있는 일반적 초기 조건하에서 북한 농업의 초기 조건을 논의해야 한다. 여기서 도출할 수 있는 북한 농업의 초기 조건은 다음과 같이 요약할 수 있다.

첫째, 농지사유화의 방식 선택을 위한 초기조건으로서 재산권 반환 및 보상을 위한 법률적 조건이 구비되어 있는가의 문제를 생각할 수 있다. 북한은 토지개혁 당시와 이후 토지대장 및 등기부를 조직적으로 폐기한 것으로 알려지고 있다. 따라서 원소유자에 대한 반환과 보상은 원천적으로 불가능해진 상태이다. 설혹 멸실되지 않은 공부가 일부 남아 있고 이에 근거한 청원이 있다고 하더라도, 이에 대한 반환과 보상이 이루어질 경우 심각한 형평상의 문제가 제기된다.

둘째, 농지에 대한 사적 소유의 역사적 경험 여부를 고려해야 한다. 농업부문의 협동화가 완료된 1958년까지 북한의 농지는 사적 소유하에 있었다. 그러나 농업부문 협동화가 빠른 속도로 완수됨에 따라 농지는 개별 협동농장의 공동소유로 전환되었다. 따라서 북한의 농업부문 사회화 정도는 구소련보다 약하지만 동구권보다는 크게 강화되었다는 점을 지적할 수 있다.

셋째, 농업부문이 사회화되기 이전의 경영구조도 중요한 초기 조건의

---

4) 김경량·서재완(1999), 김경량·홍성규(2001), 김영훈(1998)을 중심으로 재작성하였다.

하나이다. 1946년 토지개혁 이전 주로 대지주의 농지로 구성된 몰수농지가 전체 농지의 55.7%를 차지하고 있었으며, 자작지는 44.3%를 구성하고 있었다. 자작지가 영세한 규모로 경영되고 있었음은 물론 대지주의 몰수농지도 대부분 영세규모로 소작되고 있었다. 따라서 사회화 이전 북한의 농업경영구조는 전형적인 영세소농구조를 띠고 있었다.

넷째, 집단농장 개별구성원이 얼마만큼의 경영 경험을 갖고 있느냐가 중요하다. 생산계획 및 시장에의 참여 경험은 50년 이상 사회주의 농업하에서 전무할 수밖에 없다. 그러나 북한은 초기부터 협동농장 내에 생산단위인 작업반과 분조를 설치하고, 분배형태로서 작업반우대제(1960년 도입, 약 100명), 분조도급제(1966년 도입, 15~20명), 새로운 분조관리제(1966년 도입, 5~8명)를 도입하면서 각각 작업반 및 분조단위로 부분적으로 독립된 생산활동을 수행하고 있다. 따라서 북한의 개별농가는 경영경험을 일부 습득하고 있는 것으로 평가할 수 있다.[5]

다섯째, 농업부문의 인구비중으로서 산업부문이 일정 수준 이상으로 성장하여 이농인구 흡수 여력이 생길 때까지 여전히 많은 인구가 농업부문에 남아 있어야 할 것이다.

5) 2004년 이후 최근 들어 일부지역에서 가구당 300~400평씩 시범적으로 개별 경작을 허용하는 등 북한내 영농형태에 많은 변화 조짐이 보도되고 있다. 집단농업을 농업정책의 기본으로 삼아온 북한이 2004년부터 일부 지역에서 가족단위의 농업을 시험 도입했다는 것이다. 이 농사법은 도입된 이후 집단농사에 비해 3배의 수확을 올렸으며, 이 결과 내년부터 농업분야의 다양한 개혁조치가 추진될 것이라는 관측이 나오고 있다. 북한은 2002년 7월부터 농업의 말단조직인 '분조'의 규모를 줄이고, 이 분조에 농산물 배분권을 줌으로써 농가의 생산의욕을 올리기 위해 노력했으나, 곡물생산이 최근 10년간 가장 풍작을 거둔 올해에도 전체 인구의 4분의 1 정도는 식량 부족에 시달리고 있다. 이 때문에 인민공사가 가족단위로 농업을 세분화해서 큰 성공을 거둔 중국의 예를 참고해 농업개혁의 가능성을 검토하고 있다고 12월 4일자 도쿄신문은 보도했다(≪조선일보≫, 2004.12.6).

2. 농지의 사유화 및 북한 농업의 개편

1) 농지의 사유화 방향[6)]

(1) 농지소유권 관련 법적 문제점

북한 소유제도의 특징은 사유재산제도를 전면 부정하고 소유권 이외의 물권을 인정하지 않는 점, 소유권을 국가, 협동단체, 개인소유권으로 구분한 점, 계약에 의한 소유권의 취득시기를 동산과 부동산의 구분 없이 소유물을 넘겨받을 때로 한 점, 그리고 선의취득과 관련하여 동산과 부동산을 구분하지 않으면서 소유권의 종류별로 인정범위를 차별하는 점 등으로 압축할 수 있다. 게다가 북한은 부분적으로 사적 소유권이 인정되고는 있으나 토지는 개인소유를 일체 인정하지 않고 있으며, 물권변동에 관한 공시방법으로의 등기제도를 인정하고 있지 않다. 또한 소유권처리와 관련하여 중요한 사실은, 북한이 1946년 토지개혁을 하면서 소유권을 표기했던 등기부등본을 모두 소각시켰다는 사실이 확인되고 있다.

북한의 토지문제는 제도나 체제의 문제뿐만 아니라 해결해야 할 역사적 과제와도 밀접한 관련이 있다. 즉, 토지의 소유권문제는 분단, 6·25 전쟁, 그리고 자발적 혹은 비자발적 이주 등과 밀접한 관련이 있으며, 동시에 이러한 사건들이 정치적 혹은 법률적으로 어떻게 해결되느냐에 따라서 토지소유권 문제도 향방이 정해질 수 있다. 이러한 배경하에서 북한 소재 토지의 소유권 처리와 관련하여 다음과 같은 질문이 제기될 수 있을 것이다. 첫째, 우리나라 헌법 제3조의 영토에 관한 규정에 비추어 보면 북한 당국은 불법단체이고 따라서 토지개혁을 포함한 북한당국의 모든 소유권 관련조치도 당연히 불법화되어야 하지 않겠는가? 다시 말하

6) 북한 농지의 사유화 문제는 북한의 자체개혁, 남북한 통일 등 다양한 상황에 연관된다. 다만 이 책에서는 사유화문제를 남북한 통일을 전제로 논의하고자 하며, 이에 따라 북한의 자체적인 개혁방안과는 다소 차이가 있을 것이다.

면 통일 후 북한 지역 토지에 대한 소유관계는 남북분단 이전의 상태로 원상회복되어야 마땅하지 않겠는가?

둘째, 남한에서는 1950년 유상매수·유상분배의 방식으로 농지개혁을 실시한 바 있는데, 전쟁이 끝난 후 이 법 정신에 의거 38도선 이북의 수복지구에서도 농지는 농지개혁에 의한 보상을 신청할 수 있었다는 점,[7] 그리고 수복지구의 토지에 관하여 원소유자는 관할 관청에 1991년 말까지 소유자복구등록을 신청할 수 있었다는 점[8] 등에 비추어, 통일 후 북한 지역에서도 구소유권을 복구 등록케 하거나 가상적인 농지개혁에 의한 보상을 인정해주는 것이 형평에 부합하는 것이 아니겠는가?

셋째, 독일의 경우 구소련 점령지역(구동독)에서 1945년부터 1949년까지 점령권에 기초하여 몰수된 재산은 반환원칙이 적용되지 않을 것으로 규정되었는데, 남북한 통일의 경우에도 1947년 2월 북조선 인민위원회가 수립되기 전 혹은 1948년 9월 조선민주주의 인민공화국 정부가 공식 출범하기 전의 재산권 관련조치와 그 이후의 조치 사이에 법적 성격상으로 차이가 있고, 따라서 그들 조치를 다르게 취급하여야 하지 않겠는가? 예컨대 1946년 북조선 임시인민위원회의 지도하에 그러나 구소련군 사령부의 재가하에 이루어진 토지개혁은 독일의 경우에서와 같이 그 효력을 인정하고, 1950년 이후에 진행된 농업협동화운동에 따른 토지의 사회화조치는 무효화시키는 것은 어떤가?

이렇게 북한의 토지문제는 현행의 헌법 테두리 안에서는 논의하기 어려운, 즉 법적인 차원을 넘어서는 정치적 차원의 문제까지를 내포하고 있다. 따라서 이 문제는 이해당사자가 누구이며 이들의 범위와 통일 전에 어디에서 어떠한 정치적·경제적 및 사회적인 지위를 누리고 살아왔는지에 따라서도 처리방향이 영향을 받을 수 있다. 결국 토지소유권의 문제는 월남인의 북한토지소유권, 월북인의 남한토지소유권 등이 주축을

---

7) 「수복지구에 대한 농지개혁법 시행 특례에 관한 대통령령」 제1360호, 1958.4.10.

8) 「수복지역 내 미복구 토지의 복구등록과 보존등기 등에 관한 특별조치법」, 1982.12.31, 법률 제3627호.

이루겠지만, 또 하나 고려해야 할 사항은 북한에서 토지를 몰수당하고도 북한에서 머물렀던 사람들의 토지소유권과 함께 북한의 모든 토지를 점유 및 경작하고 있는 북한 주민들의 권익을 어떻게 보호해주는가 하는 문제에 귀결될 것이다.

⑵ 농지사유화에 대한 논의

통일 후 북한의 토지문제에 대한 논의는 1990년대에 접어들면서 여러 각도에서 접근되고 논의되어왔다.

김상용(1992)은 북한 토지의 특수성에 비추어 이해당사자의 상호관계를 기존의 법체계로는 해결하는 데 많은 어려움이 뒤따를 것이라고 전제하고, 동서독처럼 양 정부가 사전에 합의할 수 있다면 좋을 것이지만 만약 합의가 불가능할 경우에는 통일정부가 기본법을 제정할 것을 제안하였다. 이 제안은 통일 이전에 대부분의 소유권 보유자가 있는 남한에서 먼저 일방적으로 북한 주민들의 권익을 위해서 일체의 구소유권을 포기하는 선언을 하자는 제안이다. 이와는 별도로 토지소유권의 구체적인 방안으로 모든 북한 토지를 일차 국유화조치한 후에 공공재산은 필요한 범위 내에서 북한의 행정재산으로 하고 나머지는 독일에서처럼 독립된 관리기구를 통해서 유상으로 사유화를 실시하자는 주장을 펴고 있다. 농지는 대부분 협동단체 소유라는 점에 유의하여 해당 단체에 소속되어 있던 구성원에게 유상으로 분배를 하되 토지소유에 대한 상한규정에 입각하여 분배하자는 의견이다. 그러나 한편 과거의 소유권을 입증하는 구소유권자에게도 보상을 원칙으로 하여 일정 한도 내에서 '예외적으로' 원상회복을 하자는 주장도 펴고 있어서 자칫 방법상의 혼선을 빚을 우려가 있다.

김민배 외(1993)는 과거의 토지소유권리에 대한 원상회복이나 손해보상(배상)을 해야 할 경우 북한의 토지개혁에 의하여 몰수당한 북한의 토지에 대한 혹은 월북으로 인한 남한의 토지에 대한 소유권은 원상회복이 불가능하다고 전제하고, 통일 후 북한소유제도 수립을 위해서 생활수단으로서의 북한의 토지에 대한 개인소유권은 인정하되 토지비축 차원에서 국유지와 협동단체 소유지는 국유화하자는 의견을 제안하였다. 이어서 헌법상의 "'소유권 우선' 토지제도를 '이용 우선' 토지제도로 전환한다"는 원칙을 제시하였다.

류해웅(1994)은 통일 후 사유재산제가 보장되는 소유제도로 개편한다고 하더라도 사회국가원리를 실현하기 위한 혼합경제의 채택은 불가결하다고 전제하고, 북한의 토지는 원칙적으로 부분적인 국유화를 해야 한다는 쪽으로 결론을 맺고 있다. 특히 보전용 토지와 장래에 개발이 예상되는 토지는 모두 사유화할 것이 아니라 계속 국유로 남겨 두어야 한다는 것이다. 즉, 북한 지역 주민의 개인생활과 직접 관련되지 않는 토지(예를 들면 비생존권적 토지)에 대하여는 국유화를 존속시키며, 특히 공공용지, 임야, 유휴지 등은 국유화하되 임야 중에서도 생산에 이용되고 있는 토지는 예외적으로 사유화할 수 있다고 유연한 대처방안을 제시하였다. 이 주장의 핵심은 북한 지역의 국공유토지 가운데 공공목적을 위해서 필요한 것은 계속 사유화의 대상에서 제외하도록 하자는 것으로 이 역시 앞의 연구결과와 비슷한 입장이다. 여기서 사유화의 대상은 주택과 그 부속 토지, 농지, 공장과 그 부속 토지, 업무용 및 상업용 건물과 그 부속 토지로 한정하고, 국유화로 계속 유지할 것으로는 임야, 유휴지 및 미개발지, 가까운 장래에 도시적 토지로 개발이 예상되는 농지 등을 언급하였다.

이진욱(1993)은 월남한 사람이 소유했던 북한의 토지는 원상회복되어야 한다는 주장과 함께 현재 사용되고 있는 북한 주민의 토지이용권 역시 보상받아야 한다는 주장 등 서로 상반되는 듯한 주장을 동시에 폄으로써 통일 후 북한토지 처리문제의 어려움을 실감케 하고 있다. 동시에 공공시설과 사회간접자본 등을 위해서 막대한 공공용지가 필요함을 인식하여 북한 지역 토지의 상당량을 국유지로 확보하고 주택지와 농지 등을 한정적으로 사유화시켜 토지이용의 극대화를 중시하자는 의견도 제시하여 근본적으로는 앞서 언급된 다수의견으로부터 이탈하지 않고 있다. 현실적인 어려움을 감안하여 반환보다는 해당 토지의 매각을 통하여 사유화하고 그 수익을 보상자금으로 사용하는 방안을 검토하여야 한다는 주장 역시 원칙과 현실 사이에서 해야 할 고민을 보여주고 있다.

김용학(1994)은 토지뿐만 아니라 기업소유의 일정 지분을 북한 주민에게 무상 혹은 저가로 분배하고 종업원에 대해서도 우대매각을 함으로써 북한 주민의 기초자산축적을 도모해야 한다고 주장하였다. 그리고 주택은 현 거주자에게, 농지는 현재의 경작자에게 우선이용권을 부여한 다음 궁극적으로는 주택과 농지도 사유화하는 방안을 제시하고 있다. 이러한 정책의 목적 중 하나는 북한 지역 주민의 기초자산축적 및 북한 주민들이 현지를 떠나지 않고 기존의 지역에 머무르도록 유도하는 데 있다고 하겠다. 이러한 목적을 달성하기 위해서 주택의 경우 일정금액, 농지의 경우 일정 면적을 무상으로 분배하고 나머지는 유상으로 분배하자는 제안도 북한 주민들의 특수사정을 감안한 배려로 보인다.

김봉구(1992)는 사적 소유제도에 입각하여 북한 농민들의 재산형성 및 증식을 지원하기 위해 일정량(1ha)을 무상으로 분배하고, 또한 소유와 책임의식의 주입을 위해 1ha의 농지를 유상분배하자는 안을 제시하였다.

김운근(1996)은 북한 농민에게 5년간 무상으로 토지이용권을 부여하고 원소유자 혹은 그 상속인에게는 현 북한 물가수준의 가격으로 보상한 후 국유화한 다음, 다시 5년간 정부가 농가에 유상으로 임대한 후 점진적으로 사유화를 추진하자는 주장을 하였다. 장기적으로는 사유화가 당연하지만 단기적으로는 북한의 고용문제와 생활터전의 보존 및 충격완화를 고려한 것으로 보인다.

박정동(1997)은 통일 후 초기에 대량이주를 방지하기 위하여 분배대상자를 일정 기간 동안 북한에의 거주를 약속하는 농민에게 한정하고, 농가세대당 1ha의 농지를 무상으로 분배하는 원칙을 제시하였다. 최소한의 재산을 북한 농민들에게 무상분배함으로써 농민들의 재산형성 및 증식을 적극 지원한다는 취지이다. 또한 북한 토지의 투기를 방지하기 위해 분배된 농경지의 매매를 금지시킬 것을 제안하였다.

김경량(1997)은 북한 농업의 개혁과정에서 정책목표로서 설정되어야 할 중요한 항목 중 하나는 경쟁력 있는 농업경영구조의 창출이며, 이는 영농규모를 일정 수준 이상으로 유지시키는 데에서 출발해야 한다고 주장하였다. 북한의 협소한 농지면적과 과다한 농촌인구를 고려할 때 농지의 분할·분배는 필연적으로 농업경영의 영세화를 초래하기 때문에 북한의 농지사유화방식으로는 협동농장재산을 대상으로 증권 또는 조합배당 증서를 발급하고 농민들에게 일정액의 몫을 증서로 무상으로 분배하는 방안을 고려해야 한다는 것이다. 구체적으로 통일시 현 협동농장의 규모를 지역별 특성에 맞추어 적정 규모로 재편하고, 소유권의 분배는 농지의 분할보다는 주식 또는 조합원 배당률로 권리증을 부여하여 초기에는 영농기회를 제공하고, 농지에 대한 소유권의 분배를 통해 재촌을 유도하며, 또한 농가주택을 제공하고 농촌지역에 있는 잠재실업을 대비하여 여러 가지 취업기회를 제공함으로써 현재 농업부문의 과잉종사자들의 탈농을 유도하여 북한 지역의 농업을 중장기적으로는 전업기업농으로 육성하자는 것이다.

박헌주(1997)는 김운근과 크게 다르지 않게 일정 기간 동안 농지의 소유권을 협동농장에 귀속시켜 임대농을 육성하고, 일정 기간의 임대 후에 토지를 사유화하는 점진적 방식을 제시하였다. 그러나 현재의 텃밭은 상징적인 가격으로 즉시 현 경작인에게 사유화하자는 제안은 북한 농민들의 어려운 사정을 감안한 배려로 보인다.

정영화(1999)는 정부간의 합의로 북한의 토지개혁에 대한 합법성을 부여하거나 불가피한 조치로서 양해하는 입장을 천명하고, 원소유자의 토지재산에 대해서는 1945년 당시의 시가에 일정 배율을 적용하여 장기보상채권의 발행으로 최소보상하는 것을 농지사유화의 기본원칙으로 제시하였다. 농지의 분배는 북한 농민들의 자본력이 취약하다는 것을 고려하여 현물로 분할 상환하는 방안을 모색하되, 호당 소유상한을 전제하여 공동소유의 영농방식을 제안하였다. 또한 최소한 5년간 자경의무기간을 전제하여 안정화기간 동안에 투기를 예방하고 북한 주민들이 현지에 머무르도록 하는 제도적 장치를 마련하였다.

앞에서 살펴본 바와 같이 북한의 토지문제를 논한 대부분의 학자들은 독일의 경험을 비교적 상세히 분석한 후 그 경험을 한반도에 적용하기 힘들다는 결론에 도달한 것이 특징이다.

독일이 초기에 취한 '구소유자로의 반환원칙'은 많은 피해와 혼란을 야기하였는데 그 중에서 대표적인 것이 투자기피, 사회간접자본 확충 제약, 지나친 재정부담, 택지부족 등이었다. 북한의 경우 소유권에 대한 증빙서류를 토지개혁 때 의도적으로 폐기하였기 때문에 과거의 소유권을 증빙하는 것이 독일보다 더 어려울 것이며, 구동독의 토지 중 약 45%는 사적 소유하에 있었으며 토지대장이나 등기부등본 등이 보관되어 있었음을 상기할 필요가 있다.

더구나 한반도는 남북분단, 6·25, 1·4후퇴, 3·8선과 휴전선 등 경계선의 변동으로 야기되는 소유권문제 등 소유권이 비법적, 경제 외적 요인에 의해서 여러 차례 바뀐 사실도 독일의 사정과 많이 다르다. 또한 원소유자 대부분이 사망하여 현존자는 대부분 상속인뿐이기 때문에 상속권자의 적법성을 확인하는 문제와 2중, 3중으로 나타날 수 있는 상속인간의 분쟁소지 등은 많은 사회적 혼란을 야기할 것이다. 게다가 재혼, 중복혼, 2중 소유권 등의 문제와 함께 이산가족간의 소유권에 대한 상이한 경험과 역정은 남북사람들간의 형평문제로 연결될 것이다.[9]

선행연구에서 공통적으로 주장하고 있는 농지사유화 원칙의 방향을 정리하면 농민들의 근로의욕을 고취시키고 농업생산성의 향상을 위하여 농경지, 주택, 농업생산수단 등에 대하여 사유재산제를 적용해야 한다는 것이다. 그러나 현재 북한 지역의 토지에 대해서 원소유자에게 반환할 것인가 현 경작인에게 분배할 것인가에 대해서는 의견이 갈린다. 토지소유권의 처분에 대해서 일부는 일단 모든 토지를 재국유화한 다음 점진적

9) 이와 관련하여 실향민 700인을 상대로 실시한 설문조사결과가 관심을 가질 만하다. 김운근 등이 실시한 조사에 의하면 조사대상자의 약 7%만이 토지등기증을 보관 중이어서 만약 반환이나 보상이 실시될 경우나 나머지는 구제받을 길이 복잡할 것임을 시사하고 있다.

으로 사유화하는 방안을 제시하고 있으며, 또 다른 일부는 원소유자에게 부분적이고 상징적인 차원의 보상을 주장하고 있다.

반환이나 보상을 배제하고 전부 혹은 상당한 정도의 토지를 국유화하자는 주장은 다음과 같은 이유에서 나름대로의 타당성을 가진 것으로 판단된다. 첫째, 앞으로의 공공개발을 위해서 많은 토지의 비축이 필요하다는 점과 둘째, 북한 주민의 현재 이용권 및 소유권의 보호 필요성, 셋째, 자본주의 토지시장의 병폐인 토지투기를 방지하는 대책마련의 중요성 등이다. 그 외에도 원소유자에 대한 확인의 곤란성과 확인이 된다고 하더라도 반환에 따른 많은 부작용, 남북간의 경제력 격차 문제, 소득의 불균형 심화에 대한 우려 등도 국유화 내지 '제2의 토지개혁'을 추천하는 근거로 들고 있다.

(3) 북한 농지의 사유화원칙

① 역사적·시대적 배경을 토대로 한 사유화전략

북한 경제의 사유화전략을 세우기 위해서는 통일을 이룩한 독일뿐만 아니라 사회주의경제에서 시장경제로 체제전환한 중동부유럽 국가와 구소련국가의 경험을 배울 필요가 있다. 각 나라의 사유화전략은 무작위로 선택된 것이 아니라 나라마다 처한 상황과 역사적 배경을 토대로 만들어진 것이다. 따라서 북한 농지의 사유화를 위한 전략도 해방 후 북한의 토지개혁 및 협동화와 남한의 토지개혁을 고려하여 수립되어야 할 것이다. 이러한 시도는 효과적인 사유화전략을 수립하는 데 필요할 뿐만 아니라 사유화에 대한 남북한 주민의 정치적 지지를 확보하는 데에도 큰 도움이 될 것이다.

② 북한 자산에 대한 구소유권 포기에 대한 미래지향적인 정치적 결단

남북의 토지문제와 관련하여 가장 경계해야 할 것은 바로 형식의 논리이다. 예를 들면, 대한민국 헌법 제3조의 영토규정이 의미하는 바와 같이 "대한민국 정부가 한반도의 유일한 합법정부이고 북한 당국은 불법단체라면 토지개혁을 포함한 북한 당국의 모든 소유권 관련조치도 당연히 불법이고, 따라서 통일 후에는 토지 등에 대한 소유관계를 남북분단 이전의 상태로 원상회복시켜야 한다"는 논리를 경계해야 한다.

또한 2차대전 직후 구동독 지역을 구소련군이 점령했을 당시에 토지개혁에 의해 국유화된 재산의 반환불가 방침은 구서독과 구소련이 통일에 관한 협상을 하는 과정에서 구소련의 입지를 고려하여 이루어진 합의사항이었음에도 불구하고 우리의 경우도 북한 지역의 재산권 관련조치에 대해 이와 유사한 해석을 할 가능성도 있다.

이와 더불어 수복지구의 토지에 대하여 원소유자의 권리를 인정한 전례가 있음에도 불구하고 왜 통일의 시점에서 북한 지역의 토지 등 재산에 대한 원소유자의 권리를 부인해야 하는가 하고 질문을 던질 수 있을 것이다. 여기서 우선 지적할 것은 수복지구의 토지소유권 처리문제와 통일 후 북한 지역의 토지소유권 처리문제는 그 규모나 성격에서 판이하다는 점이다. 수복지구에 대한 조치는 남북한 분단 상황을 염두에 두고 기존 남한의 법제도를 확정하여 당해 지역에 적용시킨다는 관점에서 이루어진 것이라면, 통일 후 북한 지역의 토지소유권 등 재산권에 대한 조치는 남북한이 분단상태를 해소시키고 새로운 통일국가를 건설하는 데 초석을 제공한다는 차원에서 이루어져야만 한다. 따라서 수복지구의 선례를 무비판적으로 통일의 상황에 적용시키는 데는 문제가 있다.

따라서 구동독의 사유화에서 미래지향적으로 경제적 합리성을 추구하기보다는 경직적인 법리에 얽매인 독일의 경험을 타산지석으로 삼아, 과거에 얽매이기보다는 새로운 출발을 위하여 북한 농업의 자생력을 배양하고 성장을 유발하는 데 온 힘을 기울여야 할 것이다.

결국 통일 후의 토지소유권 처리문제는 남한만의 법체계 내에서 형식논리에 의해 해결될 성질의 것이 아니다. 효율성과 형평성 내지 정의의 관점에서, 즉 혼란을 최소화하고 북한 지역 경제를 활성화시키며 북한 지역 주민을 경제적·심리적 측면에서 통일조국의 구성원으로 포용함으

<표 4-2> 소유권 분배방법 비교

토지소유권 처분	토지제도개편	토지 관련문제
부분국유화, 보상 (김상용, 1992)	· 토지제도 기본법의 제정 · 국유재산의 국유 및 사유화 · 공공재산의 선별적인 사유화 · 협동농장의 토지 및 거주용 토지의 유상분배 · 소유권 입증, 소유상한 적용 · 북한의 토지이용자의 보호	· 월남자와 월북자의 소유권 해결 · 지역주민의 이용권 보호 · 북한 정권의 정통성과 합법성 인정 여부
국유화 (김민배, 1993)	· 북한의 개인적 소유권 인정 · 소유우선에서 이용우선으로 전환 · 권리자에게 우선적 이용권 부여 고려	· 원소유자 미확인 · 보상재원 조달 · 월북자의 소유권 인정
부분국유화 (류해웅, 1993)	· 공공성의 강조 · 단계적 토지이용계획 · 전 국토를 개발제한구역으로 → 용도지역구분 → 지구상세계획 → 기존 개발지역 재개발	· 사전적 토지이용조사 · 국공유와 사유지 간의 구분 · 토지투기방지와 공공용 토지비축의 필요성
토지매각을 통한 금전보상 (이진욱, 1993)	· 북한 주민의 이용권보호와 소유권 확보를 위한 자금지원(분쟁조정 및 해결기구 설치) · 대부분의 토지에 대한 국공유지화 (토지투기와 공공시설 수요에 대비)	· 월남인의 토지소유권 · 북한 주민의 토지이용권 · 토지투기와 공공시설토지의 수요 증가
일부 무상, 일부 유상분배 (김용학, 1994)	· 현재의 우선이용권 보호 · 점진적인 사유화	· 사유재산의 취득 제한 · 사유화재산의 거래 규제 · 국유재산관리청 설치
최소재산 무상분배 (김봉구, 1994)	· 사적 소유제도에 입각하여 일정량을 무상분배 · 농민들의 재산형성, 유지증식을 지원 · 일정량은 주거건물, 일정 면적의 토지를 의미함 · 일정 면적 이외에는 소유와 책임의식의 주입 위해 유상분배원칙	· 일정량의 무상분배의 일정량 기준 선정의 곤란성 · 토지의 소규모 분할로 인한 영농규모의 영세화 초래
무상임대/ 유상분배 (김운근, 1996)	· 5년간 무상으로 토지이용권을 부여한 후 다시 5년간 정부가 농가에 유상으로 임대 · 그 이후 5년간의 기간을 설정하여 현 토지를 정부로부터 구입하는 방안 · 토지대는 생산량의 일정량을 매년 현물로 분할상환함	· 농민들의 재산권 형성이 늦어짐 · 남한으로의 이주부담 증폭

토지소유권 처분	토지제도개편	토지 관련문제
일정 규모 무상분배 (박정동, 1997)	• 사적 소유제도에 입각하여 농민에게 경작지를 분배할 때 일정 면적의 토지를 무상분배하는 원칙임 • 일정량을 농민이 무상으로 분배받는 주거건물과 일정 면적의 토지를 지칭 • 최소한의 재산을 농민들에게 무상분배함으로써 농민들의 재산형성, 유지 및 증식을 적극 지원한다는 취지	• 일정한 면적에 대한 기준의 모호성 • 영농규모의 영세성으로 인한 생산성의 감소 • 토지 이외의 농기계 등 기타 자산에 대한 분배방법의 문제
Shareholder 방식으로 분배 (김경량, 1997)	• 농지의 분할보다는 주식 또는 조합원 배당률로 권리증을 부여함 • 각 조합원들에게 주식의 배당률에 따라서 이윤을 분배 • 규모의 최적화 유지(마을단위로 재편, 평균 100ha 정도) • 전업기업농은 농업회사법인 또는 영농법인 등의 형태로 발전시켜 규모의 경제와 효율성의 극대화 추구	• 초기 생활의 어려움으로 인한 증권의 매매로 토지의 집중화 초래 • 증권에 대한 북한 주민들의 인식 부족으로 재산피해 우려 • 무상분배보다는 소유권 개념의 미흡으로 인한 남한으로의 이주 가능성 높음
임대 후 사유화 (박헌주, 1997)	• 일정 기간 소유권을 협동농장에 귀속시켜 임대농을 육성함 • 임대비는 경제적인 능력과 토지의 상태에 따라 상이하게 책정함 • 일정기간 임대 후에는 토지를 사유화함 • 현재의 텃밭은 상징적인 가격으로 즉시 현 경작인에게 사유화함	• 소유권의 협동농장의 귀속시 발생하게 될 현 경작인의 반발 예상 • 이로 인한 남한으로의 이주 증가 • 임대비의 적정성 선정의 문제 • 각 농가의 토지분배에 대한 문제
최소보상, 매각을 통한 사유화 (정영화, 1999)	• 원소유자에게 최소보상 • 협동농장 위치에 따라 상이한 사유화 방식 • 공동소유 공동경영 • 농지의 일정 기간 매매 제한	

로써 북한 주민의 이익을 최대한 고려하여 사유화를 진행시켜야 한다. 따라서 통일의 초기 단계 혹은 통일 이전이라도 북한 당국에 의해 몰수된 바 있는 토지에 대한 원소유자의 권리는 원칙적으로 인정하지 않는다는 점을 통일조약이나 특별입법 형태를 통하여 명백히 해둘 필요가 있다.

③ 북한의 재산형성에 대한 북한 주민의 기여를 인정

북한 주민들의 열악한 경제 여건을 감안하여 유량 개념의 소득은 통화

정책적인 조치와 각종 생활지원 프로그램 등으로 보전해줄 수 있을 것이다. 그러나 재산형성은 별도의 정책이 필요할 것이다. 북한 지역에 축적되어 있는 국공유재산은 비록 국유화 또는 집단화되어 있다 하더라도 대부분 지난 50여 년간 북한 주민에 의해 형성된 이른바 인민의 재산이라는 사실을 인정해야 한다. 따라서 사유화는 북한의 자본형성에 대한 북한 주민의 기여를 적절하게 보상하는 형태로 이루어져야 할 것이다.

궁극적으로 북한의 토지문제는 북한 주민들의 생활기반인 토지를 누구보다도 먼저 북한 주민들이 소유할 수 있는 방안들을 모색하는데 최우선권이 주어져야 할 것이다.[10)]

④ 북한 경제 안정에 기여

사유화는 북한 경제의 안정에 기여하는 방향으로 이루어져야 한다. 사유화의 목적은 단순히 국유재산의 소유권을 민간에게 넘기는 것이 아니라 북한 경제가 개방된 시장질서에 적응하면서 발전할 수 있는 기반을 조성하고 경제통합으로 남북한의 공동번영을 추구하는 데 있다. 따라서 사유화전략이 북한 지역 경제발전의 원동력이 될 투자촉진과 생산성향상을 염두에 두는 것은 당연하다.

인구이동의 억제가 사유화의 중요한 목적은 아니지만 국유재산의 사유화가 인구이동의 억제수단이 될 여지는 많다. 남북한 통일 후 일정 기간 내에 북한 주민이 남한 지역으로 이주할 경우 그 주민은 북한 지역의 토지 등 국공유재산에 대한 권리의 전부 혹은 일부를 상실한다는 식으로

10) 독일의 매각을 통한 사유화와 원소유자에 대한 반환원칙은 많은 문제점들을 야기하였다. 비농업부문의 사유화는 신탁관리재산의 85%가 구서독인, 9%가 외국투자가에게 매각되었으며, 구동독인에게는 6%에 불과한 재산이 양도되었다. 그러나 통일독일에서 농업분야는 유일하게 예외였다. 몰수된 국유지를 배상함에 동독 지역의 주민들도 임차를 통해 참여하게 하여 구 동독지역 전체농지의 거의 90%를 구동독인이 경작하게 되었다. 이것은 단지 부분적인 예외가 아니라 신탁관리법에서 확정된 사유화원칙으로부터의 농림업의 완전한 이탈이었다. 따라서 통일독일이 구동독 지역의 국유지를 사유화함에 다른 경제부문과는 상이한 제도적 조건을 마련한 것은 통일을 성취해야 하는 우리에게 시사하는 바가 크다.

이주와 재산권을 연계시킬 필요가 있다. 물론 이러한 이주와 재산권의 연계방안은 북한의 주민이 토지 등 국공유재산의 사유화에 즈음하여 남한의 주민이나 기업 혹은 외국투자자에 비해 우선권을 가질 것을 전제로 하는 것이나 이 방안은 북한 주민의 사유재산형성에도 많은 도움을 줄 수 있을 것이다.

⑤ 공공용 토지의 확보

북한 지역의 전체 토지를 사유화 대상으로 삼을 경우 중·장기적 경제개발과 사회간접자본 형성에 필요한 토지의 비축을 어렵게 만들고 계획적이고 체계적인 발전을 저해할 위험이 있다. 따라서 북한 지역 토지에 대한 종합계획을 수립하여 어떤 토지를 국공유 상태로 존속시키고 어떤 토지를 사유화할 것인지, 사유화할 토지라 하여도 그 성격이나 용도에 따라 어떻게 상이한 사유화과정을 거치게 할 것인지 등의 문제에 대하여 일반원칙을 확정할 필요가 있다. 농지, 택지, 공장용 토지, 상업용 토지 등은 사유화의 대상으로 삼을 수 있을 것이며 공공용지, 가까운 장래의 도시개발 등으로 공용수용의 대상이 될 수 있는 토지 등은 국공유 상태를 그대로 유지시켜야 할 것이다.

⑥ 토지투기의 방지

시장경제와 토지에 대한 소유권을 모르고 지내던 북한에 만약 사전 준비가 전혀 없는 상태에서 토지의 사유화를 추진한다면 여러 가지 문제들이 발생할 것으로 예견된다. 따라서 토지시장이 형성되지 않은 상황에서 소유권문제의 섣부른 접근은 토지가격체계의 혼란을 불러와 그 파급효과가 다시 현지 주민들의 생활에 위협으로 작용할 수 있을 것이다.

그렇지 않아도 재산형성기회를 갖지 못했던 북한 주민들에게 토지사유화가 시작되면 토지소유는 자연히 경제력이 강한 남한 주민들에게 집중되기 쉬울 것이다. 이에 따라 북한 주민들은 재산축적의 기회에서 점점 소외되고 남북간의 소유격차가 심화되어 이질감이 확대될 수밖에 없을 것이다. 이러한 현상은 자연히 경제 및 사회통합의 장애요인으로 작용하여 통일 후 독일이 겪었던 어려움보다는 훨씬 더 크게 나타날 것이다.

⑦ 경쟁력 있는 농업구조의 창출

통일시 북한 지역의 농지사유화는 독일 및 중동부유럽 선행국가의 경험에서 보는 바와 같이 비농업부문의 사유화와는 다른 의미를 가지고 있으며, 농지사유화의 대상선정은 통일국가의 영농주체를 선정하는 작업으로 연계될 것이다. 따라서 북한 농업의 개혁과정에서 정책목표로서 설정되어야 할 중요한 항목 중 하나는 경쟁력 있는 농업경영구조의 창출이며, 이는 영농규모를 일정 수준 이상으로 유지시키는 데에서 출발해야 할 것이다.

북한 지역의 농업을 중·장기적으로는 전업기업농으로 육성하는 것은 대규모투자에 의해 진행되고 있는 남한 지역의 농업구조개선사업과 맥을 같이하는 것이며, 궁극적으로는 남북한 농업간의 효율적 역할배분을 위한 사전정지작업의 성격을 가진다. 또한 개편 이후 전업기업농은 위탁영농회사 또는 영농법인 등의 형태로 발전시켜 규모의 경제와 효율성의 극대화를 유도하여야 할 것이다.

북한 농업의 사회화율은 구동구권 국가들보다 높고 1972년 이후 농지의 사적 소유가 인정되지 않고 있다는 사실과 공부(公簿)의 부재로 구소유권의 확인이 불가능하다는 사실은 북한 지역의 농지사유화가 대중적으로 처리될 수 있는 조건이 되고 있다. 그러나 농지의 분할·분배는 북한의 협소한 농지면적과 과다한 농촌인구를 고려할 때 필연적으로 농업경영의 영세화를 초래하게 될 것이다. 따라서 대중적 사유화방식을 추진하면서 영농의 규모화를 이룩하는 데에는 농장의 경영과 소유를 일정 기간 분리시킴으로써 대규모 농업경영을 유지코자 했던 일부 동구권국가들의 바우처(Voucher) 교부방식이 좋은 참고가 될 것이다.

2) 농업의 구조개편 방향

(1) 북한 농업 구조개편에 관한 논의

북한 농업의 집단생산체제는 농촌경제를 집산화하고 노동집약적인 방법에 의해 농업발전을 이룩하려는 시도였다. 그러나 이러한 시도는 다른 사회주의국가에서와 마찬가지로 개인의 인센티브를 유발하지 못했고 노동투여시간에 따라 보상이 이루어지는 방식이었기 때문에 노동생산성을 높일 수 없었다. 결국 식량난의 가중을 가져오고 자급자족도 못하는 상황에 처해졌기 때문에 북한 농업의 개편의 필요성 더욱 커지고 있다.

문제는 개편 또는 개혁이 과연 어느 방향으로 진행될 것인가 하는 점이다. 북한이 사회주의 집산화체제를 계속 유지할 것인가, 중국이나 베트남식의 점진적인 개혁을 할 것인가, 그러지 않으면 동구권과 같은 급진적인 개혁을 선택할 것인가라는 차원에서 농업생산체제 개편에 대해 논의하는 것이 가능하다.[11]

김영윤(2002)은 북한 농업의 기본문제가 가격문제라기보다는 투자부족과 유인결여에 따른 생산부진문제라고 보고 협동농장의 개편방향이 다음과 같은 방향으로 추진되어야 한다고 주장한다. 첫 번째 단계에서는 농업부문을 개혁하려는 의지와 생산증가를 위한 획기적 조치가 필요하며, 중앙정부의 권한을 협동농장으로 이양하고 농민소득과 노동성과를 연계시키는 방향으로 운영되어야 한다고 주장한다. 두 번째 단계에서는 수급을 안정시킬 수 있는 협동농장의 생산력을 확보한 후 협동농장 생산물에 대한 점진적인 가격자유화에 착수하는 것이 합리적이라고 보고 있다. 특히 이 단계에서는 우선 생산증가분에 대해 가격을 인상하고 이후 확대해야 한다고 보고 있다. 이와 함께 농민시장, 각종 암시장을 공식화하여 시장으로 기능하게 할 필요가 있다고 주장한다. 세 번째 단계에서는 협동농장의 규모를 경영의 효율성을 창출해낼 수 있는 규모로 개편하

---

11) 이양호, 『북한 농업의 개편가능성과 과제 – 협동농장을 중심으로』, 강원농수산포럼 제26차 정기세미나 결과보고서, 2004.

는 당위성을 말하고 있다. 가족농을 육성하는 데 진력하기보다는 하나의 집단농장을 수십 개의 소규모 농기업으로 개편하자는 것이다. 이 단계에서 토지소유권은 집단소유로 한다 할지라도 토지사용권은 개별농가에게 귀속될 수 있도록 해야 하며, 수입 중 국가세수와 집단보유분을 제외한 나머지는 개별농가에 귀속시켜야 한다는 것이다. 마지막 네 번째 단계에서는 협동농장과 국영농장을 개편하여 종자, 기계, 금융, 농자재, 농기업 서비스 등을 공급하는 공적 기관으로 육성하고, 농지는 개인 자산으로 인정하여 최대한의 이윤을 획득할 수 있도록 투자확대와 제도개혁을 추진해야 한다고 주장한다.

남성욱(2004)은 중국식 농업개혁은 사회 전반의 개혁을 수반하기 때문에 북한에서 당장 현실적으로 실행 여부가 불투명하다고 보고, 북한의 정치경제체제를 유지한다는 전제하에서 현실적인 방안으로 다음과 같은 방향을 제시하고 있다. 첫째, 바람직한 생산성제고 방안은 협동농장을 중국의 인민공사처럼 해체하는 것이지만 현실적으로 이행하기 어렵기 때문에 대안으로 생산단위를 최소화시킨다. 생산계획량을 낮추고 초과분도 자유처분하도록 허용하는 전향적인 조치가 필요하다. 둘째, 텃밭의 규모를 늘리고 농민시장의 곡물거래비율이 커지는 것을 정부가 허용해야 한다고 주장한다. 현재 가구당 30평 규모인 텃밭을 100평 이상으로 허용한다면 일부 협동농장의 토지를 다소 줄여야 하지만 텃밭 생산량은 지금보다 3배 늘어나 곡물생산량도 30% 증가할 것이라고 보고 있다. 셋째, 협동농장의 독립채산제를 강화하여야 하며 국가에 납부하는 비율을 점차 축소하고 현금으로 대체하여 농민이 화폐소득으로 국가에 납부하도록 하자는 것이다. 넷째, 생산물의 점진적인 가격자유화를 정착시켜야 한다고 주장한다. 가격자유화는 우선 생산증가분에 대해서만 실시하고 점차 확대하자는 것이다. 다섯째, 협동조직과 국영농장을 개편하여 종자, 농기계 및 자재와 금융까지 전담하는 종합영농조직으로 육성하여야 할 것이다. 여섯째, 협동농장의 경영자율권이 보장되어야 한다. 일곱째, 벼, 옥수수 및 감자의 단작체계를 탈피하여 북한의 기후특성을 살린 환금성

작물재배에 주력하는 것도 필요하다고 주장한다.[12)]

이양호(2004)는 북한이 식량난 등 때문에 농업개혁 또는 개편을 추구할 것이며, 동구권과 같은 급진적 시장개혁이 아닌 중국이나 베트남식의 점진적 방식을 추구할 수밖에 없을 것으로 예상하고 있다. 그는 북한이 1998년 개정헌법에서 농촌토지를 협동단체 소유에서 사회협동단체 소유로 전환한 점, 그리고 1999년 농업법에서 집단경영체제에서 국가경영체제로 전환하여야 한다고 규정하고 있는 점에서 개인농가에 사용권을 허용할 가능성이 낮아지고 있다고 보고 있다. 그러나 개인농업 또는 개인농가에 사용권을 허용하지 않고 규모의 경제를 추구하게 된다면 농업개혁의 효과는 극히 미미할 것이므로 농가에게 사용권 또는 소유권을 부여하는 방식으로 추구되어야 하며, 아울러 농업에 대한 결정권한이 분권화되어 개별농가에 귀속되는 것이 바람직하고, 농산물시장이 활성화되어 농산물에 대한 가격유인이 있어야 한다고 그는 주장한다. 이러한 농업의 변화들은 농업 외적인 조건, 즉 자유화, 시장화, 사유화 등 정치·경제 전반적인 변화와 함께 진행될 수밖에 없다는 점도 강조하고 있다. 탈집단화된 이후 과거의 대규모 집단농장조직을 대체하는 새로운 조직들이 어떻게 나타났는가에 대해 이양호(2002)는 동구권국가들을 중심으로 국가간 비교를 하고 있다. 독립국가연합에서는 새로운 집단경영농장이 소유권을 가지는 구조하에서 농장의 생산이 공동으로 이루어지고 있기 때문에 탈집단화 이후의 농업조직이 여전히 과거의 전통적인 경영형태를 벗어나지 못하고 있다. 중동부유럽 국가들에서는 과거의 집단경영 형태에서 벗어나 개인농장이 지배적이다. 폴란드, 슬로베니아를 제외한 중동부유럽 국가들에서 1990년 이전 집단농장과 국영농장이 90%의 농지를 경작했지만 1990년 이후에는 경작하는 비율이 40%대로 떨어진다. 새로운 농업구조로 합작회사(joint stock companies), 유한책임회사(limited liability partnerships), 개인회사(private companies)가 나타났다. 집단농장을 대체하는 기업농장이나 협동농장이 나타났지만 과거 형태와는 달리 시장판매

12) 남성욱, 고려대학교 북한학과 남성욱 website; 이양호, 앞의 책, 2004에서 재인용.

를 목표로 하는 조직들이기 때문에 독립국가연합과는 다르다고 할 수 있다. 새로 나타난 집단경영체들은 이전과 비교시 규모면에서 축소되었다. 농장이 반환되어 사유화되고 새로 나타난 농장조직들도 2~3개의 작은 단위로 분리됨에 따라 농장의 규모도 1990년 이전보다 훨씬 작게 되었다. 그러나 과거 구소련의 경우와 비교해보면 규모가 크게 감소했지만 미국, EU 국가 등 선진국의 농장규모와 비교해보면 여전히 규모가 크다고 할 수 있다.[13] 러시아에서 대규모 농장기업이 85%의 농지를 가지고 전체의 40%를 생산하는 데 반해 소규모농장은 15%의 토지에서 60%의 생산을 하고 있다. 미국은 상위 10%의 대규모농장이 농지의 35%, EU 국가는 40%를 차지하고 있는 데 반해 대부분의 중동부유럽 국가들, 독립국가연합지역에서는 이보다 높은 비율을 보이고 있기 때문에 미국과 EU 국가에 비하면 아직도 농장의 규모가 크다고 할 수 있다. 농장의 규모와 관련하여 사유화과정에서 적정한 규모가 이루어지기 위해서는 토지시장이 활성화되는 것이 필요하다. 농지의 규모경제(economy of scale)가 필요한 이유는 농지가 적정한 규모 이상이거나 이하가 될 때 생산성이 떨어지기 때문이다.[14]

김경량·홍성규(2001)는 북한의 체제전환시 북한 농업재건에 적합한 전략과 모형을 제시하기 위하여 체제전환과정을 경험하고 있는 구사회주의 국가들의 농업재편과정을 분석하였고, 그에 따른 유형별 적용가능성을 제시하였다. 그리고 북한이 최근 헌법개정을 통한 사적 소유권의 대폭 완화, 농민들의 자유경작과 자체 생산농산물의 시장판매 및 신용대부를 허용하는 등 이러한 변화가 궁극적으로 가족농의 역할을 강화하는 방향으로 선회할 것으로 예측하였다. 이에 따라 연구결과로서 최근의 북한 농업의 상황은 주어진 가정의 비약에도 불구하고 아래와 같은 측면에서 체제전환 이전의 중국, 베트남, 알바니아의 유형과 유사하다고 결론을

13) 구소련의 경우 98%의 농장이 2% 이하의 토지를 경작한 데 반해 2%의 대규모 농장이 98%의 토지를 경작했다(이양호, 2002에서 재인용).

14) 이양호, "중동부유럽과 독립국가연합의 농지개혁과 사유화," 『농촌경제』, 제25권 1호, 2002.

내리고 있다. 이 유형의 나라들은 일인당 국민소득이 아주 낮으며, 경제에서 차지하는 농업의 비중이 높고 노동집약적인 농업생산 시스템을 갖고 있으며, 농업부문의 노동생산성이 낮고, 그리고 저렴한 농산물가격정책에서 유래한 농업부문의 잉여에 의한 경제발전전략을 채택하였다. 따라서 북한이 체제개혁을 단행할 경우 이 유형의 사례들을 집중적으로 참조해야 하고, 더욱이 북한은 중국이 시장경제로 전환하면서 농민들이 가족단위의 독립경영을 할 수 있는 여건을 마련함으로써 식량생산이 획기적으로 증가되었다는 사실을 참고하여 중국 농업의 전환과정을 심도 있게 연구할 것을 제안하고 있다.

김경량·홍성규(2001)는 토지개혁, 비토지자산의 사유화, 그리고 국영 및 협동농장의 전환을 강제하는 규정에 의해 대규모농장이 변신함을 분석하였다. 농장의 구조개편은 한편으로는 토지, 노동, 자본 등 생산요소의 재분배를 의미하며, 또 다른 한편으로는 조직개편을 의미한다. 대부분의 전환국에서 국영 또는 협동농장은 생산자협동조합, 주식회사, 합자회사, 개인회사 등 여러 형태의 농장조직으로 변신하였다. 대규모농장의 구조를 개혁함에 가장 급진적인 형태는 국영 또는 협동농장을 개인농장으로 분할하는 것이다. 이렇게 개인농장화하는 작업은 전환국마다 다르게 진행되었다. 동아시아와 알바니아에서는 협동농장을 완전히 분할한 반면 러시아, 우크라이나, 체코, 슬로바키아에서는 개인농장이 경작하는 토지의 비율이 개혁 이후 5년이 지난 시점에서 20%에도 미치지 못하였다. 농장의 구조개편은 개혁정책, 초기 조건, 그리고 경제성과에 의하여 결정된다. 토지를 구소유자에게 반환하는 대신에 농장종사자에게 분배한 농지의 비율이 높은 나라에서 협동농장은 더 많이 분할되었다. 농지를 종사자에게 분배하는 것은 협동농장을 탈퇴하기를 원하는 개인에게 토지의 임차나 매매시의 거래비용을 감소시킬 것이기 때문이다.[15] 또한 가

---

15) 협동농장을 탈퇴하고자 하는 사람은 협동농장으로부터 토지와 자산을 인출하는 노력과 비용에 영향을 받을 것이다. 따라서 협동농장 종사자에게 실질적인 토지 이용 및 소유권을 분배한다면 이 퇴출비용을 감소시킬 것이다.

족농을 설립하기 위하여 협동농장을 분할하는 것과 개혁 이전 협동농장의 생산성과 자본집약도 사이에는 부의 상관관계가 있는데, 사람들은 생산적이고 인센티브의 문제점을 갖지 않는 대규모농장을 떠나는 것을 꺼려하기 때문이다. 대부분 개인농으로 전환된 국가들은 다음과 같은 공통점을 갖고 있었다. 첫째, 협동농장의 종사자에게 소유권이나 이용권을 부여하고 토지를 물리적으로 분배하였다. 둘째, 협동농장을 떠나는 비용이 증가하지 않도록 하는 전환규정을 갖고 있었다. 셋째, 협동농장의 노동생산성은 대체로 낮았고 노동집약도는 높았다. 넷째, 공산치하의 기간이 길지 않았다.[16] 이러한 조건을 충족시키는 알바니아, 루마니아, 베트남, 그리고 중국과 같은 전환국에서는 개혁이 시작된 이후 5년이 지난 시점에서 토지의 대부분을 개인농이 경작하고 있다.[17]

김경량·최찬호(1998)는 통일 이후 구동독 농업의 재편으로부터 북한 농업개편의 시사점을 제시하였다. 사회주의 농업의 재편에서는 구동독의 예에서 보았듯이 토지, 자산에 대한 소유권 귀속이 가장 근본적인 문제이다. 즉, 사회주의국가의 수립 이전 상태로의 소유권 원상회복과, 사회주의 국가체제 내에서 형성되어온 이용관계의 존중이라는 두 개의 축 사이에서 어디에 원칙을 둘 것인지가 문제가 된다. 독일이 이 문제에 관하여 취한 입장은 통일 전후부터 시작하여 시행착오와 혼란을 겪은 끝에 여러 가지 정치적·법리적 고려들과 또한 상충되는 이해관계의 타협의 산물로 나온 것이기에 한마디로 요약하기 어려우나 토지이용관계의 존중의 축이 무시되지 않고 강화되어왔다는 점, 이러한 방향이 소유권귀속을 보다 용이하게 하고 현지의 농업생산기반의 급격한 붕괴를 막는 데 보다 효과적이었다는 점을 주장하고 있다.

---

16) 집단영농을 오랫동안 경험한 국가에서는 가족농의 인적 자본과 전통이 사라졌을 것이다. 따라서 개인농장으로 전환함으로써 얻어지는 효율성은 낮을 것이고, 결과로 개인농장을 설립하기 위한 협동농장 종사자의 인센티브 역시 작을 것이다. 더욱이 개별영농을 가능케 하는 이용 및 소유권과 대규모농장의 구조개혁을 위한 정치적인 압력은 적을 것이다.

17) 김경량·홍성규, "북한농업 재건을 위한 사회주의 선행개방국가의 농업재편 비교연구," 『대산논총』, 제9집, 2001.

또한 이들이 강조한 것은 협동농장과 같이 집단으로 소유한 자산을 재배분하는 과정에서 법적 문제를 많이 일으키지 않는 방식을 택하는 것이 농촌사회의 전통적인 사회적 만족도를 유지하는 데 매우 중요한 전제조건이 된다는 것이다. 이는 매우 중요한 것으로, 특별히 농촌지역은 전환과정 중에서 중소도시나 대도시에 비하여 심하게 타격을 입는 곳이기 때문이다.

독일의 경험에서 볼 때 농업분야의 전환과정이 끝나려면 아직 멀었다. 여러 해가 경과하였지만 어쩌면 시작에 불과한 것일지도 모른다. 특히 자산재분배 문제에서는 더욱더 개인들이 구협동농장을 대상으로 법적 행동을 취하고 있다. 그리하여 전환과정은 점차 농장에서보다는 법정에서 진행되고 있다.[18] 이러한 연구들을 전체적으로 살펴보면 현시점에서 북한이 주도하는 협동농장개편의 방향을 제시하고 있다.

(2) 구조개편의 원칙

북한의 협동농장의 개편은, 50여 년 동안 남한 농업과의 단절에 의한 연계성 부족과 북한 농업의 낙후성으로 인해, 일시적인 개편방안은 단기적 효과만을 기대할 수밖에 없으며, 체제전환시 남북한간의 농업발전 차이와 함께 국제시장에서의 경쟁력 회복을 위해서는 단기적 계획과 중·장기적 계획으로 분리하여 개편계획을 수립하는 것이 바람직할 것이다.[19]

단기적인 계획으로는 현 농업기반을 바탕으로 한 생산성증대 방안과 산업화로 발전할 수 있는 기반을 조성하여야 한다. 동구권 체제전환국가들의 경우 이행 초기에 농지의 사유화 및 영농구조개편의 실패로 농업생산성이 급속히 감소하였으며, 일부 국가들은 지금까지도 체제전환 전의 생산성을 회복하지 못하고 있는 실정으로 이는 단기적 세부계획과 중·

18) 김경량·최찬호, "통일 이후 구동독 농업과 협동농장 재편과정," 『한국협동조합연구』, 제16집, 1998.

19) 김경량·홍성규·이광석, 『구사회주의 체제전환국가의 농업부문 비교분석을 통한 북한농업체계의 발전모형연구』, 강원대학교, 2002.

장기적 비전의 부족에서 발생하였다.[20] 따라서 초기에는 현 농업기반을 최대로 활용하고 남한의 자본과 기술을 접목시키는 개편이 필요할 것이다. 중·장기적으로는 북한의 농업이 산업화로 발전하여 국제경쟁력을 확보하는 방안을 모색하여야 한다. 북한 지역의 특수성을 고려한 품목개발과 영농구조개편 등을 통해 남북한 농산물의 균형적인 발전을 도모하고 북한 지역 경제의 기반으로 발전하도록 계획하여야 한다.

북한의 협동농장을 개편하는 데 있어서 북한의 농업을 산업 측면에서 보는 관점과 사회적인 측면에서 보는 관점, 정치·제도적인 측면에서 보는 관점으로 크게 분류할 수 있다.[21] 북한의 농업은 단시일 내에 산업 측면에서의 개편을 추구하기에는 여러 가지 기반시설이나 현 농민들의 시장경제체제에 대한 의식결여 등 여러 가지 문제점들을 내포하고 있다. 따라서 일정 기간 동안은 북한 지역의 사회안정과 산업화로 가기 위한 과도기적인 준비단계가 필요하며, 이러한 단기적인 협동농장개편의 기본원칙은 산업적인 측면보다는 사회안정과 현 주민의 생활보장이라는 측면이 우선되어야 할 것이다.

현재 북한의 식량난은 정권유지를 위협할 정도로 매우 심각한 상태에 있다. 따라서 농업에서 노동생산성을 급격하게 향상시키기 위해 탈농 등을 유도하기보다는 현 생산체계를 최대로 활용하여 단기적인 농업생산 증대 방안을 통해 농업에서의 안정과 사회적인 안정을 유지해야 한다. 현재의 농민들을 일정 기간 동안 농업부문에 종사토록 하여 이농을 방지하고, 여타 산업의 발전을 통해 농업에서의 과잉노동력을 흡수할 수 있는 기반을 마련해야 할 것이다. 이러한 측면을 우선적으로 고려한 협동농장 개편의 기본원칙은 다음과 같다.[22]

---

20) M. Brem and K. R. Kim, *Agricultural Transition in Central and Eastern Europe: Lessons for the Korean Peninsular*, Chunchoen, Kangwon National University Press, 2002.

21) 김경량·서재완, “북한협동농장의 개편방향에 관한 소고,” 『농촌개발연구』, 제3권, 강원대학교, 1999.

22) 김경량·홍성규(1996, 1997)는 북한 지역의 농업구조개편의 기본 정책방향으로 첫째, 사유재산제의 도입과 둘째, 시장경제질서의 확립, 셋째, 상업적 협동농업을

<그림 4-1> 북한 농업구조 개편원칙

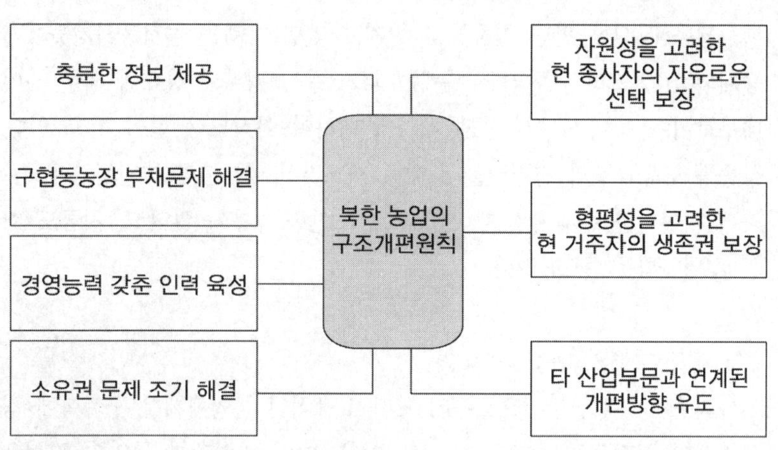

① 충분한 정보 및 교육기회 제공

농업구조의 개편시 가장 먼저 고려해야 할 원칙은 한 체제가 다른 체제로 편입되는 과정에서 나타날 수 있는 일방적 피해를 감소시켜야 한다는 것이다. 또한 농업부문에 종사하고 있는 구성원 모두에게 충분한 정보가 제공되어야 한다는 점이다. 체제전환과정에서 동독 농민들이 겪었던 가장 어려운 점은 정보와 경험의 부족이었다. 시장경제에 대한 경험은 일정 기간 동안의 참여를 통해 얻어질 수 있는 것이지만 정보의 신속하고 균등한 제공은 정부의 교육적 기능에 크게 의존한다. 전환과정에서 일부 계층의 정보독점으로 인한 폐해는 구동독 지역에서도 일부 나타나고 있다.

② 구협동농장 부채문제의 원만한 해결

협동농장이 법적 형태를 전환함에 구협동농장의 부채에 대한 문제가 원만히 해결되어야 한다. 독일에서는 협동농장이 이용하던 농지가 원소

설정하였으며, 박정동(1997)은 이것에 보태어 공동경영을, 그리고 남성욱(2002)은 거시적·미시적 구분을 통해 통일 이후 협동농장개편을 위한 제도적 측면의 보완을 주장하였다.

유자에게 환원됨으로써 구협동농장의 종사원들은 그들이 조성한 자산의 행사권을 상실한 반면 협동농장이 지고 있던 부채는 농장종사자들에게 승계되었다. 그러나 이러한 부채는 과거 동독 정부의 강요에 의한 것이 대부분이어서 이의 공평성과 처리에 대하여 아직도 논란이 되고 있다. 구동독 협동농장의 경영권을 토대로 재조직된 대부분의 농업경영체들은 과거의 이러한 부채에 대한 부담으로 도산한 경우가 많았고, 지금도 심한 경영압박을 받고 있다.

③ 경영주체의 선정

사회주의적 집단농업으로부터 보다 효율적인 농업체제를 구축함에 경영주체의 설정은 아주 중요한 문제이다. 이와 관련해서 독일의 경험을 요약하면, ㉠ 구서독 지역보다 큰 규모의 전업개별농가와 협업경영체의 발전, ㉡ 협동농장의 법적 승계자들의 경영난, ㉢ 그럼에도 불구하고 그들이 지금까지 유지하고 있는 구동독 지역 농업에서의 높은 비중이다. ㉠과 ㉡의 원인에 대하여 이론적 논쟁이 있었으며 또한 전환을 위한 법제도적 조건, 자본조달 조건, 생산비용 및 거래비용 등도 논쟁의 대상이 되었다. 그러나 가장 중요한 점은 재편과정에서 '자기 책임하에 합리적 농업경영을 할 수 있는 능력'이 중요하면서도 매우 희소한 요소였다는 점이다. 이 '경영능력'의 중요성을 보여주는 예로, 좋은 경영성과를 내고 있는 경영체들 중 상당수가 서독의 자본, 기술, 경영능력과 구동독 지역의 노동력, 농지가 결합되었다는 것이다. 또한 영농규모별 평균비용에 대한 실증적 연구에서도 '경영능력'이 매우 결정적 변수로 나타나고 있으며, 위의 ㉢의 사실도 바로 이 '경영능력'이 희소한 결과라고 볼 수 있다.

따라서 경제적 통합을 대비하는 우리의 입장에서는 이러한 '경영능력'을 갖춘 인력의 육성이 중요하다. 그러나 정치적 상황에 따라 여러 가지 가능성이 있겠지만, 북한이 자본주의적 방향으로 경제체제를 전환하고 농업부문에서도 재편이 추진되어 남한의 인력과 자본이 진출할 수 있게 될 경우에도 북한 지역에서 영농에 종사하였던 주민들이 중심적인 주체가 될 수밖에 없을 것이다. 따라서 이러한 전제하에 북한 지역의 농업생산기반을 보전하면서 사회적 요구에 대응할 수 있는 다양한 경영형태에 대한 연구결과가 제시되어 북한 농민들이 합리적 선택을 할 수 있어야 할 것이다.

④ 소유권문제의 조기해결

사회주의 농업의 재편에서는 구동독의 예에서 보았듯이 토지, 자산에 대한 소유권 귀속이 가장 근본적인 문제이며, 사회주의국가의 수립 이전 상태로의 '소유권 원상회복'과 사회주의 국가체제 내에서 형성되어온 '이용관계의 존중' 이라는 두 개의 축 사이에서 어디에 '원칙'을 둘 것인지가 문제가 된다. 독일이 이 문제에 관하여 취한 입장은, 통일 전후부터 시작하여 시행착오와 혼란을 겪은 끝에 여러 가지 정치적·법적 고려들과 또한 상충되는 이해관계의 타협의 산물로 나온 것이기에 한 마디로 요약하기는 어려우나, '토지이용관계의 존중'의 축이 무시되지 않고 강화되어왔다는 점, 이러한 방향이 소유권 귀속을 보다 용이하게 하고 현지의 농업생산기반의 급격한 붕괴를 막는 데 보다 효과적이라는 점에서 우리의 경우에도 본받을 만한 방향이라는 것을 언급하고자 한다.

⑤ 현 종사자의 선택과 생존권 보장

사유화와 농업경영구조 개편과정에서 협동농장 구성원들의 의사와 자율성이 최대한 보장되어야 한다. 짧은 기간 동안에 구조개혁을 완수하기 위해서는 많은 규제가 불가피하지만 정보와 경험이 부족한 북한 지역 농민들의 피해를 줄이기 위해서는 그들이 스스로 결정할 수 있는 여건을 조성하고 자율성을 보장하여야 한다.

이와 더불어 북한 협동농장의 개편은 외부의 인위적인 계획에 의해서가 아니라 현 농업종사자들에 의해서 자주적으로 선택되어야 한다. 외부의 획일적인 계획에 의한 개편은 단시일 내에 구조개편이 이루어질 수 있으나 이에 따르는 농민들의 반발이나 생산성악화 등 부정적인 측면도 발생할 수 있기 때문이다. 다만 이행 초기에는 남한의 농업관련기관과 생산자단체 등의 전문가들이 북한의 각 지역을 담당[23]하여 농업구조개편과 시장경제체제에 대한 교육 등을 통해 보다 효율적인 형태로 협동농장이 개편되도록 유도하는 것이 바람직하다.

협동농장의 개편에서 현재의 북한 농민에 대한 형평성 유지 및 생존권 보장이 우선되어야 하며, 북한에 있는 재산형성에 대한 북한 주민의 기여를 인정해야 한다. 북한의 농민은 전체 인구의 약 23.5%를 차지하고 있으며 농업인구는 30.7%[24]를 차지하여 공업인구 다음으로 많은 부분을 차지하고 있어 농업에 종사하는 농민에 대한 생존권 보장이 우선되어야 한다. 이와 함께 기존 자산의 분배시 형평성을 최대로 하는 방안을 강구해야 하나 현행 북한의 농업인구는 식량자급이 이루어지지 않는 상황에서 과잉이라고 볼 수밖에 없다. 농업인구는 기계화를 도입할 경우 신속하게 축소될 것이며, 농업에 대한 공업의 지원을 유도하기 위해서는 농업노동력이 공업으로 이동하여야 한다.

⑥ 선진화된 농업생산구조 유도

북한의 협동농장개편 형태는 남한과 상호보완관계를 유지하는 형태로 생산구조를 유도해야 하며, 또한 현재 남한에서 실시하고 있는 농업구조개편사업과 연계된 선진화된 농업으로 개편을 해야 할 것이다. 현 북한 협동농장은 인센티브의 결여 및 사유재산제도의 불안정 등 구조적인 문제점으로 인하여 생산성이 매우 낮은 상태이므로 우선적으로 협동농장의 구조를 변화시키는 정책이 추진되어야 한다. 중국의 경우 인민공사의

23) 통일시 북한 지역의 행정구역과 관련기관을 중심으로 남한의 지자체 및 생산자 조합(농·수·임협) 등과 협력하는 파트너십(Partnership)을 구성할 수 있다. 또한 북한 주민의 거부감을 최소화하기 위해서는 정부 중심보다는 민간단체를 중심으로 협력체계를 구축하는 것이 바람직할 것이다. 자세한 협력 및 역할분담에 관한 내용은 김경량 외(1996)를 참조할 것.

24) 김경량·홍성규·이광석, 앞의 책, 2002.

해체 이후 농가생산책임제로 전환하면서 농지를 개별 생산농가에 분배하였으며, 이로 인해 추가적인 비료나 농약의 투입 없이 농민들의 생산의욕증대로 인해 생산성이 약 30% 정도 증가하였으므로 북한의 경우도 농지의 분배를 통해 먼저 생산성향상을 유도하여야 하며, 협동농장의 자산에 대해서는 각 구성원의 의견을 바탕으로 하여 경쟁력 있는 규모화를 추진해야 한다.

⑦ 타 산업부문과 연계된 개편방향 유도

북한 협동농장의 개편은 앞에서도 언급했듯이 농업주체를 선정하는 중요한 작업이라고 할 수 있으며, 또한 농업 비중이 큰 북한에서 협동농장의 개편은 타 산업의 개편과 밀접한 연관성을 가질 수밖에 없고, 따라서 협동농장의 개편은 농업부문만의 아닌 북한 전체 산업의 개편과 맥락을 같이 하는 범위 내에서 개편이 이루어져야 한다.

3) 농지사유화 및 농업구조 개편방안

체제전환 이후 북한 지역의 농업구조 개편원칙은 북한 농민의 권리를 최대한 보호하면서 영세소농화를 지양하는 것이다. 이러한 원칙하에서 북한 지역의 농지는 원칙적으로 원소유자에게 반환과 보상을 실시하지 않는다. 소유권분배 기준으로 개인소유는 기득권인정원칙에 따라 개인소유자산으로 귀속시킨다. 하지만 전 인민적 소유인 국영농장의 농지와 협동적 소유인 협동농장의 농지는 원칙적으로 일단 국가에 귀속시켜 일정기간 동안 국유재산으로 관리한다. 산림토지(산야, 임야 등), 수역토지(연안, 영해, 강하천 호수, 저수지, 관개용수로 등), 특수토지(혁명전적지, 사적지, 유적지, 군용지 등)는 원칙적으로 국유화한다.

국영농장의 농지는 중앙정부나 자치단체로 소유권을 귀속하거나 혹은 초기의 신탁관리청에 귀속시켜서 위탁영농이나 임차농으로 규모의 경제를 유지한다. 농지는 사유화방식으로 분배할 것을 원칙으로 하지만 자치단체나 국가소유의 농지는 가급적 현 상태로 유지하는 것이 바람직하다. 협동농장의 농지는 일정 기간 동안 현재의 농민에게 임대한 후 임차농민에게 협동농장의 농지지분권을 분배한다. 지분권분배 후 나머지 면적은 장기임대 후 매각한다. 사유화절차는 현지 주민의 공부를 토대로 토지 및 생산수단별로 실태조사를 하고 분배의 대상(농경지, 주택, 역축, 농기구 등)을 결정한다.

협동농장 농지에 대한 일정 지분을 취득할 수 있는 권리를 전제로 한 경작권을 배분한다. 농지지분권(경작권)의 피분배자는 협동농장 및 국영농장원으로서 직접 농사에 종사하는 농민이어야 하며, 세대별로 분배한다. 지분의 취득은 남북한 토지개혁의 내용을 감안하여 세대 노동력수를 토대로 한 분배점수를 기준으로 농가세대당 3ha를 상한으로 하여 1~3ha의 무상분배를 원칙으로 한다.[25] 분배기준은 농지의 지력이나 등급차이에 따라 생산성의 차이가 있을 수 있기 때문에 단순한 절대면적의 크기가 아닌 농산물생산 능력을 기준으로 하는 것이 바람직하다. 아울러 대도시 주변과 그렇지 않은 지역과의 토지의 경제성을 반영하는 것에 대해서도 충분한 검토가 있어야 할 것이다.[26]

이와 같은 분배원칙은 3ha의 상한선에서 모두 유상배분(매년 농작물수확량의 30%씩 5년간 분할 납부하는 방식)했던 남한의 토지개혁과 비교했을 때 북한 주민들을 우대하는 것이 아니냐는 반론도 있겠지만, 남한의 토지개혁시 실제적인 보상은 아주 낮은 수준이었으며, 더욱이 한국전쟁과 물가상승으로 보상금의 실질가치가 큰 폭으로 떨어졌고, 보상액을 현금

25) 북한의 토지개혁시 분배기준은, 호당 농지소유는 5ha를 상한으로 정하고, 부락의 경작지역을 위주로 '가족수와 세대 노동력 수'를 원칙으로 호별 토지분배점수와 토지형질을 고려하였다. 그 결과 1953년에 북한의 농가 1호당 평균경작면적은 1.8ha이었으나, 지역에 따라서 평야지대는 약 1ha, 중간지대는 1.5ha, 산간지대는 2~3ha로 달리 나타났다.

26) 도시의 농지는 가급적 사적 소유를 억제하여 자치단체의 농업공사나 혹은 공익적 영농법인에 의해서 경영을 맡기는 방안도 생각해볼 수 있다. 왜냐하면 도시근교의 개발과 공업용지의 확보를 위한 사회간접자본의 확대에 따른 국토개발사업에서 농지의 전용이 필요한 경우에 농지사유화에 따른 보상 및 환지 등의 불필요한 거래비용이 예상되기 때문이다.

으로 환산하는 데 사용된 법정곡가 또한 시세와는 거리가 멀었다는 점을 감안하면 유상몰수원칙은 거의 이름뿐이었다.[27] 또한 지금의 남북한간 경제력 격차를 고려할 때 1~3ha의 무상분배는 남북한 주민들간의 어느 정도의 합의를 도출할 수 있는 합리적인 방안이라 여겨진다. 동시에 북한 지역의 비농가도 농가와 같은 수준의 재산형성조치(공장, 기업 등 국유자산의 처리)가 고려되어야 한다.[28] 이 문제는 농지 이외의 사유화분야에서 중점적으로 다루어져야 할 것이다.

취득한 농지지분권은 북한 지역의 경제재건과 영농활동의 계속성이나 고용안정의 보장 등 정치경제적 효과를 추구하기 위하여 일정 기간 동안의 임대조건과 연계한다. 따라서 집단농장의 농민은 3~5년간의 자영을 통하여 농지의 일정 지분을 보장받게 된다. 3~5년간의 임대차기간 동안에 북한 지역의 종합계획을 수립하고 협동농장을 마을단위로 분할한다. 중동부유럽의 많은 구사회주의 국가들도 사유화작업에 앞서 협동농장을 작은 농장으로 분할하고 농지를 반환하거나 분배하였다. 중국의 경우도 1978년 개혁·개방 이후 인민공사의 해체시 개인에게 농지이용권을 부여하면서 대부분의 농가가 영세하게 되어 생산성의 향상이 더 이상 어렵게 되었음을 감안하여, 현재 협동농장의 규모를 지역별 특성에 맞추어 적정규모로 재편하고(예를 들면, 마을단위로 100~200ha 정도) 효율성을 추구한다. 생산성향상을 위해서는 대규모화가 유리하기는 하지만 어느 규모가 최적 수준인지, 사전에 북한의 자연·지리적 조건 등에 관한 충분한 연구가 있어야 할 것이다.

취득한 농지에 대한 지분을 자유로이 분할하고 매매할 수 있도록 허용할 것인지가 중요한 정책적 고려사항이다. 만약 불허할 경우 북한 주민

---

27) 정영화, 『북한의 농업관련 법령현황 및 통일대비 통합방안』, 한국농촌경제연구원 C99-26-2, 1999.

28) 왜냐하면 원소유자로의 반환을 원칙으로 한 독일의 경우, 통일 후 농민에게 농지를 사유화한 결과, 도시주민은 농민과 달리 아무런 재산을 갖지 못하였고, 또 경제이행기에 있어서 인플레이션으로 물가고 등의 소득격차에 따른 심각한 사회문제를 야기하였기 때문이다.

들의 이동성을 극히 제한할 뿐만 아니라 그들의 재산권이 침해를 받을 것이다. 반대로 이를 전면 허용할 경우 자금력이 상대적으로 풍부한 남한 출신 기업이나 개인에 의한 투기행위나 소유집중이 크게 우려된다. 이러한 점을 감안하면, 이용범위를 농업용으로 제한하여 농민이 아니면 농지를 소유하지 못하도록 하고 매수자격도 해당 집단농장, 동일지역, 혹은 최소한 기존에 북한 지역에 거주했던 인사에 국한시키면 투기문제는 상당한 정도 억제될 것이다. 또한 현재 남한에서 적용시키고 있는 토지공개념의 범위를 북한 지역에는 당분간 확대 적용하여 사유화 혹은 연고권에 의거하여 분배된 토지를 매입한 새로운 농지소유자는 일정 기간 동안 자경의무기간을 전제하여 안정화기간 동안에는 타인에게 매도하지 못하도록 하는 장치가 필요하다.

그러나 꼭 양도해야 할 사정이 발생한 경우에는 먼저 집단농장에 일단 회수시킨 후 다시 분배 혹은 매각하는 방법도 생각해볼 수 있다. 특히 협동조합이 그 조합원의 농지를 매입할 경우에는 과세면제의 인센티브를 부여하고, 또 그 농지를 매입한 농민이 농지소유 상한을 초과한 경우에는 영농법인인 협동조합의 소유지분출자로 인정하여서 해당 영농법인에게 조세상의 이익을 부여하는 방법도 검토할 수 있을 것이다.

3. 시장자유화 및 가격체계 조성

1) 시장자유화의 역할과 중요성

시장자유화란 가격통제와 무역장벽을 없애는 것과 동의어이다. 시장자유화와 성장의 관계는 주로 거시적 측면에서 연구되고 있는데, 실제 자유화가 성장에 영향을 미치는 메커니즘은 미시적인 측면에서 심층적으로 다루어져야 할 것이다.

체제전환 경제문제를 다룸에 있어 우리는 너무도 성급하게 자유화, 사유화 및 구조조정이 경제성장을 가져다줄 것으로 가정해왔다. 그럼으로써 체제전환국가들이 실제로 스스로 어떻게 행동하고 또 변화하는 환경에 어떻게 반응하는가에 대해서는 구체적으로 파악하지 못한 경우가 많은 편이다.

동유럽국가에서 시장자유화란 경제성장의 충분조건은 아니라는 것을 우리에게 보여주고 있다. 자유화란 단지 성장을 위한 여러 필요조건 중 하나일 뿐이다. 경제학자들이나 정책입안자들이 제도구축과 그 후속 조처들의 중요성을 간과한 채 그 지역의 시장자유화에 대해 너무 큰 기대를 걸었던 것이 사실이다. 시장자유화란 한마디로 시장개방이라 할 수 있다. 다시 말해 상품과 용역 및 자본의 국제흐름에 대한 장벽을 제거하는 것이다. 이는 일반적으로 국내가격통제를 없애는 것을 의미한다. 시장자유화의 개념은 비교적 단순하지만 그 정도를 측정하는 것은 그렇지 않다. 경제학자들이 시장자유화와 그 중요성에 대해 자주 언급하면서도 실증분석에 의미있게 사용할 개념을 아직도 확립하지 못한 것이 현실이다.

(1) 거시적 수준

시장자유화와 경제성장의 관계를 파악하기 위해서는 인적자원과 지식 및 기술혁신의 중요성을 부각시킬 필요가 있다. 한 경제의 총 생산 함수 (Aggregate production function)를 다음과 같이 가정하자.

$$① \quad Y_i = K_i f(L_i,\ C_i)$$

단, Y_i는 i국가의 총 생산이고, K_i는 지식수준, L_i는 노동투입량, 그리고 C_i는 자본량이다.

이 나라의 지식수준(K_i) 성장은 다음과 같이 정의할 수가 있다.

$$② \quad \frac{\dot{K}_i}{K_i} = \alpha_i + \beta_i \frac{(W - K_i)}{K_i}$$

단, α_i는 i국의 국내 기술혁신율, β_i 는 해외에서 개발된 신기술을 i국이 수용채택 할 수 있는 정도, 그리고 W는 세계의 지식수준을 가리킨다. 따라서 $W-K_i$는 세계와 국내간의 지식수준 격차를 의미한다.

균제 상태(Steady state)를 가정하면, 각 국가의 지식수준 성장률은 세계의 지식성장률(g)과 같아진다고 할 수가 있다. 더욱이 이 상태에서는 각국의 지식수준은 다음에 정의 된 K^*_i에 수렴하게 된다.

$$③\ K^*_i = \left(\frac{\beta_i}{\beta_i + g - \alpha_i} \right) W$$

만일 i국이 기술혁신의 최첨단국가라면 $g=\alpha_i$가 됨으로써 세계수준의 기술수준과 자국의 기술수준에는 격차가 없음을 알 수가 있다. 만일 β_i가 상품과 용역 및 자본 흐름의 개방 정도와 정(正)의 관계에 있다고 가정한다면, 개방은 분명 상기식 ②를 통해 나타나듯이 경제성장에 중요한 영향을 미친다. 그런데 국내기술혁신율인 α_i가 국내의 인적자본에 의존하는 것을 감안한다면, 개방에 따른 두뇌유출(brain drainage)은 β_i와는 반대방향으로 영향을 미칠 수가 있다. 중부 및 동부 유럽의 많은 나라에서 특별히 창의적인 능력을 갖춘 인재들이 체제전환과정에서 외국으로 유출된 사례가 있다. 그로 인해 이들 국가의 기술개혁 속도가 늦춰졌을 것으로 짐작할 수 있다.

이런 가능성을 제외하고는, 경제가 개방될수록 세계의 지식에 비교적 적게 뒤처지게 되고 결과적으로 보다 높은 경제성장을 이룩할 수가 있을 것이다.29)

개방이 β_i에 긍정적인 영향을 미치고 나아가 경제성장을 이끌 가능성은 지난 수십 년 동안 철의 장막에서 세계의 지식수준으로부터 고립되어

---

29) 무역 또는 시장자유화가 소득향상에 긍정적인 영향을 미친다는 것이 계량적으로 확인되기도 하지만, 모든 경제학자들이 시장자유화와 성장 간의 상호관계를 확신하는 것은 아니다(von Cramon-Taubadel, 2000: 6).

왔던 나라에서 보다 클 것이다. 지식수준의 격차는 기술뿐 아니라 경영, 마케팅 및 조직관리 등에서 현저히 나타나고 있다고 볼 수 있다.

Havrylyshyn, Izvorski, and van Rooden(1999)은 체제전환국가에서 시장자유화와 성장 간에 유의적인 관계가 있음을 보여주고 있다. 가격자유화가 초기에는 '부담'으로 작용했지만 나중에 가서는 '득'이 되었다는 연구결과도 있다.30) 대체적으로 지금까지의 계량분석의 결과에 따라 시장자유화와 성장 간에는 유의적인 관계가 존재한다고 결론을 내려도 무방하다고 할 수가 있다. 그러나 시장자유화와 농업의 경우는 꼭 그렇지만은 않은 것으로 나타나고 있다. 러시아와 우크라이나의 실례를 보면 농업의 입지조건이 좋은 곳일수록 경제개혁의 진전속도가 느리고, 따라서 경제성과가 매우 낮게 나타나고 있다.31) 이와 관련하여 Gylfason (2000)은 체제전환국에 있어 자원이 풍부하고 특히 농업에 많은 의존도를 가진 나라일수록 전반적인 경제성장속도가 느리다는 것을 주목하고 있다. 그는 다시 말해 자연자원과 농업이 경제에서 중요한 역할을 하는 나라일수록 저축과 무역자유화 및 인적 자본 투자수준이 낮다고 주장하고 있다. 더욱이 체코, 러시아, 폴란드, 알바니아 등 20여 개 동유럽 체제전환국에 대한 횡단면(Cross-section) 분석결과, 1990~1997년 기간 중 개방 정도(GDP에서 수출의 비중)와 농업의 중요성(노동력 비중)은 부(負: negative)의 상관관계를 나타내고 있었다.

이러한 부(負)의 상관관계가 나타나는 이유를 Gylfason(2000)은 다음과 같이 설명하고 있다. 먼저 정치·경제적 이유로 농업이 크게 보호되고 있는 경우를 들 수가 있다. 체제전환국 중에는 대체로 농업인구의 비중이 큰 나라가 많다. 이들 나라는 체제전환이 시작되면서 그 이전에 비해 특

30) A. Berg, E. Borenzstein, R. Sahay and J. Zettelmeyer, "The Evolution of Output in Transition Economies: How Different is the FSU?," *IMF Working* Paper No.99/73, Washington D.C. 1999; Hernández-Catá, "Liberalization and the Behavior of Output during the Transition from Plan to Market," *IMF Working* Paper No.7/5, Washington D.C., 1997.

31) von Cramon-Taubadel, "Perspectives on Liberalisation during Transition," Paper Presented at the KATO Symposium, Berlin, Germany, 2~4 November, 2000.

히 교역조건이 불리한 상황에 놓이게 되었다는 것이다. 다음으로는 국가의 부패 정도를 또 다른 이유로 꼽고 있다. 농업의 중요성과 부패의 정도[32]가 서로 정(正: positive)의 상관관계를 보인다는 것이다.

요컨대 정치·경제적으로 농업의 중요성이 큰 나라는 오랜 기간 농업을 보호하여왔기 때문에 체제전환에 따른 시장개방이 교역조건을 악화시킴으로써 농업부문의 성장에 역효과를 가져왔으며, 더욱이 농업의 중요성이 큰 국가일수록 국가의 부패 정도가 높았기 때문에 개방의 효과가 긍정적으로 나타나지 못했다는 것이다. 동유럽 20개 체제전환국에서 1990～1997년 기간 동안 농업의 중요도와 일인당 GNP 성장률 간에 유의적인 부(負)의 상관관계가 나타나는 것이 그 결과로 보여지고 있다.

(2) 미시적 수준

코프먼(Kaufmann, 1997)은 개혁의 세 가지 기본축은 거시적 안정, 자유화, 그리고 사유화이지만 이 세 축이 미시적 수준의 자유화와 함께 움직이지 않는다면 성장을 유도할 충분한 조건이 될 수 없다고 주장하였다. 미시적 수준의 자유화란 기업으로 하여금 활동하고 성장할 수 있는 가능한 환경을 만들어주는 것을 의미한다. 예를 들면 부패 정도, 면허 및 등록제도, 인증절차, 조세법률 등이 이 범주에 속한다고 하겠다. 코프먼은 러시아와 우크라이나의 예를 들어 거시 수준의 개혁과 그것의 미시 수준의 영향 간에는 상당한 괴리가 있음을 지적하고 있다. 이러한 괴리현상은 농업부문에서도 역시 나타나고 있다.[33]

이상과 같은 실증분석결과는 시장자유화가 거시적 결과 즉, 생산성향상과 성장을 초래할 수 있는 복합적인 메커니즘에 관한 심층연구가 아직도 더욱 필요하다는 것을 보여주는 것이다. 다시 말해 거시적 지수로 나

---

32) 부패의 척도는 Transparency International에서 측정된 자료를 이용하였음 (www.gwdg.de/`uwvw/icr.htm).

33) S. von Cramon-Taubadel and U. Koester, "Official and Effective Liberalization in the Former Soviet Union: The Example of Ukrainian Agriculture," *Quarterly Journal of International Agriculture*, 37(4), 1998.

타나는 시장자유화의 정도가 실제 체제전환국 경제성장의 내용을 제대로 반영하지 못하고 있다는 데 문제가 있다는 것을 말해주는 것이다.

(3) 정치경제적 접근법과 의사결정체계

앞서 보았듯이 체제전환국 중에는 농업인구의 비중이 큰 나라가 많으며, 따라서 농업은 정치경제적으로 매우 중요한 위치를 차지한다. 세계 각국의 농업정책을 살펴보면 정책이나 제도의 변화로 인해 발생되는 잠재적인 지대(rents)를 추구하는 이익그룹간의 정치적 경쟁에 의해 특정 산업의 보호와 같은 결과가 나타나고 있음을 발견할 수가 있다. 말하자면 비경제학적 요인들이 정책결정에 큰 영향을 미치는 것이 오히려 일반적인 현상이 되고 있는 것이다. 이와 같은 현상에 따라 경제정책분석의 설명력과 예측력을 높이기 위해서는 경제학적 균형에 대한 검토만으로는 부족하므로 경제정책의 결정과정에 개입되는 제도적 또는 정치적 요인들을 고려해야 한다는 인식이 확산되어왔다.[34)]

이러한 인식은 오래 전 T. W. Schultz(1968)로부터 비롯된다. 그는 정책 또는 제도의 변화를 정치시장에서의 수요와 공급에 따른 결과로 파악하려 했다. 그리고 Rausser and Freebairn(1974)는 이러한 개념에 따라 농업정책을 정치선호함수적으로 분석하였고, 그 후 이 모형은 농업정책의 정치경제적 분석모형으로 많이 응용되었다.

정치선호함수분석은 제약조건하에서의 최적화기법을 적용하여 정부의 선호가중치를 도출함으로써 특정 그룹에 유리하게 결정되는 농업정책의 편의성(bias)을 설명한다. 이는 마치 소비자가 주어진 예산제약하에서 효용을 최대화하는 것과 같은 것으로서 정부는 정치선호라는 목적함수를 최대화하기 위해 선택변수인 정책도구의 수준을 결정하게 된다. 이 과정에서 최적화된 선호함수의 가중치는 정책결정과정에서 작용되는 이익그룹의 상대적 정치영향력을 나타낸다.

그런데 농업정책결정에 관한 정치경제모형의 근본문제는 제도변화를

34) 정경수, “농업정책의 정치경제분석,” 『농업정책연구』, 제23권 특별호, 1997.

어떻게 설명하는가에 있다. 제도나 정책수준의 결정을 정치경제시장에서 나타나는 수요와 공급의 교차점으로 정의하고 이를 토대로 정책변화를 분석하는 접근법은 농업정책조정의 구조, 기능 및 성과에 관한 내용을 구체적으로 다루지 못하는 제약을 가진다. 정치선호함수모형이 이러한 제약을 가지는 하나의 접근법이라 할 수 있다.

시장의 수요와 공급 변화에 따라 제도가 변화한다는 논리는 Ciriacy-Wantrup(1969)에 의해 비판된 바 있다. 사실 제도의 변화란 정치무대에서 결정되는 것인데, 이 무대에서 사회적 목적이 정해지고 그에 따라 핵심 정책변수가 정의되며, 정책실행규칙이 타협됨으로써 결과적으로 농가단위의 의사결정에 영향을 미치게 된다는 것이다. 따라서 제도변화를 통한 정치개혁의 과정을 보다 잘 이해하기 위해서는 정책단계, 제도단계 및 운영단계를 연결하는 의사결정체계의 구조(a hierarchy of decision system framework)와 단계별 상호관계를 철저히 파악할 필요가 있다. 이러한 의사결정체계의 분석을 통해 정책개혁 현안을 보다 분명히 파악할 수 있고, 따라서 정책개혁의 결과에 대한 가설을 보다 명확히 설정할 수 있을 것이다.

Wantrup(1969)은 시장에서 수요와 공급에 의해 제도의 균형점이 도달한다는 개념은 너무 단순하다고 보았다. 따라서 그는 이보다 더 분명한 분석구조로서 의사결정체계를 대안으로 제시하였다.

1. 의사결정체계의 첫 번째 단계는 정책의사체계(policy decision systems)로서 사회적 목적을 정립, 해석 및 실천하는 수준이며, 동시에 목적달성을 위한 제도적 방안을 제시하는 단계이다.
2. 의사결정체계의 두 번째 단계는 제도(institutions)적 단계로서 사회적 의사결정체계를 형성한다. 이 제도가 사회 이익그룹들의 상충되는 수요를 수용하고 조정하는 의사결정법칙을 제공하게 된다.
3. 의사결정체계의 마지막 단계는 운영단계(operating level)이다. 앞의 제도적 단계에서 규정된 직·간접 규칙(rules)에 의거, 운영단위의 최

종의사결정이 영향을 받게 되는 것이다. 예컨대 농가경영단위의 자원이용과 소득분배는 소유권제도, 금융제도 등 제도의 변화에 따라 달라지게 된다.

2) 시장자유화를 위한 제도 형성

지난 10여 년간은 구소련과 동유럽에서 시장경제가 새롭게 자리 잡기 시작한 시기라 할 수 있다. 이들 국가들이 중앙계획경제로부터 조속히 탈피하도록 서방국가나 관련기관들이 정책적으로 또 기술적으로 지원해 왔다. 경우에 따라서는 거시경제적 목표달성을 위한 재정적 지원도 있었다. 세계은행(World Bank)이나 미국 국제개발원조기관(U.S.AID) 같은 기관들은 이들 국가들의 체제전환이 성공적이라고 주장하고 있지만, 이들과 달리 비관적인 견해도 많이 대두되고 있다. 분명한 것은 체제전환과정이 외부기관이나 해당국 정부가 예상한 것보다는 느리게 진행되고 있다는 것이다.

그동안 조사나 연구를 통해 알려진 것은 계획경제에서 시장경제로 전환한다는 것이 상당히 어려운 과정이라는 것이다. 시장이 제대로 움직이려면 정부가 나서서 법률로써 계약관계와 재산권 같은 사안들을 명확히 해야 한다. 정부는 국민의 신뢰를 바탕으로 시장경제의 근간이 되는 그와 같은 제도들을 만들고 집행할 수 있어야 할 것이다. 그런데 체제전환을 용이하게 해줄 기본적인 제도가 구소련이나 동유럽국가에 준비되어 있지 않은 실정이다.

더욱이 이들 지역의 국민들이 시장경제를 위해 정부의 역할이 중요하다는 사실을 아직 이해하지 못하고 있는 것이 또 하나의 문제라고 할 수 있다. 정부의 정책목표가 세워지면 그에 따라 올바른 제도가 형성되어야 하고, 이러한 제도하에서 일선 경영단위가 효율적으로 운영될 수 있어야 하는 의사결정의 체계적인 접근이 결여된 점이 바로 그 문제인 것이다.

(1) 이행과정

시장경제로 진입하는 과정에서 경제발전의 효과를 높이기 위해서는 재산권과 시장거래를 지원하는 제도와 법규를 유지하고 감독하는 제3의 객관적인 기관이 필요하다. 이때 경제주체들로 하여금 각자 변화의 메커니즘을 개발하도록 정부가 나서서 선도적인 역할을 할 수 있어야 한다. 이런 의미에서 체제전환국의 각 정부는 새로운 면모로 거듭나야 하며, 여전히 막중한 역할을 수행해야 한다.

그러나 구소련이나 동유럽국가의 국민들에게 정부가 이런 역할을 수행해야 할 필요가 있다는 것을 납득시키기는 매우 어렵다. 그 이유는 두 가지로 나타난다. 첫째, 역사가 말해주듯이 국민들이 정부를 신뢰할 수 없다는 점이다. 둘째, 국민들이 시장경제를 경험한 바가 없고 더구나 시장경제가 제대로 기능하려면 막강한 정부의 역할이 필요하다는 사실을 이해하지 못하고 있는 것이다.

서방의 자문가들은 체제전환지역에서 시장경제의 구축을 위해 새로이 도입해야 하는 제도와 현존하는 제도 사이에 현격한 차이가 존재함을 충분히 인식하지 못했다. 체제전환과정에 소요되는 시간과 작업의 규모를 과소평가한 것이다. 체제전환국들은 그들 나름대로의 문화와 역사가 있는데 서방 자문관들은 자신들의 문화와 역사를 바탕으로 조언을 한 것이다. 결과적으로 대상국의 역사와 문화에 바탕을 둔 제도와 근본적으로 상충되는 방향제시를 한 것이다.

시장경제란 특히 경제적, 법적, 그리고 문화적 요인이 상호 복합되어 만들어지는 것이다. 이들 각 요인들은 시장경제를 움직이는 데 제약요인이 되기도 하고 한편으로는 촉진제 역할도 하게 된다. <그림 4-2>에서는 세 개의 축에 이들 요인들을 나타내고 있다. 즉, 경제신호(economic signal), 법체계(legal factor) 및 문화(culture)의 상호관련성에 따라 각기 다른 제도적 하부구조가 형성된다. 이 하부구조가 시장경제로의 전환 가능성과 앞으로 나타날 시장경제의 형태를 결정짓게 된다. 체제전환과정에서는 이들 요인들간의 상호작용이 순탄하거나 안정적일 수가 없다. 그리

<그림 4-2> 경제구조에 영향을 미치는 요인

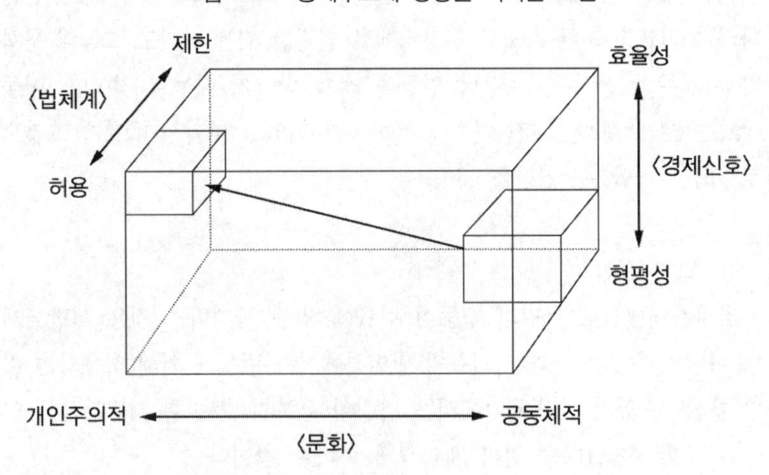

자료: Eluned Jones, Judith I. Stallmann and Craig Infanger, 2000: 36.

고 모든 경제가 <그림 4-2>의 아래 축 작은 상자부분처럼 경제적 형평성, 문화적 공동체성 및 법적 제한성을 극단적으로 나타내는 '원점(origin)'에서 시작하는 것은 아니다.

(2) 제도형성의 주요원인

① 문화적 요인

시장제도가 개발되고 운용되는 과정은 과거에서부터 현재에 이르는 문화적 요인에 의해 영향을 받게 된다. 문화란 경쟁과 자기생존에 바탕을 둔 개인주의적일 수도 있고 아니면 자기이익을 초월한 공통체중심적일 수도 있다. 문제는 시장경제를 위한 제도적 구조개편이 각국의 문화적 습속하에 어떻게 자리 잡을 수 있는가 하는 것이다.

제도란 권리의 총체적 묶음으로 정의되는 것이므로 권리에 대한 문화적 기대치가 새로운 '시장법칙'에 영향을 미치게 된다. 새로운 제도가 골격을 갖추었다고 해도 중앙계획체제에서 강압적으로 선택하고 행동하던 잔재를 털어버리는 데는 시간이 걸리게 마련이다. 폴란드와 체코 같은 나라가 비교적 빠른 속도로 시장경제로 전환한 것은 아마도 그들의 문화가 사회주의·공산주의로부터 영향을 적게 받았기 때문일 것이다. 이들 국가는 세계 제2차 대전 이후에 공산화가 되었고 따라서 빠르게 그것으로부터 벗어날 수 있었을 것이다.

② 법적 요인

계획경제에서도 국민의 행동이 법률에 의해 규제되는 것은 서방세계와 마찬가지이다. 다만 사회주의 민법하에서는 법률에 의해 허용되는 것만 행할 수 있다. 서방국가에서는 법령이 금하지 않는 한 사람들은 무엇이든 행할 수 있다는 점이 계획경제와 다른 점이다.

동유럽 및 구소련 지역의 지난날 법체계가 시장경제로의 전환을 지연시키는 요인으로 작용하고 있다. 국민들이 시장경제로의 전환과정에 효과적으로 참여하지 못하고 있는 이유는 아직도 많은 사안들이 정부의 허가를 받아야만 하기 때문이다. 그런데 관료 출신의 엘리트층들은 일반시민들이 느끼는 만큼 그 법을 심각하게 여기지 않는 것 같다. 사유화과정에서 자주 들리는 불만 중 하나는 엘리트층들은 허가를 기다리지 않고도 자산의 소유권을 획득한다는 것이다.

실제로 허가 없이 시장의 주도권을 장악한 이들을 일컬어 '마피아 사업가(mafia businessmen)'라 부른다. 말 그대로 그들은 체제 밖에서 움직이는 존재들이다. 암시장은 그 전 체제에서도 만연했다. 암시장 거래자들은 당국이 금할 때까지 물건을 사고팔았다. 벼룩시장이나 비정규시장이 오늘날 시장 메커니즘의 보편적인 형태가 되고 있는 것은 결코 놀라운 일이 아니다. 시장경제의 요건을 갖추어 물건을 사고파는 것은 소규모 거래단위에 한해서 당국의 허가가 나기 때문이다.

③ 경제적 요인

중앙계획경제에서 성공의 정도는 물적 산출량으로 측정된다. 투입물과 산출물의 가격은 중앙정부가 결정하고 그것은 정치적 분위기에 영향을 받게 된다. 이런 상황에서 효율성이 목표가 될 리 없고, 따라서 가격이 자원의 효율적 배분을 유도하는 기능을 갖지 못한다.

경제전환시기에 국제무역품목의 가격은 빠르게 세계적인 수준이 되었다. 반면 내국 소비자들을 위해 국내에서 생산된 품목들의 가격은 투입재의 가격상승추세와는 상관없이 계속 낮은 수준으로 유지되었다.

시장경제에서는 개별적으로 움직이는 경제주체들이든 조직의 구성원들이든 모두가 경제활동을 이끌어가는 신호를 제공한다. 아울러 제도는 법칙을 바탕으로 시장거래를 용이하게 하고, 또 이를 보호하는 틀을 제공하게 된다. 중앙계획경제에서는 정부관리가 경제적 결정권을 쥐고서 노동보호에 상당히 주력하였다. 시장경제로의 전환과정에서는 결정권이 기업관리자에게로 옮겨져야 하며 노동보호도 줄어들 필요가 있다. 그렇지만 시장에서는 조정과정이 빈번히 일어나게 되며, 이를 통해 자원이용의 효율성이 향상될 수가 있다.

(3) 시장경제로의 전환

제도란 가치공유를 바탕으로 할 때에 비로소 지속될 수 있다. 상법이 효과를 발하려면 참여자들이 그 규정에 따르게 만들어야 한다. 그런데 상법이 시장참여자들에 의해 자체적으로 만들어지지 않고 외부 경제로부터 도입된 경우라면, 그 속에 그들의 윤리와 문화와 기대치가 반영되지 않았기 때문에 실패하기가 쉽다.

지난 십여 년간 체제전환국이 경험한 정치적 불안 때문에 시장경제의 중추가 되는 제도는 제대로 형성될 수가 없었다. 정치가 불안하면 경제도 불안해지고 이런 상태가 지속되면 정부에 대해서뿐만 아니라 시장체계에 대해서도 불신을 하게 되는 것이다.

체제전환은 동태적 과정이므로 그것을 둘러싼 환경이 전환속도와 경로를 결정짓는다 할 수 있다. 새로이 나타나는 시장경제는 그 출발점들이 모두 같지 않기 때문에 나타나는 유형이 매우 다를 수밖에 없다. 따라서 그 다른 시장을 움직이게 하는 규정들도 마찬가지로 달라지게 된다. <그림 4-2>에서 보여주는 세 축을 따라 어떤 점에서도 각기 다른 유형의 체제전환이 가능하게 된다.

① 전환과정에서의 제도 미비 또는 불완전 사례

국제기구의 자문단들은 재산권의 필요성을 지적하면서 그것은 상식적으로 이해될 수 있고 보호될 수 있어야 한다고 강조하였다. 그러나 신용이나 저당제도가 없는 상태에서는 재산권이란 단지 소유권이나 점유권만 부여할 뿐이지 부동산을 사거나 팔 수 없는 점이 있다. 다시 돌아와 가옥을 차지하고 있는 사람들도 법적인 주인이기는 해도 저당권이 없으므로 집을 사거나 새로 지을 수가 없다. 임대용 건축물을 지으려 해도 저당권이 없으면 어렵게 된다. 살던 집에서 나와야 되는 사람들도 문화적 관습을 빌미로 퇴거를 미루고 있는 실정이다. 이렇듯이 신용제도의 미비와 더불어 그 지역의 문화적 습관 때문에 주택부문에서도 시장경제로의 전환이 순조롭지 못하다.

구소련 지역의 여러 나라에서 각종 상품이 거래될 수 있는 여건 조성을 위해 많은 기술지원이 있었다. 상품거래란 가격정보를 제공하고 그 자체가 중요한 시장 메커니즘이기 때문이다. 그런데 그 지역에서의 상품거래는 표준화된 계약을 근거로 하지도 않았고, 또한 상품인도 시점도 일정하지 않았다. 게다가 세금을 너무 많이 부과함으로써 대부분의 상품거래는 공식거래장소를 회피하는 실정이었다. 결국 상품거래가 있더라도 생산자나 교역자나 구매자에게 그들이 필요로 하는 정확한 시세를 제공해줄 수가 없었다. 모두 실패하고 만 것이다.

우리가 잊지 말아야 하는 것은 상품거래가 사유화 메커니즘을 지탱시켜준다는 것이다. 사유화가 성공적으로 진행되는 지역을 보면 시장이 개방되어 있음을 볼 수가 있다. 상품거래가 가격을 제시해주고 또 계약이행을 마무리함으로써 개방된 시장을 보다 튼튼하게 해줄 수 있다. 그러나 거래 자체가 곧 개방된 시장을 뜻하는 것은 아니다. 개방된 시장에서 거래가 되지 않는다면 진정한 가격을 찾을 수가 없기 때문이다. 일관되고 투명한 경제신호가 없다면 발생 초기에 있는 시장이 건전하게 자리 잡을 수 없을 것이다.

불가리아에서는 곡물창고영수법(Grain Warehouse Receipt Law)이 곡물 유통체계를 구축하는 필수전제조건으로 자리 잡고 있다. 이 법이 있기 전에는 곡물창고의 반입영수증이 없을 경우 생산자가 곡물의 소유권이나 가치를 제시할 방법이 없었다. 이 법에 따라 발급되는 영수증에는 반입 당시의 곡물 수량과 품질이 명시되어 있다. 반입된 곡물의 가치는 시장에서 판매된 뒤에 결정된다.

이 법은 필요하기는 하나 충분한 조건은 아니다. 시장거래는 참가자들간에 공평하게 경쟁할 수 있게끔 투명하게 이루어져야 한다. 창고의 적재량이 공개되고 예상 감모량도 명시되어야 하며, 반입 당시의 품질이 향후 반출될 때까지 유지될 수 있는 보장이 있어야 한다. 이런 조건이 충족되기 위해서는 공정성 있는 제3의 감독자들로 하여금 창고용량, 회계, 수량 및 품질 등을 인증하게끔 제도적 체계를 확립해야 한다. 이 같은 인증이 없다면 창고영수증에 대한 물리적 또는 금전적 보장이 불가능하게 된다.

교환경제가 자리 잡기 위해 요구되는 일련의 법적·경제적 제도들은 참가자들에게 투명해야 하며 공정한 제3의 기관이 그 시행을 감독할 수 있어야 한다. 정부의 역할을 그전 국영무역 감독업무 정도로 제한하기 위해서는 정부측의 상당한 태도변화를 요구하며, 시장참여자들의 문화도 크게 변화해야만 한다. 지난 50여년간의 중앙관리가 정부를 불신하는 문화를 반사적으로 만든 것이다.

② 제도의 기능

현존하는 중앙계획경제로부터 분권적 시장중심경제로 이행하는 과정을 보면 앞날이 불투명한 것으로 보인다. 정치불안과 더불어 거시경제지표의 불안이 구조개편을 더욱 어렵게 하고 있다. 재정적자, 두 자리 인플레율, 환율의 급변, 엄청난 세금부과, 그리고 일반적인 불확실성이 경제

불안을 대변하고 있다. 경제정책의 제일우선순위가 거시지표의 안정화인데, 시장개발의 장애요인을 제거하지 않고 그 목표를 달성할 수 있을지가 의문이다.

경제구조의 개편을 위한 첫 단계는 경제활동을 관리하는 정부에서 경제활동을 지원하는 정부로 그 역할을 변형시키는 것이다.[35] 그런데 새로이 출발한 시장경제에서 정부의 경제적 역할을 바꾸기란 하나의 몸부림이라 할 수 있으며, 따라서 매우 지지부진한 절차가 되고 말았다.

지금까지의 경험으로 보면 정부관료나 정치적 제도권의 관심사는 시장에 있는 것이 아니었다. 그 이유는 일부 냉소적인 이기주의적 태도 때문이기도 하고 일부는 이념적 저항 때문이기도 하다. 개혁을 한다 해도 정부는 여전히 권력을 쥐고서 사업투자를 제한하고 금융기능과 외환거래를 통제하며, 해외투자조건을 강제하고 핵심부문의 소유권이나 관리권을 장악하고 있다. 정부의 목표가 시장경제로의 이행에 있는 것이 아니라 중앙관리에서 중앙안정으로 방향을 전환하는 것이 아닌가 하는 생각도 든다.

시장제도가 자리를 잡고 작동하기 위해 기본적으로 요구되는 것을 등한시하고 잊는 듯하다. 제도의 역할을 잘못 이해하고 있는 것이 심각한 문제이다. 자유시장이란 정부를 배제하는 것을 뜻하지 않는다. 정부는 제도와 문화적 테두리 안에서 부여된 강력한 역할을 수행해야 하는 것이다. 그런데 정부를 강하게 불신하고 있는 국민들에게는 이것이 쉽게 받아들이기 어려운 처방일 것이다. 체제전환이 빠르게 진행되리라는 애초의 기대가 현실성 없게 된 가운데 계속된 경제불안 속에 경제여건의 개선 기미가 보이지 않자 국민들은 환멸을 느낀 나머지 다시금 그들에게 익숙한 준국영생산체제로 돌아가고자 하고 있는 것이다.

---

35) John Becker, "The Role of U.S. AID," *Choices*, Fourth Quarter, 1992.

3) 농산물가격체계의 개편 방향

(1) 시장기능의 활성화

농산물시장의 기능활성화를 위해서는 도매시장과 중간유통조직의 역할에 대한 검토가 필요하다. 그러나 북한이 체제전환을 시도할 경우 북한 지역이 남한이 경험하였던 기존 경로를 답습할 필요는 없을 것이다. 독일의 경우 통일 후 기존의 구서독 지역의 대량직배체계에 의해 구동독 지역의 농산물유통이 단시간 내에 구서독의 유통체계로 전환되었는데, 이로 인해 구동독 내에서는 도매시장이 형성되지 못한 것이 문제점으로 지적되고 있다. 중국이나 루마니아의 경우는 소매시장의 활성화로 개혁 초기에는 도매시장의 필요성을 실감하지 못했지만 농산물유통이 대량화되어감에 따라 도매시장의 필요성을 느끼게 되었다. 따라서 중·장기적으로는 북한 지역의 물류센터를 권역별로 세분화하고 권역 중심의 물류기지 건설과 함께 도매시장의 건설을 통해 지역담당 유통체계를 형성하는 것이 바람직하다고 보인다.

한편 시장기능의 회복과 활력을 불어넣기 위한 방안으로는 우선적으로 기존 농민시장의 상설화가 필요하다. 사회주의 농민시장은 협동농장의 텃밭이나 부업경리에서 비롯되는 농산물과 축산물을 농민들이 직접 판매해오던 시장이다. 농민시장의 확대를 통해 지역별로 정기적인 상설시장과 함께 종합소매시장을 개설함으로써 시장기능을 활성화시키는 일이 매우 중요하다. 도매시장을 육성하고 도매업을 장려하는 동시에 북한 내의 기존 각급 산업기관별 판매소의 기능을 시장경제에 맞게 조정, 강화하고 시·군 종합상설사업소와 수매양정사업소도 적극 양성화시키는 것이 바람직하다.

시장기능의 부활, 확대를 위해서는 공정거래질서를 확립하는 일이 매우 중요하다고 하겠다. 공정한 상업관행을 유도하고 바람직한 거래질서를 정착시키기 위해서는 각종 형태의 시장에 대한 지도 및 관리, 감독을 철저히 해야 할 것이다. 동시에 상공인협회 등을 중심으로 하는 자치단체의 육성 또한 중요한 사안일 것이다.

(2) 가격 및 유통체계 재편

북한의 가격체계는 주로 사회적 목적과 특별한 목표(예를 들면 원료절약, 신상품개발, 다양한 생산방법의 증진 및 기타 규제)를 달성하는 경제계획을 수행하도록 되어 있다. 계획수행에 도움이 되는 가격체계는 다양한 계획목표에 따라 장기적으로 가격을 일정하게 유지하도록 하지만 상대가격의 변화에 의존하는 가격의 조정기능을 반영하지 못하고 있는 실정이다. 이는 재분배적 효과를 달성하기 위한 사회정책 때문에 가격차별화가 시행되고 있기 때문이다. 이러한 상충되는 전략은 요소비용을 반영하지 못하는 가격으로 이어지고, 나아가 혁신 및 품질개선 등 국가목표와 사회정책을 수행하는 데 가격이 제 기능을 할 수 없게 되는 문제에 봉착하게 된다. 이러한 가격결정의 원칙은 점차 중앙의 가격고정화와 끊임없이 상충되어왔으며, 결국 효율적인 자원배분보다는 낭비를 초래하며 중앙 및 지역에서 비경제적 결정을 하는 왜곡된 가격체계로 고착화된 것이다.

따라서 남한의 농산물가격과 비교 보완하여 기존 식료품에 대한 가격체계 개편계획을 수립할 필요가 있으며, 이를 위해서는 다음과 같은 조치가 따라야 할 것이다.

■ 가격자율화의 단계별 계획 수립
- 1단계: 전략농산물에 대한 가격통제.
- 2단계: 전략농산물에 대한 시장가격과 정부고정가격의 공동실시
- 3단계: 완전시장가격으로 이전

■ 유통체계의 사유화 계획 수립
- 사유화 대상 및 주체를 선정하며 특히 국영상점과 협동상점에 대한 위탁경영(농협, 농유공, 지자체) 등을 실시하여 단계별 사유화 실시
- 농민시장은 가시장을 건설하여 발전적으로 정기화, 성설화하여

활성화함

- 농민시장의 활성화로 소매시장의 형태가 확립될 경우 종합도매시장 형태로의 발전 유도
- 농산물물류센터 건설계획 수립

■ 유통전문가 및 소비자교육

- 북한 지역에 대한 유통전문가를 양성하고, 북한 주민에 대해 유통의 의미와 시장체제에 대한 이해를 위해 소비자교육을 실시함
- 독일의 CMA와 AID의 통일 이후 역할에 대한 연구조사를 통해 자체대안 마련

(3) 법제화

남한과 통일시 독일의 농산물유통 개편 관련법을 참고하여 북한의 농산물유통 관련 법률체계를 구상해야할 필요가 있다(<표 4-3> 참조).

<표 4-3> 남한과 독일 통일시 농산물시장 및 유통 관련법규

<table>
<tr><th>구 분</th><th>남 한</th><th>독일의 통일시 특별법과 긴급조치</th></tr>
<tr><td>농산물
시장법</td><td>중앙도매시장법(1951년)
농업창고법(1961년)
시장법(1961년)
농수산물검사법(1962년)
농수산물도매시장법(1973년)
농수산물유통가격안정법(1976년)
시장법(1981년)
도소매진흥법(1986년)
농수산물유통 및 가격안정법개정(1994년)</td><td rowspan="2">· 농업구조조정법: 시장경제로의 전환 촉진
· 독점금지법(시장자율화법)
· 농산물유통구조개선법
· 통일시 동독 농업부문에 대한 긴급조치
① 곡물의 긴급국영매입
② 곡물류의 수출보조
③ 버터의 긴급수출
④ 탈지분유의 수매
⑤ 휴경지에 대한 보조
⑥ 시장부담 해소를 위해 보조
⑦ 통일에 따른 금융해소를 위한 재정 지원</td></tr>
<tr><td>양곡
유통에
관한 법률</td><td>미곡수집법(1946년)
양곡관리법(1950년)
자유시장방출(1962년)
농협공판장(1964년)
농협직매장(1970년)
쌀자급(1977년)</td></tr>
</table>

자료: 김경량 외, 1996.

4. 북한 농촌지역의 재건[36)]

1) 생산분야

북한의 농업부문이 개방될 경우 남한 농업과의 격차는 매우 클 것이며, 이 경우 동유럽국가들이 체제전환 후 유럽 내에서 경험한 내용을 북한에 원용할 가능성이 많다. 즉, 농업생산분야에서의 인프라 조성 및 가공 그리고 친환경 분야의 모든 부문에서 중동부유럽 국가들의 경험이 북한에 많은 시사점을 제시해줄 수 있을 것이다.

농가에 대한 투자는 농가의 경쟁력을 증진시키는 것을 목적으로 한다. 이를 위해서는 고정자산의 확충과 생산물의 질적 향상 그리고 시장수요에 부응하는 생산조직의 유연성과 함께 농업생산활동의 다변화를 꾀해야 할 것이다. 나아가 환경, 동물 위생 및 복지, 축산시설 등과 관련하여 농업자산이 일정 기준에 도달하도록 함으로써 새로운 고용기회를 창출할 수 있어야 할 것이다. 또한 농가에 대한 투자는 농가 주요자산의 효율성 개선, 기술수준의 향상, 농기업의 경쟁력 제고와 시장력 증가, 생산품의 질적 조건 등을 향상시킬 수 있을 것이다.

토양개량 및 경지정리는 북한에서도 필요성이 높을 것으로 판단된다. 또한 북한에서는 토지의 병합과 필지정리가 급선무이고, 필지분산문제, 다수에 의한 토지공동 소유문제, 토지등기의 불완전성 및 필지의 접근불가능 문제 등이 주요 현안이 될 수 있다. 토지개량 및 경지정리사업은 토지관리조건이 개선되고 나아가 농장경영의 효율성을 높일 수 있고 토지, 농토와 임야를 합리적으로 이용 가능케 할 것이다. 또한 농업용수 관리사업은 관개시설의 현대화작업이 주축이 되는데, 홍수시 농지유실 방

---

36) 농업분야에 대한 구체적인 과제(프로젝트)는 SAPARD를 중심으로 한 유럽연합의 경험에 비추어 크게 생산부문, 유통가공, 농촌개발, 농외소득원 개발, 그리고 교육 및 조직화로 구분하였다. 또한 SAPARD에는 포함되어 있지 않지만 중요한 역할을 한 Twinning Programme을 과제에 포함하였다.

지를 위한 제방구축, 댐건설과 관개망구축 등이 포함된다.

농가에 대한 투자사업 중 또 다른 내용으로는 농가건물의 건축 또는 개축, 농기계 및 설비 구입, 가축분뇨 처리시설 및 사료저장시설 확충, 우유 또는 육가공 시설의 건축 또는 개축을 들 수 있다. 또한 낙농생산의 현대화, 남한에 상응하는 축산환경조성을 위한 축산 현대화, 농산물의 다양화와 안정 사업, 가축의 육종 및 유용성 평가를 위한 사업이 있을 수 있다. 구체적으로 고품질 품종의 생산과 국내 사육가축의 보호, 육가축의 조사와 개발, 낙농 및 낙농제품에 대한 투자, 농장의 현대화와 비료저장시설, 분뇨처리와 정화조시설의 신축, 소독장소, 수정장소, 우유집하장의 건축, 식육생산부문에 대한 투자, 종축장의 건축과 현대화, 그리고 가금류의 증식, 사료배급, 급수, 분뇨처리 설비와 최적의 상태를 유지하는 온도조절장치, 사료배합창고의 건축과 사료와 결합된 전문기술장비의 구입, 식육제품을 위한 농장기계류 확충 등이다.

북한의 친환경적 농업생산의 주 사업분야로는 유기농업, 생물 다양성(농업유전자 포함), 습지를 포함한 특수생물 군락 및 조경사업 등을 들 수 있다. 특히 조경사업과 관련된 사업으로는 인접한 마을간 외곽도로를 포함한 기본 도로망 확충, 산책로 조성(관광 및 자전거용), 침식작용 방지작업, 생태 안정성과 조경기능을 제고한 녹화사업, 토지측량작업과 새 디지털지도 제작 등이 있다.

2) 유통가공부문

유럽연합이 중동부유럽 국가들에게 지원한 농산물의 유통 및 가공 분야에 대한 투자지원사업은 일반적으로 기존에 존재하던 농식품산업의 재구축과 현대화와 관련하여 품질개선과 효율적인 생산방식의 도입을 통해 위생수준이 한 단계 높은 식품을 생산하기 위한 것으로, 북한에 대한 원용 가능성은 낮아 보인다. 그러나 농산물가공산업은 농가의 현대화와 아주 밀접한 상호관련성이 있으며, 농외소득과 고용의 증대를 가져와 농촌지역을 간접적으로 지원하는 효과를 고려하면 사업내용의 설정이나 사업수행방식을 위한 준비작업이 필요하다.

농산물의 유통 및 가공 부문에 대한 투자는 식품안전, 위생, 환경보호 규범을 충족시키는 가공기업의 숫자를 늘리는 것을 목적으로 하며, 구체적으로는 생산의 고효율을 달성하기 위한 농수산물가공업체의 현대화, 주어진 부문의 생산량과 생산력 증가 외의 농수산물가공사업의 재편, 유통 체인의 설치와 개선, 농산물 사전 판매준비와 홍보, 부가가치가 높고 생태학적으로 입증된 제품과 시장성 있는 제품의 개발, 작업여건 개선, 농수산물 가공과정에서 야기되는 환경오염 경감, 생산자조직 및 연합 강화, 식품의 품질과 안전성 개선 등이다. 이러한 목적을 위한 사업내용으로는 유통관련 건물의 신축 및 현대화, 농수축산물 위생기준에 맞는 가공시설이나 장비의 현대화, 방출수, 가스 또는 먼지의 발생으로 인한 불쾌감을 감소시키는 투자, 쓰레기나 부산물의 관리를 위한 투자, 식품가공 안전시스템의 가동을 위한 투자 등을 들 수 있다.

3) 농촌개발

(1) 마을구조 개선

농촌생활의 안정화와 인구의 적정수준 유지를 위해서는 농촌마을을 재정비하는 것이 필수요건이다. 따라서 살기 좋은 마을을 가꾸고 활기찬 지역 분위기를 조성해야만 새로운 투자를 유발시키고 농촌관광지로서의 면모를 갖출 수 있고, 그에 따른 부업소득도 올릴 수 있을 것이다. 생활환경의 질적 향상은 환경보호에도 중요한 역할을 할 것이다. 농촌환경을 개선하고 농촌생활의 질적 수준을 높이며 나아가 농촌지역에 새로운 사업체나 서비스 개발을 위한 기초를 다지기 위해 마을구조 개선사업이 필요하다.

마을구조를 개선함으로써 농촌지역에 있어 지속적 영농활동, 농촌문화의 보전, 지역사회의 경제활동과 삶의 질의 향상을 위한 기본조건을 충족시킬 수 있다. 그럼으로써 도농간의 급격한 인구이동을 완화시킬 수 있을 것이다. 물리적 여건 개선과 농촌개발을 도모함으로써 현 거주민은 물론 신규진입자들로 하여금 직간접적으로 지역의 특수여건에 따른 기회확대의 가능성을 제시해주며, 나아가 다면적 발전(multi-functional development)을 시도할 수 있다. 지역사회가 재정비되고 생활여건이 개선되면 조건불리지역 주민들에게 경제활동의 균등한 기회를 제공할 수 있을 것이다. 이 사업을 수행함으로써 환경·문화적 유산의 보호와 함께 농촌지역의 사회경제적인 문제에 대한 종합적 해결책을 제시할 수 있을 것이다.

역사적·예술적 및 민속적 가치를 지닌 마을의 유적들을 경제적인 활용도를 감안하여 새롭게 유지 보수하고, 주택 및 농가 건물의 개보수를 할 필요가 있다. 예를 들어, 학교 및 보건(사회, 문화, 스포츠 등)시설을 개보수하고 녹지, 공원 등을 재조성하여 나무, 시냇물, 연못, 운하 등의 조경특성을 살려 생태적·경제적(관광) 목적으로 활용할 수 있도록 한다. 또한 하천, 댐, 저수지 제방 등의 환경정화 및 개보수와 공공 소유의 문화. 레저 시설 등도 개보수할 필요가 있다.

(2) 농촌 하부구조 개선

농촌지역발전을 제약하는 주요요인 중 하나가 바로 열악한 하부구조이다. 농촌 정주민의 경제적·사회적 및 문화적 삶의 질을 향상시키기 위해 농촌 하부구조를 개선할 필요가 있다. 농촌의 하부구조를 개선함으로써 농촌경제가 활성화되고 주민의 삶의 질이 향상됨으로써 급격한 이농현상을 완화시킬 수 있을 것이다.

농업부문에 있어 소유권과 이용구조가 전환됨에 따라 농로와 관련시설(배수시설, 도랑 등)도 새롭게 개보수되어야 한다. 또한 농촌지역의 심각한 문제로 대두되는 것이 하수처리시설의 부족이다. 이와 함께 농장이나 사업체를 운영할 수 있는 기본요건 중 하나가 바로 효과적인 에너지의 공급이다. 환경친화적이고 비용효율적인 에너지공급 방법을 찾는 것이 무엇보다 중요하다.

농민주민들로 하여금 도시시장과의 접근을 용이하게끔 조건을 개선할 필요가 있다. 생산여건의 개선도 중요하지만, 지역에서 생산된 상품을 그 지역이나 아니면 타 지역 시장에 판매할 수 있는 적절한 여건을 마련하는 것이 중요하다. 이를 위해 사업체에 고도의 통신서비스를 제공하고 시장자료를 활용할 수 있게 지원하는 것이 필요하다.

하부구조 개선사업 내용으로는 상수처리장 건설을 포함하여 농촌가구에 대한 상수도공급을 위한 투자, 하수처리망 구축 및 농가 내 하수처리시설 및 하수정화시설을 위한 투자, 쓰레기재활용 및 퇴비생산을 포함하여 종합적 쓰레기관리 시스템 구축, 경작지역 내의 도로망 및 농촌의 마을도로와 지방도로 건설, 풍력, 지력, 태양열, 생물연료를 이용한 재생가능 에너지자원의 개발 등을 들 수 있다. 또한 농촌지역의 유선전화 공급확대와 유선인터넷 사용여건 개선을 위한 투자와 지역시장 및 도매시설 확충도 하부구조 개선사업으로 수행할 수 있을 것이다.

4) 농외소득원 개발

농촌지역주민의 소득악화를 막기 위해서 농촌지역에서 부업기회와 기타 소득원을 개발할 필요가 있다. 일자리를 잃은 주민이나 영농활동으로 충분한 소득을 얻지 못하는 주민에게 신속하게 대체 소득원을 알선해줄 수 있어야 한다. 농촌의 다면적 발전을 위해서는 관행 농업 이외의 다양한 소득원을 개발할 필요가 있다. 농촌경제활동의 다변화는 지역의 자연적·물질적 및 인적 자원을 바탕으로 새로운 일자리를 만들어주며 동시에 농업소득과 농촌소득을 향상시키는 원동력이 된다. 고용 창출과 유지는 농촌 정주권 유지의 핵심요인이 된다. 이를 위해서는 농외소득원 개발, 농산물 판로 개척, 농촌관광사업 등 농민들의 경제활동의 다양화가 필요하다. 이러한 활동은 농촌지역의 사회·경제적 여건을 개선하는 필수요건이 될 것이다.

구체적인 농촌관광사업으로는 전통기능상품의 생산, 지역특산물 생산 및 판매, 소규모 공예품 생산, 농촌방문자에 대한 서비스사업 개발(관광사업을 위한 건물 개보수 또는 신축), 위락시설 개발(등산로, 승마장, 낚시터, 래프팅, 관광일주로, 수상 스포츠·겨울 스포츠 등을 위한 시설) 등을 들 수가 있다. 동시에 관광객 유치를 위해 역사, 문화 또는 민속적 가치를 지닌 대상물도 개발해야 할 것이다. 이런 노력의 일환으로 전통공예품 개발 및 전통시장, 지역축제와 같은 지역 문화·사회활동 확대 등의 노력도 병행되어야 한다.

농촌관광과 연계한 비전통농산물 생산은 양봉, 육종(전통 말 등), 양식업, 버섯 재배 및 가공과 유지식물, 허브식물 등의 생산 및 가공, 달팽이, 지렁이, 타조, 모피동물 사육, 숯가마 등의 생물연료 공급시설 등도 포함된다. 농외소득원의 하나로 지역 수공업 및 농공업을 들 수 있는데, 농산물포장, 가공 및 저장을 위한 소규모사업의 발굴 및 현대화, 농기계수리센터의 운영 등을 위한 투자도 포함된다.

5) 교육 및 조직화

인적자원의 개발은 시장경쟁력의 기본조건으로 농업생산의 질적 제고를 위한 농업인 준비, 조건에 맞는 농법과 위생, 동물복지에 맞는 생산기법의 적용, 농업인의 경제적 농장관리기법 등 전문적인 직업교육이 필요하다.

북한의 경우 무엇보다 장기적이며 근본적으로 요구되는 시책은 북한 농촌주민에 대한 타 직업으로의 전업교육과 농촌잔류인원에 대한 조직화를 통한 효율성의 제고이다. 시기적으로 파급효과가 늦게 나타나지만 사업주체가 해당 지역의 주민들임을 감안하면 지속적으로 추진할 필요가 있다. 중동부유럽 국가에서 시행되었던 각종 교육 및 조직화 시책들은 북한 지역에서 직접적으로 원용될 가능성이 매우 높다. 다만 시책들 간의 우선순위 설정에서 북한의 여건에 적합하도록 조율할 필요가 있다.

직업훈련 개선사업의 주 목적은 농민들에게 생산활동 재교육과 함께 경쟁력 있는 농가경영을 지속할 수 있는 기술획득의 기회를 부여하는 것이다. 그 외에도 경관보전, 농촌환경개선, 가축위생개선 등을 위한 관리기술의 응용능력을 배양하는 것이다. 또한 생산자단체의 육성사업은 농업생산자들이 합동으로 출하하는 생산물이 일정 수준의 기준에 부합되도록 지원하는 것을 목적으로 한다. 직업훈련 개선사업은 시장교섭력 증가, 농업 생산과 처리, 가공능력의 향상, 지속적인 고품질 농산물 생산유도, 표준화 강화, 시장성 있고 독특하며 특별한 제품 출시 유도, 지속적인 사업의 전개, 임시적인 고용창출을 유도하는 기대효과가 있다.

6) 기관간 협력(Twinning Programme)

트위닝은 유럽연합의 기존 회원국과 가입후보국 간에 자매결연 형태의 협력을 통하여 현대적이고 효율적인 제도와 기관을 설립하는 것을 지원하는 것이다. 이는 통일을 전후하여 구동서독의 지방자치단체가 자매결연을 통하여 구동독 지자체의 행정구조와 제도를 설립해나간 것과 유사하게, 유럽연합 회원국의 공무원이 신규가입국의 공무원을 자문하는 것이다.

북한이 개혁·개방을 하여 시장경제를 수용한다고 가정했을 때 이에 적절한 행정구조와 제도를 갖출 것이 요구된다. 계획경제에서 시장경제로의 전환은 북한의 정부와 행정체계에 커다란 어려움을 줄 것이다.

따라서 남한의 경제부처 공무원이 각 트위닝 프로젝트의 중심이 되어 프로젝트 기간 동안 자신의 부서를 떠나서 북한의 해당부서에 배치되어 자문하고, 또한 북한의 경제부처 공무원이 남한의 해당부서를 방문하여 실습교육을 받는 것도 포함되어야 한다. 이러한 방법으로 북한의 공무원들은 시장경제체제의 행정경험을 익히고 기술지원을 받을 수 있게 될 것이다.

참고문헌

강일천. 2002, "최근 우리나라에서 실시된 경제적 조치에 대한 잠정적 해석 (1),"『KDI 북한경제리뷰』, 2002년 10월호.

고려대학교 북한학연구소. 2003,『북한의 협동농장의 운영 현황과 미시적 작동 체계 연구』.

고승효. 1989,『1946~1960년 조선민주주의 인민공화국 국민경제발전 통계집』, 국립출판사.

_____. 1993,『북한경제의 이해』(양재성 역), 평민사.

_____. 1993,『현대북한경제입문』(이태섭 역), 대동.

권태진. 2003, "북한의 농정변화와 전망,"『KDI 북한경제리뷰』, 2003년 6월호, 한국연구원.

_____. 2004,『북한의 식량상황과 장기수급 전망』, 한국농촌경제연구원.

김경량. 1995,『통일과 농업－독일의 교훈』, 강원대학교 출판부.

_____. 1997, "구동독지역 농업구조 개편·농지 사유화와 시사점,"『통일경제』, 5월호.

_____. 2003, "최근 북한농업의 동향과 남북협력시 고려사항,"『KDI 북한경제리뷰』, 2003년 10월호.

김경량·서재완. 1999, "북한협동농장의 개편방향에 관한 소고,"『농촌개발연구』, 제3권, 강원대학교.

김경량·이명헌. 1995, "독일의 농업구조 개편논쟁,"『농촌경제』, 제18권 1호.

김경량·최찬호. 1998, "통일 이후 구동독 농업과 협동농장 재편과정,"『한국협동조합연구』, 제16집.

김경량·하서현·홍성규. 2004, 『북한 협동농장의 개편방향』, 한국학술진흥재단.

김경량·홍성규. 1993, "통일에 따른 독일농업의 재편과 전망," 『국제농업개발학회지』.

_____. 1997, 『북한농업통합에 대비한 협동조합의 역할』, 농협중앙회.

_____. 2001, "북한농업 재건을 위한 사회주의 선행개방국가의 농업재편 비교연구," 『대산논총』, 제9집.

김경량·홍성규·고종태. 1996, 『남북통일에 대비한 농수산물 유통정책의 기초연구』, 농림부.

김경량·홍성규·이광석. 2002, 『구사회주의 체제전환국가의 농업부문 비교분석을 통한 북한농업체계의 발전모형연구』, 강원대학교.

김봉구. 1992, 『한반도통일을 대비한 농업구조개편에 관한 연구』, 중국 북경대학교 조선문화연구소.

김삼현. 1995, 『통일 후 북한지역의 토지정책에 관한 연구』, 동아대학교 경영대학원.

김상용. 1992, "북한의 토지제도와 통일 후의 개편방향," 『현대이념연구』, 제8집.

김성훈 외. 1998, 『북한의 농업』, 비봉출판사.

김수석. 1997, "통일 후 동독지역 집단농장의 사유화 과정," 『농촌경제』, 제20권 제4호.

김영윤. 1995, 『통일 후 북한 토지소유제도 개편방안 연구』, 민족통일연구원.

_____. 1997, 『북한의 관광실태와 남북한관광분야 교류·협력방안』, 민족통일연구원.

_____. 2001, "북한 협동농장의 운영 실태와 개편 방향," 『통일경제』, 5월호.

_____. 2002, 『북한 협동농장 개편 방향에 관한 연구』, 통일연구원.

_____. 2003, 『북한 경제의 현황과 전망』, 북한연구소 세미나 발제논문.

김영훈. 1996, "동구권의 농지사유화 실태와 시사," 『농촌경제』, 제19권 4호.

_____. 1998, "체제전환기 농지사유화 및 농업경영구조개편에 관한 고찰," 고려대학교 박사학위논문.

김영훈·전형진·문순철. 2001, 『북한 집단농장의 분배제도에 관한 연구』, 한국농촌경제연구원 보고 R431, 한국농촌경제연구원.

김용학. 1994, "통일 후 북한의 토지제도 비교," 『토지연구』, 제5권 5호, 한국

토지개발공사.
김운근. 1994,『북한의 농업개황』, 한국농촌경제연구원.
_____. 1996,『사회주의 농업의 체제전환과 북한농업의 전망』, 한국농촌경제연구원.
김운근·김영훈·이일영. 1996,『사회주의 농업의 체제전환과 북한 농업의 전망－중국과 동독의 구조개혁사례를 중심으로』, 한국농촌경제연구원.
김운근 외. 1990,『북한의 농업개황』, 북한농업시리즈 D90-1, 한국농촌경제연구원.
김종덕. 1996,『중국의 향진기업 발전과 농촌사회의 변화』, 경남대학교 사회연구 제9집.
_____.『중국 농업생산체제의 개혁과 농촌사회의 변화』(www.kyungnam.ac.kr/dept/ebrm/sostudy).
남성욱·공성영. 2003,『2002년 북한의 임금과 물가인상에 따른 주민 생산·소비행태의 변화에 관한 연구』, 고려대학교 북한학연구소 주최 제4회 국제학술세미나 자료집.
농림부.『농림업 주요통계』, 각 연도.
농촌진흥청. 1996,『통일대비 북한지역 농작물의 적정배치와 농업생산량 예측』.
농협중앙회 조사부. 2003, "북한의 개혁·개방과 남북한 농업협력방안,"『CEO Focus』, 123호.
림기범. 1992,『농촌문제해결의 빛나는 경험』, 농업출판사.
박길성·박형신. 1994, "북한의 농업정책과 농업·농민문제,"『북한사회론』, 대외경제정책연구원.
박정동. 1999,『사회주의 농업체제 개혁에 관한 사례연구－중국과 북한의 비교』, 한국개발연구원.
_____. 2004, "북한의 대외경제관리체제에 관한 일고찰,"『수은북한경제』, 2004년 여름호.
신지호. 2003, "7·1조치 이후의 북한경제,"『KDI 북한경제리뷰』, 한국개발연구원.
오대호. 1989,『협동농장 관리운영경험』, 사회과학출판사.
윤경섭. 1997, "북한농업생산기반의 현황과 문제점,"『농촌경제』, 제20권 2호.
이강수. 2003, "7·1조치 이후 북한사회 변화실태," 서강대학교 공공정책대학원 발표논문.

이광석·김경량. 1999, 『통일 후 북한의 농지제도 정립을 위한 구상』, 한국학술진흥재단.

이양호. 2002, "중동부유럽과 독립국가연합의 농지개혁과 사유화," 『농촌경제』, 제25권 1호.

_____. 2004, 『북한 농업의 개편가능성과 과제-협동농장을 중심으로』, 강원농수산포럼 제26차 정기세미나 결과보고서.

이영호 외. 1998, 『북한의 협동농장』, 농협중앙회.

이일영. 1994, "사회주의 집단농업의 구조와 제도개혁에 관한 비교 연구-소련, 중국, 북한의 농업을 중심으로," 『농촌경제』, 제17권 4호.

이일영·전형진. 1997, "북한농업제도의 전개와 개혁전망에 관한 연구: 분조관리제를 중심으로," 『통일문제연구』, 통권 제28호, 평화연구소.

이진욱. 1993, "통일 후 북한의 토지정책-토지소유권을 중심으로," 『토지연구』, 제4권 6호.

이현훈. 2004, 『남북한 경제교류의 현황과 과제』, mimeo.

임명·심의섭. 2003, "북한 7.1조치 시행효과 및 향후 전망," 『동북아연구』, 제15권 제2호.

장원석. 1996, "북한의 농업협동화 과정과 협동농장 재편을 위한 시론," 『한국협동조합연구』.

전홍택. 1996, 『북한의 체제전환과 남북한 경제통합의 주요 과제』, 한국개발연구원.

정경수. 1997, "농업정책의 정치경제분석," 『농업정책연구』, 제23권 특별호.

정기환·고재모·김운근. 1992, 『사회주의국가의 농촌개혁-러시아, 중국 및 동독의 사례』, 한국농촌경제연구원.

정세진. 2003, "이행학적 관점에서 본 최근 북한경제 변화 연구," 『국제정치논집』, 제43집 1호.

정영화. 1999, 『북한의 농업관련 법령현황 및 통일대비 통합방안』, 한국농촌경제연구원 C99-26-2.

정정길·김정호. 2001, "중국 농업정책의 변화와 전망," 『농촌경제』, 제24권 제3호.

정정길 외. 1999, 『북한의 농산물 유통과 농민시장 운영실태』, 한국농촌경제연구원.

조동호. 2004, “변화하는 북한경제 평가와 전망,”『수은북한경제』, 2004년 여름호.

_____. 2004, “북한경제의 변화전망과 남북경협의 역할,”『KDI 경제리뷰』, 2004년 2월호, 한국개발연구원.

조동호 외. 2001,『남북경제공동체 형성을 위한 남북경협 추진전략 및 부문별 주요과제』, 한국개발연구원, 연구보고서 2001-01.

조동호 외. 2002, “북한경제 발전전략의 모색,”『KDI 북한경제리뷰』.

조명철·홍익표. 2000,『중국·베트남의 초기 개혁·개방정책과 북한의 개혁방향』, KDI.

조명철 외. 2002, “북한의 농업부문과 연관부문간의 연계시스템 운영실태 분석,”『대외경제정책연구』.

통계청. 1996,『통독 전후의 경제사회상 비교』.

_____.『남북한 경제사회상 비교』, 각 연도.

통일부.『남북교류협력 및 인도적 사업 동향』, 각 호.

_____.『남북한 주요경제지표』, 각 연도.

한국산업은행. 2001,『중국의 개혁전략과 성과－부문별 추진과정과 전망』, 한양기업.

한국은행 인터넷홈페이지.『남북한의 주요 경제지표』, 각 연도.

한국은행. 1999,『베트남의 경제개혁 추이와 시사점』.

한동훈·이준엽 공역. 2001,『중국의 개혁과 발전전략』, 백산서당.

홍성규. 1999, “사회주의 선행개방국가의 농지사유화에 대한 연구,”『한국국제농업개발학회지』, 제11권 3호.

홍성규·김경량. 1997, “체제전환 이후 사회주의 선행개방국가의 농지사유화 비교연구,”『농업경제연구』, 제38집 2권.

_____. 1999, “남북통일 이후 농업생산체계 개편,”『아산재단 연구총서』, 56권, 집문당.

홍성규·김경량·이광석. 2003,『체제전환 중인 중·동부유럽국가들의 EU통합과정 분석을 통한 남북한 농업부문 통합연구』, 건국대학교.

Aslund, A. 1994, "Lessons of the First Four Years of Systemic Change in Eastern Europe," *Journal of Comparative Economics*, 19.

Becker, John. 1992, "The Role of U.S. AID," *Choices*, Fourth Quarter.

Berg, A., E. Borenzstein, R. Sahay and J. Zettelmeyer. 1999, "The Evolution of Output in Transition Economies: How Different is the FSU?," *IMF Working*, Paper No.99/73, Washington D.C.

Bergschmidt, A. and M. Hartmann. 1996, "Agricultural Trade Policies and Trade Relations in Transition Economies," Discussion Paper No.12, Institute of Agricultural Development in Central and Eastern Europe(IAMO), Halle, Germany.

Blaszczyk, B. and R. Woodward. 1996, "Privatization in Post-communist Countries," Poland: Center for Social and Economic Research.

BMELF(Bundesministerium fuer Ernaerung, Landwirtschaft und Forsten). 1991, "Bericht ueber die Situation der Landwirtschaft in den neuen Bundeslaendern."

BML. "Agrarbericht der Bundesregierung," versch. Jgg.

BMVEL. "Ost-West-Zusammenarbeit in der Land-und Ernaehrungswirtschaft: Transformation," Twinning, Wirtschaftskooperation, Berlin.

Bojnec, Š. and J. F. M. Swinnen. 1996, "The Pattern of Agricultural Price Distortions in Central and Eastern Europe－An Update: 1990-1995," Policy Research Group Working Paper No.2, Department of Agricultural Economics, Katholieke Universiteit Leuven, Belgium.

Brada, J. C. 1996, "Privatization Is Transition－Or Is It?" in *Journal of Economic Perspectives*, Nr.2, S.67～86.

Braverman, A. et al(ed.). 1993, "The Agricultural Transition in Central and Eastern Europe and the Former U.S.S.R," *World Bank Symposium*, Washington D.C.

Brem, M. and K. R. Kim. 2002, *Agricultural Transition in Central and Eastern Europe: Lessons for the Korean Peninsular,* Chunchoen, Kangwon National University Press.

Central Bureau of Statistics. 1995, *Tabulation on the Population Census of the*

Democratic People's Republic of Korea.

Ciriacy-Wantrup, S. V. 1969, "Natural Resources in Economic Growth: The Role of Institutions and Policies," *American Journal of Agricultural Economics,* 51.

De Melo, M. and A. Gelb. 1996, "A Comparative Analysis of Twenty-eight Transition Economies in Europe and Asia," *Post-Soviet Geography and Economics*, 37(5).

Deutsche Bank. 2002, DB Research.

EBRD. 1999, *Transition Report 1999: Ten Years of Transition.*

_____. 2001, *Transition Report 2000.*

Europaeische Kommission. 1995, *Rural Situation and Prospects in the Central and Eastern European Countries*, Bruessel.

_____. 2000, *SAPARD: Special Pre-accession Assistance for the Agriculture and Rural Development*, Brussel.

_____. 2002, *EU-Landwirtschaft und Erweiterung.*

_____. 2002, "Future in the European Union," *Statistical and Economic Information.*

_____. 2002, *SAPARD Annual Report.*

FAO. 2000, *Statistical Database and European Commission*, DG 6.

_____. "FAO/WFP Crop and Food Supply Assessment Mission to the DPR Korea," Special Report 27 July 2001 and 29 July 2002.

FAQ and WFP. 2003, Special Report, "FAO/WFP Crop and Food Supply Assessment Mission to the Democratic People's Republic of Korea."

Franco, M. and E. Unterwurzacher. 2001, ISPA, "The Enlargement Process and the Three Pre-accession Instruments: Phare, Ispa, Sapard," Proceedings of the Conference Organized by DG Enlargement and the Permanent Representations of Sweden and Austria to the European Union on 5th March 2001.

Frohberg, K. and S. Abele. 2002, "The Rural Economies in the EU－Accession Countries: Do EU Agricultural and Structural Policies Need to be Adjusted?," *Transformation and Diversification of Rural Societies in Eastern*

Europe and Russia by Dr. Ieda Osamu(ed.), Slavic Research Center Kokkaio University, Sapporo, Japan, 2002.

Green, D. J. and R. W. A. Vokes. 1997, "Agriculture and the Transition to the Market in Asia," Paper Presented at the Expert Meeting on Agricultural Finance in Transitional Economies, 18～19 February, OECD, Paris, 1997.

GTZ. 1999, *Privatization, Experience in Germany and Transition Countries of Central and Eastern Europe.*

Hartell, J. and J. Swinnen. 1997, "Trends in Price and Trade Policy Instruments in Central European Agricultural and Food Markets," *The World Economy*, 21(2).

Hernández-Catá, E. 1997, "Liberalization and the Behavior of Output during the Transition from Plan to Market," *IMF Working*, Paper No.7/5, Washington D.C.

Hinners, L. T. and J. Heinrich. 2002, *Comparative Analysis of Agricultural Enterprises in Transition in Poland, Hungary and Eastern Germany in the 1990s*, IAMO, Halle.

Isermeyer, F. 1992, "Lessons of Agricultural Reform in the Course of Reunification in Germany," KREI Symposium Seoul.

Jones, Eluned, Judith I. Stallmann and Craig Infanger. 2000, "Free Markets at a Price," *Choices*, First Quarter.

Kallfass, H. 1991, "Der Baeuerliche Familienbetrieb, das Leitbild Fuer die Agrarpolitik im Vereinten Deutschland?," *Agrarwirtschaft*, 40.

Kuba, F. 1994, "Agricultural Reform and Structural Change: The Effect on Production, Consumption and Prices" in *Towards 2000: Agriculture, Agribusiness and the Food Industry in Central and Eastern Europe*, Tagungspapier zur Agra Europe-Tagung vom 3.-4. 3. 1994, Budapest.

Landwirtschaftliche Rentenbank. 1993, Sammelband "Entwicklungshemmnisse Landwirtschaftlche Unternehmen in den neuen Bundeslaendern," *Schriftenreihe der Landwirtschaftlchen Rentenbank*, Bd.6.

Lerman, Z. 1997, "Experience with Land Reform and Farm Restructuring in the

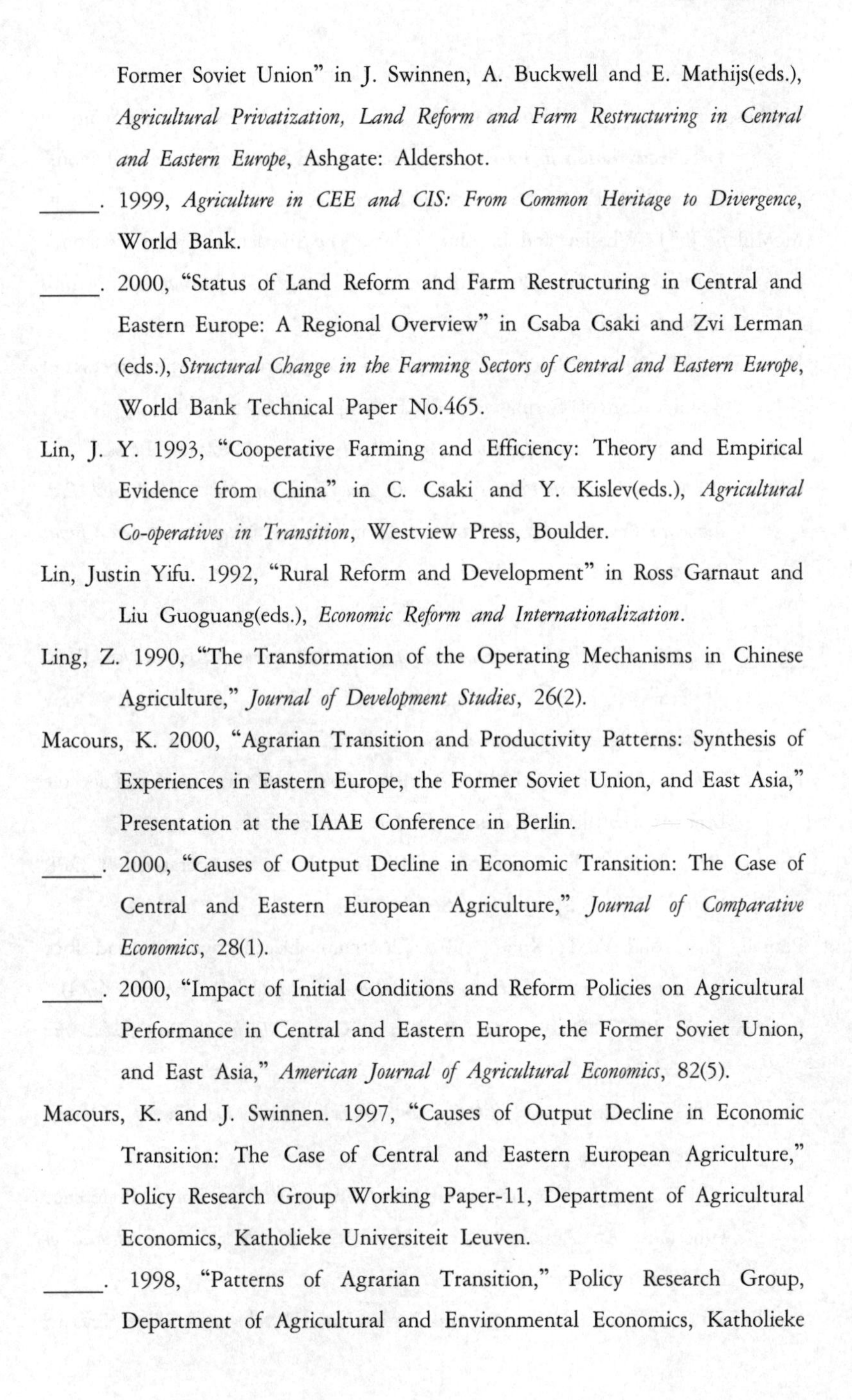

Former Soviet Union" in J. Swinnen, A. Buckwell and E. Mathijs(eds.), *Agricultural Privatization, Land Reform and Farm Restructuring in Central and Eastern Europe*, Ashgate: Aldershot.

_____. 1999, *Agriculture in CEE and CIS: From Common Heritage to Divergence*, World Bank.

_____. 2000, "Status of Land Reform and Farm Restructuring in Central and Eastern Europe: A Regional Overview" in Csaba Csaki and Zvi Lerman (eds.), *Structural Change in the Farming Sectors of Central and Eastern Europe*, World Bank Technical Paper No.465.

Lin, J. Y. 1993, "Cooperative Farming and Efficiency: Theory and Empirical Evidence from China" in C. Csaki and Y. Kislev(eds.), *Agricultural Co-operatives in Transition*, Westview Press, Boulder.

Lin, Justin Yifu. 1992, "Rural Reform and Development" in Ross Garnaut and Liu Guoguang(eds.), *Economic Reform and Internationalization*.

Ling, Z. 1990, "The Transformation of the Operating Mechanisms in Chinese Agriculture," *Journal of Development Studies*, 26(2).

Macours, K. 2000, "Agrarian Transition and Productivity Patterns: Synthesis of Experiences in Eastern Europe, the Former Soviet Union, and East Asia," Presentation at the IAAE Conference in Berlin.

_____. 2000, "Causes of Output Decline in Economic Transition: The Case of Central and Eastern European Agriculture," *Journal of Comparative Economics*, 28(1).

_____. 2000, "Impact of Initial Conditions and Reform Policies on Agricultural Performance in Central and Eastern Europe, the Former Soviet Union, and East Asia," *American Journal of Agricultural Economics*, 82(5).

Macours, K. and J. Swinnen. 1997, "Causes of Output Decline in Economic Transition: The Case of Central and Eastern European Agriculture," Policy Research Group Working Paper-11, Department of Agricultural Economics, Katholieke Universiteit Leuven.

_____. 1998, "Patterns of Agrarian Transition," Policy Research Group, Department of Agricultural and Environmental Economics, Katholieke

Universiteit Leunen Working Paper No.19.

Mathijs, E. and J. Swinnen. 1998, "The Economics of ·Agricultural Decollectivization in East Central Europe and the Former Soviet Union," Policy Research Grope Working Paper No.9.

McMillan, J., J. Whalley and L. Zhu. 1989, "The Impact of Chinas Economic Reforms on Agricultural Productivity Growth," *Journal of Political Economy*, 97(4).

Muenkner, H. 2000, "Roles of Agricultural Cooperatives in the Process of Reunification of Germany," NACF Symposium, Seoul.

Nolan, P. 1998, *The Political Economy of Collective Farms*, Westview Press.

OECD. 1996, *Agricultural Policies, Markets and Trade in the Central and East European Countries (CEECs), The New Independent States (NIS) and China: Monitoring and Outlook*, Paris.

_____. *Ad Hoc Expert Group Reports*, 각 연도.

_____. *Agricultural Policies in Transition Economies, Monitoring and Evaluation*, Paris, 각 연도.

_____. *Review of Agricultural Policies: Paris*, 각 연도.

Peter, G. und H. Weikard. 1992, "Betriebsgroesse und Organisation Fuer die Landwirtschaftliche Produktion," *Agrarwirtschaft*, 42.

Phrang, Roy. 2000, "The Experience of IFAD with the Co-operatives of DPR Korea," NACF Symposium, Seoul.

Pingali, P. L. and V. T. Xuan. 1992, "Vietnam: Decollectivization and Rice Productivity Growth," *Economic Development and Cultural Change*, 40(4).

Putterman, L. 1992, "Dualism and Reform in China," *Economic Development and Cultural Change*, 40(3).

_____. 1993, *Continuity and Change in China's Rural Development*, Oxford University Press, New York, N.Y.

Rausser, G. C. and J. W. Freebairn. 1974, "Estimation of Policy Preference Functions: An Appolication to U.S. Beef Import Quotas," *Review of Economics and Statistics*, 56.

Rozelle, S. 1996, "Gradual Reform and Institutional Development: The Keys to

Success of China's Agricultural Reforms" in McMillan and Naughton (eds.), *Reforming Asian Socialism. The Growth of Market Institutions,* The University of Michigan Press.

Rozelle, S. and J. Swinnen. 2000, "Transition and Agriculture," Working Paper No.00-021, Sicular.

Schleifer, A. 1997, "Government in Transition," *European Economic Review*, 41.

Schmitt, G. 1993, "Why Collectivization of Agriculture in Socialist Countries Has Failed: A Transaction Cost Approach" in C. Csaki and Y. Kislev(eds.), *Agricultural Co-operatives in Transition*, Westview Press, Boulder.

Schultz, T. W. 1968, "Institutions and the Rising Economic Value of Man," *American Journal of Agricultural Economic*, 50.

Swain, J. 1998, *Patterns of Rural Restructuring in Central and Eastern Europe and Their Implications for the Common Agricultural Policy*, Vortrag im IAMO, Halle.

Swinnen, J. 1996, "Endogenous Price and Trade Policy Developments in Central European Agriculture," *European Review of Agricultural Economics*, 23.

_____. 1997, "An Explanation of Land Reform Choices in Central and Eastern Europe," Policy Research Grope Working Paper No.5.

_____(ed.). 1999, *Political Economy of Agrarian Reform in Central and Eastern Europe*, Ashgate, Aldershot.

_____. 1999, "Political Economy of Land Reform Choices in Central and Eastern Europe," *The Economics of Transition.*

_____. 2000, "Ten Years of Transition in Central and Eastern European Agriculture," Paper Presented at the KATO Symposium, Berlin.

Tomich, T. P., P. Kilby and B. F. Johnston. 1995, *Transforming Agrarian Economies*, Cornell University Press, Ithaca NY.

Trzeciak-Duval, A. 1999, "A Decade of Transition in Central and Eastern European Agriculture," *European Review of Agricultural Economics*, 26(3).

USDA/ERS. 1993, *Agricultural Policies and Performance in Central and Eastern Europe, 1989-92*, Foreign Agricultural Economic Report No.247,

Washington D.C.

von Cramon-Taubadel, S. 2000, "Perspectives on Liberalisation during Transition," Paper Presented at the KATO Symposium, Berlin, Germany, 2～4 November.

von Cramon-Taubadel, S. and U. Koester. 1998, "Official and Effective Liberalization in the Former Soviet Union: The Example of Ukrainian Agriculture," *Quarterly Journal of International Agriculture*, 37(4).

Weinschenk, G. 1992, "Interdependenz der Landwirtschaftlichen Entwicklung in Ost-und Westdeutschland," *Agrarwirtschaft*, 41.

Wikinson, A. and A. Korakas. 2001, "SAPARD(Special Accession Programme for Agriculture and Rural Development), The Enlargement Process and the Three Pre-accession Instruments: Phare, Ispa, Sapard," Proceedings of the Conference Organized by DG Enlargement and the Permanent Representations of Sweden and Austria to the European Union on 5th March 2001.

Zhou, K. X. 1996, *How The Farmers Changed China, Power of the People*, Westview Press, Oxford.

■ 지은이

김경량

강원대학교 농업자원경제학과 교수
독일 괴팅겐 대학교 농업경제학 박사
전 통일부 교류협력분과 정책자문위원

이광석

성균관대학교 경제학부 교수
미국 하와이 대학교 자원경제학 박사

홍성규

건국대학교 농업자원경제학과 교수
독일 괴팅겐 대학교 농업경제학 박사

한울아카데미 726

북한 농업의 개혁

전망과 과제

지은이 | 김경량·이광석·홍성규
펴낸이 | 김종수
펴낸곳 | 도서출판 한울

편집 책임 | 안광은
편집 | 서혜영

초판 1쇄 인쇄 | 2005년 2월 15일
초판 1쇄 발행 | 2005년 2월 25일

주소 | 413-832 파주시 교하읍 문발리 507-2(본사)
121-801 서울시 마포구 공덕동 105-90 서울빌딩 3층(서울 사무소)
전화 | 영업 02-326-0095, 편집 02-336-6183
팩스 | 02-333-7543
홈페이지 | www.hanulbooks.co.kr
등록 | 1980년 3월 13일, 제406-2003-051호

Printed in Korea.
ISBN 89-460-3360-6 93910

* 가격은 겉표지에 표시되어 있습니다.